土善和大美

瑶区中学

语文教学和学校管理的行与思

盘金生 著

世界图书出版公司
WORLD PUBLISHING CORPORATION

图书在版编目（CIP）数据

至善和大美：瑶区中学语文教学和学校管理的行与思 / 盘金生著 . -- 北京：世界图书出版公司，2019.6

ISBN 978-7-5192-6316-4

Ⅰ . ①至… Ⅱ . ①盘… Ⅲ . ①中学语文课—教学研究 Ⅳ . ① G633.302

中国版本图书馆 CIP 数据核字（2019）第 111102 号

书　　　名	至善和大美：瑶区中学语文教学和学校管理的行与思
（汉语拼音）	ZHISHAN HE DAMEI：YAOQU ZHONGXUE YUWEN JIAOXUE HE XUEXIAO GUANLI DE XING YU SI
著　　　者	盘金生
总　策　划	吴　迪
责 任 编 辑	冯晓红　张小娅
装 帧 设 计	刘　岩
出 版 发 行	世界图书出版公司长春有限公司
地　　　址	吉林省长春市春城大街 789 号
邮　　　编	130062
电　　　话	0431-86805551（发行）　0431-86805562（编辑）
网　　　址	http://www.wpcdb.com.cn
邮　　　箱	DBSJ@163.com
经　　　销	各地新华书店
印　　　刷	三河市燕春印务有限公司
开　　　本	787 mm×1092 mm　1/16
印　　　张	16
字　　　数	288 千字
印　　　数	3 001—5 000
版　　　次	2019 年 6 月第 1 版　2020 年 5 月第 2 次印刷
国 际 书 号	ISBN 978-7-5192-6316-4
定　　　价	45.00 元

一个追求卓越的瑶族校长

　　连南瑶族自治县，位于广东省西北部，于1953年1月25日建县，总面积约1306平方千米，辖7个镇，总人口16万（2005年）。其中，以瑶族为主的少数民族人口占总人口的50.73%，是广东省3个少数民族自治县中人口最多的自治县，也是全国唯一的瑶族人民聚居地，是世界经典乐曲《瑶族舞曲》的故乡。连南是中国蚕丝之乡、中国油茶之乡、中国无核柠檬之乡，也是广东省"绿色名县"。连南的南岗和油岭是全国艺术之乡。瑶族长鼓舞、瑶族耍歌堂被列为国家级非物质文化遗产。这里青山绿水，鸟语花香。住在连南，喝着清甜的山泉水，可以活到九十九。这里物华天宝，人杰地灵，是人们神往的地方，百里瑶山育英才。

　　连南有普通高中1所，初级中学3所，九年一贯制学校7所，完全小学31所，幼儿园16所。2017年9月，普通高中在校生有2483人，初中在校生有4954人，小学在校生有13657人，学前教育在校生有6588人。盘金生是土生土长的瑶族校长，是我的学弟，比我低了五届。我在1998年认识他的时候，他才24岁，却已是大麦山中学的校长，他给我的初次印象是热情、勤快、能干、上进。连南只有7个镇，他在其中的4个镇的6所学校做正副校长21年，其中做主管全面的校长19年，是一位"年轻"的老校长。他从基层做起，从班主任做起，一步一个脚印。其所在的学校管理规范、教育教学质量提高很快；他全面推进素质教育，为自治县的教育做出很大的贡献。他是清远市第一批中小学校长工作室主持人，也是当时连阳地区四县唯一的校长工作室主持人。近几年，盘校长个人和其所在的学校更是取得了很好的成绩，对本县乃至周边县市都起到很好的辐射、带动作用。

盘校长曾经跟我说过，他最敬佩魏书生和李镇西，他们都是盘校长学习的榜样。盘校长管辖过的学校从幼儿园到初中，从乡镇到县城，跨度很大。在抓好学校管理的同时，他一直兼任语文等主科的教学，亲自辅导学生参加书法比赛、作文比赛，屡获佳绩。他还带头参与课题研究，积极撰写论文，尤其是在语文教学和对少数民族传统文化艺术的传承等方面，颇有建树，为自治县教育提供了参考。

盘校长为人坦诚、待人真诚，多才多艺、充满激情。他团结教师，善于协调各种关系，努力调动一切积极因素，打造出一个个团结奋进、有创业精神的领导班子和一支支敬业奉献、爱生如子、勤奋上进的教师队伍，培养了一批批优秀的校长和县各部门的业务骨干，得到上级领导和教育同行的肯定和认可。

盘校长希望我给他即将出版的著作《至善和大美——瑶区中学语文教学和学校管理的行与思》作序，我欣然同意，这是连南瑶族自治县第一部关于教育的专著。

教育需要善与美，善与美点燃教育的希望。专著围绕"善美教育"的理念，包含"教育教学研究""教学设计""校长工作室""经验推广""结题报告""教育随笔""诗歌歌曲"七个板块。专著倾注了盘校长的一片心血。每一篇文章、每一首诗词，都迸发出他对教育事业的激情，凝聚着他对瑶山这片故土的热爱，倾注了他对莘莘学子的关爱。

盘校长成功的办学理念和教育、教学经验以及对少数民族地区教育的思考，在其专著中都得以体现。随着专著的出版，我相信，《如何提高少数民族中学生阅读能力》《少数民族地区创办特色学校的思考》《少数民族地区学校如何传承少数民族优秀传统文化》《瑶族传统文化在中学生德育教育中渗透的思考和尝试》等经验总结，将会成为自治县教育教学中的瑰宝。

盘校长酷爱读书，这是他从教以来就养成的习惯，即使出差学习他也要带上一两本书；睡觉前，则要看上一两个小时才能入睡。盘校长酷爱文学，他的《九寨恋歌》等诗词已经谱成歌曲。他常说，爱上文学的语文老师定然能得到学生的信任。这是一种幸福。

关于"善"与"美",我们并不陌生。

《礼记·大学》有言:"大学之道,在明明德,在亲民,在止于至善。""善"有完好、仁慈、高明、擅长等意。不管取意于哪种,"善"都是治学的必备品格。老子《道德经》亦言:"上善若水,水善利万物而不争。"这与教育润物无声、大教无痕的境界一致。教育的根本目的是立德树人,而"善"的追求莫过于此。

《管子·五行》云:"人与天调,然后天地之美生。"美,首先即指素质优良,全面和谐发展。此外,美亦有善事、好事、美好之意。《论语·八佾篇》中子谓《韶》:"尽美矣,又尽善也。"也就是说教育既要达到最美,又要达到最好。《论语·颜渊篇》中的"君子成人之美",即指品德高尚的人成全别人的好事。在今天,"美"通常有艺术美和现实美两种表现形式。"美"除了取意为内涵美、言行美之外,还有臻于完美之意。

我认为,教师是至善之人、大美之人,教育是至善之业、大美之业,学生是至善和大美的化身。国家一再强调提高教师地位和待遇,因为教育关系国家的未来,关系中华民族的伟大复兴。正因为有许多像盘校长这样追求卓越的校长、教师,自治县才能顺利创建为广东省教育强县、广东省社区教育实验县、广东省教育现代化先进县、全国农村学校艺术教育实验县以及全国义务教育发展基本均衡县。

教师除了教书,还要能感化人,所以教师需要情怀。盘金生,一位土生土长的瑶族小伙子,从深山里一路走来,孜孜不倦地专注于瑶区教育,为瑶山学子倾注了一生的精力和爱,取得了硕果累累成绩。盘金生是一位有教育情怀的人!我期待盘金生校长专著的出版,希望这本专著能对广东省各少数民族自治县或周边县市的教育教学提供帮助,为振兴山区教育再立新功。

是为序。

邓海锋

2019年1月

（邓海锋,连南瑶族自治县教育系统党委书记、教育局党组书记、局长）

目 录

第一章　教育教学研究

第二章　教学设计

第三章　校长工作室

第四章　经验推广

第五章　结题报告

第六章　教育随笔

第七章　诗歌歌曲

1

第一章

教育教学研究

浅谈提高少数民族学生汉语写作能力的途径

　　语文，作为我国教学体系中的一门重要课程，是传承中华文化的基础教育课程，写作则是语文教学中必不可少的一个环节。良好的写作能力不仅可以提高学生的观察、记忆、思维和联想能力，也能够有效激发学生对语文学习的兴趣，对传承中华文化具有重要的作用。我国是一个以汉族为主体，少数民族聚居的国家，汉语是我们的母语。因此，提高少数民族中学生的写作能力是加强少数民族中学生汉语技能的重要措施。本文将主要研究如何提高少数民族中学生的写作能力。

一、培养兴趣，循序渐进

　　众所周知，兴趣是最好的老师。加强对少数民族中学生学习兴趣的培养是有效提升其写作能力的好方法。少数民族中学生学习语文存在许多困难，导致他们滋生厌学情绪，对汉语学习乃至写作产生排斥情绪。因此在课堂教学中，语文教师应该重视对中学生写作兴趣的培养。比如在课堂教学中，不要过分强求学生学习写作技巧和方法，因为这样会使学生更加厌学。教师可以将一些优秀学生的作文在课堂上读给学生听，以加强学生对文章写作的兴趣和爱好。另外，教师也可以将一些学生写得优秀文章的段落、好词好句总结出来并写在黑板上，与学生一起分享。例如"礼堂里别说座位了，甚至连站的地方都没有""父母宁可自己省吃俭用，也不愿让孩子失学"，句子中"别说……甚至……""宁可……也不……"的准确使用，显示学生有较好的汉语基础；"千姿百态的玫瑰花、月季花，让人眼花缭乱""大家唱歌、跳舞，欢声笑语汇合成一片"，其中"千姿百态""眼花缭乱""欢声笑语"的形象运用，使文章顿时生色不少。总之，加强对学生写作兴趣的培养，是提高学生写作能力的重要措施。

二、广泛阅读，善于积累

加强少数民族中学生写作能力培养，要从提高学生广泛阅读和善于积累的意识入手。广泛阅读是提高写作能力的基础。因此，语文教育工作者要加强对学生阅读能力的培养，主要应该侧重四个方面：一是学生要阅读经典文章；二是在有了一定的阅读基础之后，要根据自己的兴趣侧重一个方面进行系统的学习研究；三是要善于积累阅读过程中所看到的名言名句或者好段落；四是将自己阅读积累的知识转化为写作能力。瑶族有自己的语言，瑶族长老存有很多经书、偏方等，这些都可以让学生接触、了解，并运用到写作中。

三、乐于实践，感受生活

对少数民族学生写作能力的培养，不能局限于利用见闻、感受和想象，还要加强学生的实践教育。只有这样，学生才能将自己的所见所闻体现在写作中，从而增强写作的自信心，乐于写作。这就要求语文教育工作者应该为学生的写作提供有利的条件和广阔的空间，让学生感受到快乐，积极参与实践。连南瑶族自治县有耍歌堂、长鼓舞等全国非物质文化遗产，有歌王、鼓王等全国级非物质文化传承人，有千年瑶寨、广东瑶族博物馆两个国家级AAAA景区；百里瑶山更像是一幅画卷，其悠久的历史和深厚而独具特色的瑶族文化正是学生写作的最好素材。教师可以组织或指导学生拜访民间艺人，学习瑶族传统文化艺术，参与创建旅游示范区，感受瑶山原生态之美。只有通过各种方式的实践活动感受到生活的美好，学生才能更好地将自己的所见所闻、所思所想通过写作表现出来。语文教师应该重视对学生实践教育的培养，对新课程资源进行开发、利用，为学生写作开辟一条易于动手、乐于表达的新通道。

四、勤于练笔，厚积薄发

善于积累，勤于练笔，才能厚积薄发。对于写作来说也是一样，要勤于动笔，善于积累生活中的素材、名言、好文章、好句词。只有经过不断的锻炼，才能写出好的文章。俗话说："好记性不如烂笔头。"在生活中对于印象比较深刻的人、物、景、事情，虽然当时能记住，但过一段时间就会忘记。因此，要培养学生学会及时将这些信息用笔记下来的好习惯。之后再不断地翻出查看、修改，同时在查看翻阅的过程中完善、补充，温故而知新，这样才能让思想更加丰满，更有灵性。写作是将口头语言用文字表现出来的一种手法，勤于动笔可以使自己的表达更加细腻。对于少数民族中学生来说，通过勤于练习这种方式来提高自己的写作能力，经过实践的磨炼，写作水平自然会得到提高。

五、重视修改，追求完美

提升中学生的写作能力还应该注重修改。只有追求完美才能写出更好的文章，只有追求完美才能不断改善，尤其是少数民族中学生更应该重视起来。他们对汉语言文化的了解并不深，在用汉字写作时会存在不少语言或文字上的错误，如果不对文章进行重新阅读修改的话，是不可能进步和提升的。谁没有缺点？问题就在于是否重视。一篇好的文章不是一次就能完成的，而是在不断地修改的过程中完善起来的。正如海明威一样，他的写作态度就极其严肃。他十分重视对文章的修改，每次写作之前，都会把前一天写的文章再读一遍，感觉哪里有问题就进行修改。

六、参赛投稿，乐享点评

提升少数民族中学生写作能力的另一个重要途径就是鼓励学生参赛投稿，把自己写的文章通过比赛发表，让更多的人读到，这样就能收获更多的意见和建议。每个人的意见都是不一样的，让更多的人读到自己写的文章，听取不同人的点评，这样才能清楚自己的不足，才能进步。同时，为了更好更快地提高学生的写作能力和水平，教师对学生的文章进行点评也是非常重要的。首先，点评时应该对全体学生给予肯定；其次，可对学生文章存在的不足提出改进意见，指出具体的改进方法和步骤，帮助学生进行改进。

（发表于《语文天地》，2017年4月）

如何提高少数民族中学生的阅读能力

——以清远市连南瑶族自治县民族初级中学为例

一、少数民族中学生的阅读现状

近年来，虽然清远市连南瑶族自治县民族初级中学的语文阅读教学改革取得了一定成效，但由于受种种因素的制约，在许多方面还存在滞后性，存在一系列问题，集中体现在以下三方面。

1. 教学模式单一

调查发现，随着新课改的深入推进，尽管部分教师已经意识到转变教学理念和教学模式的重要性，但在实际执行过程中却依然延续传统"满堂灌"的教学模式，并对北师大版新《语文课程标准》（以下简称《课标》）和新课改持观望态度。例如，笔者发现，许多中学语文教师，基本还是按照教师用书进行讲解，照本宣科；还是按下载的课件上课，毫无创新。甚至个别教师完全没有把握文本，更无从谈及创造性的讲解了。另外，许多教师布置的作业都是以背诵、抄写为主，机械的记忆枯燥乏味，最终制约了学生语文核心素养的养成。可以说，这种单一落后的教学模式，根本无法激活学生的语文思维，也无法最大限度地挖掘学生潜力，不利于学生的全面发展。

2. 生本理念偏差

新课标明确指出，教师要充分尊重学生课堂的主体地位，让学生真正成为课堂学习和课程建设的主人。但就现状来讲，在少数民族中学语文阅读教学中，因受教师理念和教学模式的局限，学生还基本处于被动接受的状态，学生的课堂主体地位没有得到有效尊重，学习过程缺乏自主学习、合作、探究等过程，生本理念的落实存在较大偏差。另外，教师所选的阅读内容大多局限于教材，且完全由教师指定，课程建设中缺乏学生的主动参与。这不仅违背了新课标的生本原则和理念，还阻碍了学生阅读能力的提高。换句话说，当前连南瑶族自治县民族初级中学语文阅读教学的目标建设存在滞后性，导致教师忽视对学生情感、态度和价值观的教育，忽视对学生自主学习的指导和培养，忽视对课堂主体的定位和落实。

3. 阅读环境不佳

由于受特殊环境所限，家长普遍认为学生的阅读学习可有可无，只要做好练习能够应付考试即可。这种思想的存在，造成少数民族中学生缺乏对语文阅读价值的明确认知，阅读兴趣整体偏低。通过实地观察发现，许多学生在语文课上都提不起精神，并将其视为"睡觉课"；课下也不会主动进行课外阅读，而是将时间用在娱乐、打闹中，这就造成他们的阅读量非常少。就清远市连南瑶族自治县来讲，由于大部分家长都到"珠三角"地区打工，因此很多中学生是留守儿童。很多家长为了便于联系子女，也为了弥补不经常陪伴子女的愧疚感，给子女配备了手机。学生有了手机，就沉迷于游戏，看一些垃圾信息。大部分学生家中没有专门的书柜，家长也没有几个愿意看书的。因此，家长对子女的阅读要求显得苍白无力。另外，经调查发现，该地区的新华书店门可罗雀，再加上政府在基础教育硬件设施上的投入普遍偏低，导致学校中规模不大的图书阅览室也因校方的不重视而成为摆设，藏书匮乏、管理落后。学校没有智慧图书馆，电子阅览室因网络问题经常无法开放。这样不仅无法为学生提供丰富的阅读材料，而且制约了良好阅读环境的创建。

二、提高少数民族中学生阅读水平的方法

针对清远市连南瑶族自治县民族初级中学的阅读教学现状，教师应及时转变理念，采取有效措施加以改进优化，促进中学生阅读水平的提升。

1. 改进教学方法，激活创新思维

一方面，教师要结合实际，灵活采取自主式、合作式、探究式等教学方法，充分调动、激发学生的课堂主体性。具体来讲，教师可在课前布置预习任务，让学生自行查阅相关资料；或为学生提供瑶族微课资源，让学生全面自主预习，发现学习文本阅读过程中存在的问题。教师定期让学生分享优秀

文章，组织学生以小组形式展开自主学习和讨论，并进行线下或线上的答疑解惑，以确保阅读教学的高效生成。例如，在进行《春》阅读教学时，笔者课前为学生提供了共学生自主预习的微课，其中包括作者简介、时代背景、文本价值等内容，学生通过自主预习可对文本形成初步认知。当讲解完这节课后，笔者还给学生布置了一道作业题，即要求学生进一步搜集整理以"春"为主题的经典诗歌，并利用班级微信群进行分享，调动了学生学习的积极性。

另一方面，教师要采取有效措施激活学生创新思维。在少数民族中学语文阅读教学中，教师要加强对学生创新能力的培养，注重引导学生进行独立思考，强化问题意识，让他们在不断质疑中找到阅读的窍门。当然，教师在教学实践中也会出现错误。此时教师应坦白，并鼓励学生大胆指出。这一过程无疑是教学相长、共同进步的过程，不仅能够间接促进教师的专业发展，而且能够有效提高学生的创新思维能力。同样在进行《春》阅读教学时，笔者在课前预习阶段，要求学生对自主预习中遇到的问题进行总结，并在课堂上大胆提出来。学生通过与教师和其他学生进行讨论解决了问题，不仅强化了学生的问题意识，而且培养了学生的独立思考能力。

2. 激发阅读兴趣，培养阅读习惯

一方面，教师要转变教学理念，积极创设和谐民主、多维互动的课堂氛围，灵活采取有效的措施，全面激发学生的阅读兴趣。莎士比亚说："书是全世界的营养品。"蒙台居也说："再没有比读书更廉价的娱乐，更持久的满足了。"在少数民族中学的语文教学中，教师可采取以下措施对学生进行全方位的兴趣激发。

首先，提出自主阅读的目标，让学生明确阅读方向，把握阅读文本的重点和难点。除了各年级必读书目和市教育局要求读的《语文主题学习》外，学生还可以自主选择一些自然科学或传记等书籍进行阅读，以达到"腹有诗书气自华"。

其次，善于利用打分、奖励、赞扬等手段，对阅读教学中表现良好的学生要进行肯定评价。德国教育家第斯多惠说："教育的艺术不在于传授的本领，而在于激励、唤醒和鼓舞。"例如，在实际教学过程中，笔者对表现好的学生会奖励给其图书；或者用其姓名题诗，并分享给其家长。

最后，灵活开展竞赛、辩论等活动，多角度、多方向地提高学生的阅读能力。当然，教师还可灵活采取问题法、感染法、点拨法等，创设开放、多元、动态的阅读课堂。例如，在进行《沁园春·雪》诗歌教学时，笔者要求学生以小组为单位进行朗诵比赛，通过小组讨论把握诗歌情感节奏；然后将诗歌分为不同段落，由不同学生进行朗读；最后由其他小组进行打分评比，并综合教师评定为每个小组及小组成员进行打分，对表现最好的学生给予笔记本的奖励。

另一方面，教师要开展有计划的阅读训练，培养学生良好的阅读习惯。在语文阅读教学中，通过反复的、有计划、有目的的阅读训练，能够帮助学生养成相对稳固的阅读习惯，而这也是学生语文核心素养养成的先决条件，对培养学生语文思维有着至关重要的作用。需要指出的是，教师要重点培养学生自主预习、边阅读边思考、善于抓重点、灵活使用参考书、记阅读笔记等习惯。这些习惯能够帮助他们形成思维定式，进而对阅读能力的提升起到正向推动作用。例如，在每次阅读课结束后，笔者都会要求学生进行课堂总结，如要求他们自行绘制思维导图，包括作者年代、文本结构、核心思想、关键词、优美语句等，有效培养了学生的思维建构能力，对提高学生语文核心素养起到了重要作用。

3. 加强课外指导，拓展阅读范围

在少数民族中学语文阅读教学中，教师要注重对学生进行课外阅读方法指导，在拓展学生课外阅读范围的基础上，全面提高少数民族中学生的阅读量，为学生语文核心素养的养成夯实基础。

首先，教师要加强阅读基本功的训练指导。诸如查工具书，读目录、序跋、图书评价，查图书馆索引，等等，这些都是学生开展课外自主阅读时所必备的基本能力。因此，教师需要加强对学生这一方面能力的训练与培养。例如，笔者会利用班级微信群，不定期为学生分享一些有关提高信息处理能力方面的文章，如"收下这些电子图书检索利器吧""不会图书检索？那你真的不了解图书馆"等，为学生开展高效课外阅读学习奠定坚实的基础。

其次，教师要加强阅读方法的指导。教师要重点为学生介绍精读、略读、速读、默读、朗读、鉴赏阅读等核心阅读方法，并有计划、有步骤地让学生进行练习。如笔者会利用微信群为学生分享一些有关阅读方法的文章，包括"四种简单的快速阅读方法""十种常见的阅读方法""阅读方法大揭秘之记忆"等。笔者还会为学生提供相应的文本让学生进行应用，以切实提高学生的阅读水平和能力。

再次，教师要加强记阅读笔记方法的指导。进行索引式摘记，写提纲、写批注、写心得，等等，这些都需要教师引导学生进行练习，从而形成良好的习惯。此外，教师要尽量多地组织读书交流活动，为学生创造更多互动学习、共同提升的机会。例如，笔者会定期组织学生开展不同主题的读书会，要求学生对自己课外阅读的优秀文本进行介绍和分享，并就阅读心得和体会进行交流。笔者还组织学生开展了"我读杜甫诗"的读书会。会上学生分享了许多课本之外杜甫的经典诗歌，并进行了赏析性分享，对拓展学生的知识视野，增进学生的情感交流，起到了重要的促进作用。

最后，教师要为学生制订课外阅读计划，并提供课外阅读书目。寒暑假期间，教师也要为学生制订具体的课外阅读计划。当然要考虑少数民族中学生的实际情况，把握阅读计划的难度和层次性。如教师可列举十本古今中外的优秀读物，要求学生最少阅读完其中的两本；阅读完成量多的学生将会得到相应奖励，可凭阅读笔记到教师那里领取。这样不仅能够调动学生课外阅读的积极性，而且能够提高课外阅读的渗透率，确保所有学生都能够有所成长和进步。

总而言之，在少数民族中学语文阅读教学实践中，教师要在明确阅读教学重要性的基础上，针对教学实际存在的问题，及时转变理念，采取有效措施加以改进。不仅要改进教学方法，激活学生的创新思维，激发学生的阅读兴趣，培养学生的阅读习惯，还要加强课外指导，拓展学生的阅读范围。只有如此，才能有效提高少数民族中学生的阅读能力，促进少数民族语文教学改革的深化实施，确保全面阅读战略目标的有效达成。

参考文献

[1]安琪，白守燕，张晶，刘芳利.少数民族学生汉语素养的培养与提高——以甘南藏族自治州为例[J].农村经济与科技，2018，29（09）：287-289.

[2]姚金梅.对新疆少数民族汉语阅读教学的另一种思考[J].当代教育实践与教学研究，2017（05）：60-61.

[3]马志英.少数民族地区初中汉语口语交际教学探究[D].锦州：渤海大

学，2017.

［4］李海洋，马燕，靳婷婷.新疆南疆农村少数民族中学汉语阅读教学现状
及对策［J］.现代语文（语言研究版），2017（04）：99–103.

（发表于《教育学》，2019年1月）

"善美"语文课堂下瑶区中学
语文教学的实施要点

从某种程度上讲，"善美"理念与新课标理念、核心素养理念有着高度的一致性。可以说，"善美"理念与语文教学整合所形成的"善美"语文课堂，是一种更为具体的创新应用结果。其不仅为现代教育改革的发展提供了全新思路，而且为初中语文教育教学的发展提供了全新范式。因此，加强"善美"语文课堂下对瑶区中学语文教学实施要点的研究，具有非常重要的现实意义和指导价值。

一、"善美"语文课堂的基本内涵

2017年5月，连南民族初级中学出台了《连南瑶族自治县民族初级中学行为文化方案》（简称《行为文化方案》）。学校在行为文化的策划与推进过程中，以核心文化"善美"文化为引导，以校训"至善如山、大美若瑶"，以校风"明德至善、尚文臻美"，以教风"循循善诱、孜孜润美"，以学风"乐学善思、雅言美行"为指导，全方位推进理念文化在行为文化中的贯彻落实，逐渐形成别具特色的行为文化活动体系，进一步拓展了教育教学改革的效益空间。

《行文文化方案》明确指出："善美，是每个学生寻找自我幸福的关键，是构建追求充满人文关怀的理想学校的必然要求。在教育教学中，我校始终积极探寻一个充满快乐、自主学习、自主实践、自主管理、主动分享的师生发展的幸福共同体——善美课堂。我们一直在努力构建"善美"课堂，把课堂还给学生，让学生真正成为学习的主体和主人，让学生感受自主学习的快乐与幸福。"

　　总结来讲，"善美"语文课堂的核心要义就是独立、自主、合作和智慧。也就是说，语文课堂要基于学生，要全面尊重学生的课堂主体性；教师要采取有效措施培养和提高学生的自主学习能力，让学生在自主学习过程中提高团队合作能力，最终形成开放的、动态的、民主的、多元的语文课堂，有效培养和提升学生的语文核心素养。

二、"善美"语文课堂下语文教学的实施原则

　　"善美"语文课堂下语文教学要想达到预期良好的教学效果，必须遵循以下原则。

1. 适度性原则

　　在"善美"语文课堂的打造过程中，教师必须明确教学目标，并结合教学内容和学生实际，适度将价值观教育融入教学活动中，在确保教学高效性的基础上，实现"善美"价值诉求的全面生成。也就是说，教师不能为了"善美"而"善美"，不能一味地追求创新而流于形式，而是要准确把握"善美"语文课堂与学生心理发展特征的最佳契合点，适时适度地让学生进行自主学习、合作学习、探究学习，最大限度地实现"善美"课堂的智慧建构。

2. 生成性原则

　　所谓生成性，就是"善美"语文课堂的建构与教学实施过程，必须随着学生的发展而发展。要实现由封闭转向开放、由教师转向学生，不仅要注重基本知识和技能的传授，而且要注重强化师生共同探究的活动体验。当然最重要的是，要在问题的驱动下不断修正、反思和优化，在共同体验中生成全新的教育内容，推动初中生语文综合能力的提高。简单来讲，在"善美"语文课堂的建构中，教师不能拘泥于既定的课件进行流程化教学，而是要根据学生实际进行灵活调整，确保教学活动的开放性和多变性，以充分满足学生个性化的学习需求。

3. 娱乐性原则

　　所谓娱乐性，就是"寓教于乐"，就是在"善美"语文教学中，要把握"乐"与"教"的平衡关系，在两者的辩证张力中实施相应的教学活动，进而增强教育的实效性。简单来讲，在"善美"语文课堂的构建中，教师要采取学

生喜闻乐见的方式，引导他们展开高效的自主学习、合作学习，让学生在快乐学习中充分掌握知识与技能，在快乐学习中拓宽认知视野，增长人生智慧。

三、"善美"语文课堂下语文教学的实施要点

在明确"善美"语文课堂的基本内涵、价值与实施原则的基础上，教师要及时转变理念，通过合理有效的措施对传统课堂进行优化改进，以打造符合"善美"语文课堂要求的高效的初中语文课堂。

1. 微课翻转，优化结构

目前，微课在教育教学领域的应用已经取得显著成效，并逐步形成了相对完善、成熟的应用体系。无论是应用于课前的学生自主预习，还是应用于课中的学生自主学习，或是应用于课下的学生自主复习，微课都符合"善美"语文课堂对提升学生独立能力、自主学习能力、合作能力提升的价值诉求。具体来讲，微课在初中语文课堂中的应用，不仅能够激发学生的学习兴趣，强化学生的自主学习意识，而且能够优化课堂结构，提高教学质量。

例如，在进行《背影》阅读教学时，笔者结合教学目标和教学内容，结合少数民族地区初中生的身心特点，精心设计了一段微视频。其中，选取了公益广告《打包》中的小片段，主要讲述的是一位患有老年痴呆的父亲，因记忆衰退连最亲近的儿子都不认识了，但在一次聚会上，父亲却突然抓起桌上的饺子往口袋里装，当儿子问其为何如此时，老人却回答"我儿子愿意吃饺子……"激发起学生的情感共鸣后，笔者引导他们体会日常生活中隐于细节却无处不在的父爱。随后又为学生提供《背影》这篇文章具体的学习目标、写作背景、作者生平等知识以及权威的专家解析，让学生初步把握这篇文章的整体风格与思想脉络，切实感受作者对父亲的怀念。笔者在微视频最后提出了如下问题："为何作者要以'背影'为题？""文中共出现了几次'背影'？""在读完文章后你想到了有关父亲的哪些事？"这样一来，利用微课让学生进行自主预习，有效实现了课堂结构的优化，为生成高效的"善美"课堂奠定了坚实基础。

2. 问题导入，激活思维

"善美"语文课堂的最终落脚点是智慧。就是通过让学生独立、自主和合作学习，逐步完成知识的有机建构。以认知结构理论来讲，就是要学生自主完

成有意义的建构。而要想达成上述目标，就需要教师灵活创设问题情境，以激活学生的问题意识和语文思维。

一方面，教师要引导学生进行深入的问题探究。学生在逐步提升自主学习能力后，就会不由自主地产生问题意识，此时就需要教师予以及时引导，帮助学生解决问题，以提高学生的创新能力。例如，在进行《我的叔叔于勒》阅读教学时，当学生完成自主阅读后，笔者引导学生总结小学的三要素，并就此概括文章内容，这一过程需要由学生独立完成。尽管每一位学生给出的答案会有所不同，但笔者始终坚持的一点是，只要主旨意思正确即可，不存在所谓的标准答案。这样不仅有效激发了学生探究问题的主动性，而且学生在教师引导下有效获取了新知识。

另一方面，教师要引导学生进行有效的合作学习。"善美"语文课堂要求学生能够围绕核心知识点展开有效讨论，在取长补短中推动语文思维的发展。同样，在进行《我的叔叔于勒》阅读教学时，笔者在学生完成自主阅读后提出了如下问题：请问文章中的主人公究竟是谁？随后组织学生以小组为单位进行集体讨论，并鼓励学生大胆发言。小组讨论的结果虽不尽相同，但每组都有自己的理由。最后，笔者告诉学生没有标准答案，只要言之有理就行。如此一来，不仅有效强化了学生的问题意识，培养了学生的思考能力，而且有效拓宽了学生的视野，培养了学生的创新思维。

3. 多元评价，激励优化

由于种种因素的制约，不同个体之间在思维方式、行为方式等方面会形成较强的差异性。这就要求教师因材施教，尊重学生的差异性，采取多元评价手段，对学生进行正面的激励优化。这样才能让学生真正成为学习的主人，才能增强师生之间的多维互动，进而让学生感受到学习语文的快乐与有趣。

一方面，教师要善于用多种评价方式展开评价。在初中"善美"语文课堂中，笔者认为教师应采取如下方式进行学生评价。当学生完成问题的回答时，教师要及时予以评价，且要紧紧围绕学生回答的内容展开。若是学生没有回答出来，教师则要耐心引导并积极鼓励，帮助学生明确方向，最终得出正确答案。当学生"开小差"时，教师不可当众批评，而是要利用暗示法，或暂时停止讲课，或给予一个眼神，这样不仅不会引发学生的逆反心理，而且会促使学生认真听讲。当学生表现良好时，教师要不吝赞美，帮助学生强化学习的信心。学校每个科目都有积分卡，教师要对平时表现优秀或有进步的学生给予奖励。对表现特别优秀的学生，要给予姓名题诗书写，并发到班级微信群，以得到学生和家长的认可。总之，教师要采取适合学生的方法进行评价，以充分调动他们课堂学习的积极性和自主性，这样才有助于促进学生语文核心素养的养成与提升。

另一方面，教师要进行文本的开放性解读，并加强思维评价。对文本的解读，不同的学生有着不同的看法，教师不应该用"标准答案"去抹杀学生的个性思维，而是要通过正确的思维评价进行引导，以提高学生的创新能力。例如，在进行《故乡》阅读教学时，有个别学生认为鲁迅太小气了，不舍得将自己的东西送给街坊邻居。于是笔者先对学生阅读之仔细进行了肯定性评价，随后又引导学生思考：为何鲁迅将闰土想要的都给他了，但却没有给"豆腐西施"？这种差别的出现有何深层原因吗？随后学生通过再次思考，逐步改变了先前的看法，完成了对文本意义的自我建构。教师要在多元评价的过程中把控好方向，加强对学生思维的多元评价、过程化评价和正规化评价。

总而言之，在初中语文教学实践中，教师要全面把握"善美"语文课堂的内涵，并采取有效措施。教师既要善于通过微课翻转优化课堂结构，又要善于利用问题导入，激活学生思维，同时要善于开展多元评价，实现激励优化。只有如此，才能实现初中"善美"语文课堂的高效建构，才能促进初中生语文核心素养的养成与提升，才能使少数民族中学语文教学走出一条行之有效的新路。

📑 参考文献

［1］王永刚.智慧飞扬，展现活力——浅析初中语文智慧课堂的构建［J］.学周刊，2018（26）：84-85.

［2］陆宁.播撒思维的种子，浇灌智慧的花朵——论初中语文教学中如何提高学生的创新能力［J］.学周刊，2018（20）：104-105.

［3］梁小明.智慧环境中初中语文教学的创新研究［A］.十三五规划科研成果汇编（第二卷），2017：8.

［4］杨浩.初中语文高效课堂教学现存问题与对策研究［D］.上海：西华师范大学，2017.

［5］马晓辉.课改背景下初中语文教学思路与方法的创新实践［J］.学周

刊，2017（05）：91-92.

［6］程晓彬."部编本"初中语文课外阅读教学设计与实践研究［D］.合肥：合肥师范学院，2018.

［7］张延亮.初中语文阅读教学中学生问题意识的培养［J］.读与写（教育教学刊），2018，15（04）：72.

［8］刘尉濂.微课在初中语文阅读教学中的应用研究［D］.扬州：扬州大学，2017.

［9］徐玉根.追求教、学、评的一致性——初中语文综合性学习课评价工具的开发与运用［J］.上海教育科研，2016（08）：63-66.

（发表于《中小学校长》，2019年1月）

少数民族地区创办特色学校的思考

少数民族地区创办特色学校是当今教育发展的需要，应以"打造民族文化圣地"为战略目标，在搞好教学质量的同时，抓好民族传统艺术的传承。学校应积极开展刺绣、民族舞蹈、民族音乐、民族体育等一系列传统艺术活动，办出学校特色，发扬民族传统艺术。

一、校长的办学思想是灵魂

作为学校的领导者，校长的作用就是为学校设计合理、科学的发展蓝图，引领学校的发展，并在与教师达成共识的基础上，与教师一起努力把学校搞好。少数民族地区的学校更需要校长具有独特的办学思想，突出学校特色。例如连南民族小学校长，以"探索发展民族教育的途径与方法，加快培养自治县少数民族人才"为办学宗旨，以"管理规范；基础扎实，特色鲜明；和谐发展"为办学目标，在抓好常规教学的同时，创造条件开设瑶族传统艺术校本课程，组织学生学习刺绣、瑶族舞蹈、瑶族歌谣和民族体育，把地方特色融入学校建设中。学校按照"德育为首，生活为基础，教学为中心"的工作思路，针对学生在校寄宿的实际，着力抓好学生养成教育，帮助学生养成良好的行为习惯，重点提高学生自我管理、自我服务能力。学校实行半军事化封闭式管理，无微不至地关心、照顾学生的生活和学习，使学生进得来，留得住，学得好。

二、严格稳定的常规教学是基础

1. 抓实抓好常规教学管理

学校出台了《教学业务考评细则》，在开学前下发给每一位教师，要求教师对照学习，并实行"月检反馈制度"。每个学月都由校长、副校长亲自检查一次，对照方案逐项认真打分，并把结果公布于众。比如单元测试这一环节，我们要求每位教师开学初制订考试计划上报学校，由教导处统一安排测试日程，统一安排监考老师；"同头课"必须做到同一进度、同一时间考试，做到"批阅不过夜，讲评不过天"。要求教师每次考试都要做详细的分析讲评，然后把相关资料交学校评分，并计入个人业务档案。

2. 立足本校教研，有效开展教育科研和教学研究工作

为了提升教师队伍的群体素质，提高办学品位，丰富办学内涵，我校非常重视科研兴教，在抓好常规教学的同时，努力创造条件开设校本课程，开展课题研究。正、副校长及教务主任都具有较强的科研兴校意识，亲自分管教育教学科研工作；学校课题领导机构完善，建立了教育科研领导小组，构筑了由校长牵头、各领导分工明确、教师参与的组织网络和运行机制。另外，学校还拥有一支热情、肯干、具有科研精神的骨干教师队伍。

三、独特优良的校风是保证

学校创设了"勤奋学习、快乐生活，求实创新、全面发展"的良好校风，以丰富学生的校园生活，丰富校园课程，更全面地提高瑶族学生的素质，促进民族学校的发展。我校立足"探讨民族教育的途径与方法，加快培养少数民族人才的步伐"的办学理念，以"管理规范、基础扎实，特色鲜明、和谐发展"为办学目标，充分利用一切教育空间，把学校办成了学生学习的乐园。在校园内创设民族教育长廊，悬挂象征56个民族的图画、图腾及解说；在楼梯旁、广场上、功能室展览学生的特色作品，以展示学生的艺术才华，让学生从小接受民族文化熏陶，使学生品尝成功的喜悦。

学校重视瑶族传统艺术的传承，除了开展书法、绘画、合唱、礼仪等艺术特长班外，还积极挖掘地方教育资源，将瑶族传统艺术融入艺术课教学和发展学生兴趣特长的活动中，既丰富和拓宽了艺术教学的内容，又使瑶族传统文化在得以继承的基础上得到延伸与发展；既使学生对学习更感兴趣，又使学生在学习的同时继承了瑶族人快乐、自信、乐观的生活观。

四、民族特色教育是招牌

为了让民族学校办出特色，学校在抓好常规教学的同时，创造条件开设瑶族传统艺术校本课程。由校长全面指导，将瑶族传统艺术——刺绣、瑶歌、长鼓舞和花鼓舞纳入学校艺术教育教学计划，进行统一规划安排、全面落实，为求开齐、开足艺术类课程。同时将瑶族歌舞、刺绣列为参加比赛和考核的项目，要求每一位学生至少要掌握唱瑶歌、跳长鼓舞、刺绣等其中一项瑶族传统技艺。学校还健全了各种活动制度，保障艺术教育活动的正常开展。

此外，学校还开展丰富多彩的第二课堂活动，开设传统艺术兴趣小组，如长鼓舞艺术小组、花鼓舞艺术小组、排瑶刺绣艺术小组、瑶族歌谣艺术小组、瑶族艺术体操艺术小组与民族体育艺术小组等。为了给学生提供一个展示艺术才华的舞台，学校每学年都要举行一次全校性的艺术节。在艺术节展演期间，舞蹈、书画、刺绣等各类比赛精彩纷呈。传统艺术兴趣小组的开展为我校培养了大批特长生。在教师的精心指导下，学生的技能得到了提升，情感得到了陶冶，特长得到了展示，学生更喜欢在这个集体学习、生活。

少数民族地区创办的特色学校，深化教育教学改革，提高教育教学质量，办出了特色，得到社会的高度评价，有力促进了学校建设，推进了素质教育，使学校的办学内涵得到更深远的发展。

（发表于《教师》总第 177 期，2013 年 6 月）

核心素养下的本土实践——"善美"教育

教育旨在促进学生德、智、体、美、劳全面发展，旨在培养学生善良、善学、善行、求美、创美、传美的核心理念。为实现"善美"教育的教学目标，学校以"善""美"为教育理念，创设"善美"校园，促进学生发展。本文将简单介绍"善美"教育办学理念提出的背景，阐述"善美"教育办学理念的基本内容，论述"善美"教学的实践措施。

一、"善美"教育办学理念提出的背景

随着经济的发展，人民生活水平的不断提高，社会对教育提出了更高的要求。分析我国目前教育的实际情况，中小学校普遍过于重视学生德、智的培育，校园文化建设几乎都是围绕这部分内容开展，而对学生科学素养、文化素养、审美素养、社会意识和价值观、人生观的培养则显得较为欠缺。分析当前学校的教师队伍建设，存在着教师责任心不强的问题。有些教师被聘为副高级或一级教师后，出现工作懈怠，甚至旷班的现象。学生当前在校现状多为以分数论英雄，学生之间评比也以成绩作为衡量的标准，导致学生核心素养低下。

为改变以上现状，国家在《国家中长期教育改革和发展规划纲要（2010—2020年）》中提出，要"坚持以人为本，坚持德育为先，坚持能力为重，坚持全面发展"。习近平总书记在党的十八届三中全会《中共中央关于全面深化改革若干重大问题的决定》中明确指出："全面贯彻党的教育方针，坚持立德树人，加强社会主义核心价值体系教育，完善中华优秀传统文化教育，形成爱学习、爱劳动、爱祖国活动的有效形式和长效机制，增强学生社会责任感、创新精神、实践能力。"学校如何在国家大政方针的指引下，开展切实可行的教育，是学校负责人必须思考的内容。"善美"教学理念正符合国家发展要求。

因此，建设"善美"理念成为校园的核心理念。

二、"善美"教育办学理念的基本内容

"善美"教育是培养教师和学生核心素养的有效手段。"善"即培养学生具备善良、善学、善行的能力；"美"即培养学生求美、创美、传美的品德。根据"善美"理念，学校应制定政策和开展切实可行的教育方法。

1."善美"教育对教师的基本要求

学校开展"善美"教育，教师要做到"善行"，要为学生树立"善"和"美"的榜样。首先，教师要做到心地善良，品质淳厚；其次，教师在课堂上要做到"善引"，通过科学、高效的方法将学生引入课堂内容，创设高效课堂；最后，教师要做到"善教"，不仅要教授学生学科知识，同时应做到因材施教，渗透情感态度价值观教育，培养学生的核心素养。

2."善美"教育对学生的基本要求

学生是学校教育的主体，"善美"教育也应围绕学生开展。首先，教师要针对学生的身心特点，培养学生"善思"和"善学"的习惯。要引导学生对所学内容多出问题，多进行思考，针对疑问，要做到"善问"。学生通过不断质疑、收获、再质疑达到学习目的，从而提高自身的思维能力。其次，语言表达能力对学生来说极为重要。因此，要教育学生学会"善言"，即学生在课上要积极发言，在课下要善于交流，并通过语言清晰准确地表达自身想法。再次，学生在校阶段要做到"善书"，要不断地完善自身的文笔，将感兴趣的内容和想要表达的内容用工整、优美的文字书写下来。最后，学生在接受文化教育的同时，也要接受情感态度价值观的教育，做到"与人为善，善行人生"。

在培育学生"善"的同时，也要引导和培养学生"美"的思想。学生是行为个体，今后将作为社会个体进行生活。因此，学校要培养学生的爱美之心，使学生学会发现美、欣赏美、追求美。这里所说的"美"，并不是指外在的"美"，而是指学生要学会品生命之美，养道德之美，展心灵之美。

三、如何践行"善美"教育办学理念

1.师生修订认同

"善美"教育的开展需要师生精诚合作，共同努力。只有师生共同制定

"善"的尺度、"美"的标准,才能使其在实际中发挥积极向上的作用。为此,师生共同制定"善美"标准成为开展"善美教育"的关键。

师生共同制定的"善美"标准,应包含以下内容:思想、语言、行为。"善美"思想标准的制定需要教师具备良好的师德、师风及应有的职业操守。根据教育学和心理学研究可知,学生思想处于成长阶段,极易受到环境的影响。如果学生接触的是美德思想教育,则语言和行为将表现美德;如果学生接触的是错误的思想教育,则学生也极易受到错误的指导。"善美"语言标准的制定需要师生不断沟通,教师要用美的语言感染学生,学生要通过语言展示自己的美德。"善美"行为标准既针对学生又针对教师。学生的行为和穿着要展现新时代青年的风貌,教师的行为和穿着要符合为人师表的要求。

2. 打造"善美"校园

校园是促进学生健康发展、认知水平稳步提升的场所,校园文化的好与坏直接影响学生的发展。同时,校园文化对社会也会起到较强的示范作用。为此,"善美"校园要打造向上的校园文化,体现校园的独特魅力。

打造"善美"校园不仅要提高师生间的软实力,在校园内也要通过硬件展现"善""美"。学校用"善"字开头给各栋楼命名,潜移默化地向学生渗透"善美"。学校有三栋教学楼分别被命名为"善美楼""善思楼""善学楼"。科技楼为"善真楼",体现了科学求真的理念;物理楼为"善理楼",体现了物理学科培养学生理性思维和务实思想的理念;体育馆为"善健楼",体现了培养学生身心健康发展的理念;女生宿舍为"善淑楼""善雅楼",男生宿舍为"善友楼""善信楼",体现了育人因材施教的原则;学生食堂为"善俭楼",厨房为"善福楼",体现了勤俭节约的思想;还有"善美"班级,体现了"善美"理念下的班级文化;等等。

3. 进行"善美"荣誉评价

"善美"教育的开展,离不开有效的评价机制。打造"善美"评价机制,不仅要从师生学习的角度出发,也要从师生生活的角度充分考虑。为此,学校从学习角度出发,评选出了"善美"班级、"善美"学生、"善美"教师;从生活角度出发,评选出了"善美"宿舍、"善美"宿舍标兵、"善美"教师标兵等。

首先,评选标准要严格按照师生共同制定的准则执行,凡是违背师生共同制定的准则的,就失去了评选资格。其次,评选人员要具备积极向上的思想和过硬的素质。也就是说，无论是学生还是教师，都应具有积极向上的价值观和较强的综合素养。最后，评选应充分考虑国家政策，将国家标准作为评选的基本标准。例如，要求师生学习和发扬"社会主义核心价值观"。为了更好地发挥"善美"评价的作用，学校不仅要颁发相应的荣誉证书，还要设计相应的标志，如胸标、臂章等。

4. 打造"善学课堂"

教育离不开课堂，课堂是培养和规范学生各项能力及行为的最重要的阵地。打造"善美"课堂，也就是打造"善美"校园文化。当今，学校教授学生的文化知识已不足以满足社会需求。因此，开展"善美"课堂的同时，也要打造"善学"课堂。

培养学生"善学"，必须考虑学生的具体情况，因材施教。教师要以学生作为教学主体，充分发挥引导和规范作用，帮助学生做到"善学"。"善学"并不等于死学，是指学生在学习文化知识的同时要培养的创新精神和创新能力。创新能力对于社会的发展至关重要。发挥课堂培养人才的作用，是打造具备创新精神"善美"人才的重中之重。

5. 度过"善美人生"

学校的教育影响学生一生，学校开展向上的"善美"教育，为学生今后的发展打下了良好的基础，从而使学生度过美好的人生。教师在工作中受到"善美"的影响，也为今后努力工作和幸福生活提供了精神动力。因此，打造"善美"校园也将为师生打造"善美"人生。

总之，"善美"教育的开展，为我国中小学教育提供了新的思路和方法，将"善美"教育付诸实践，将会打造出中国教育一道靓丽的风景线。

参考文献

［1］张志伟.西方哲学史［M］.北京：中国人民大学出版社，2002：7.

［2］滕守尧.文化边缘［M］.北京：作家出版社，1997：9.

［3］尹瑜新等.思想政治工作的真善美［M］.北京：中国新闻出版社，2002：10.

（发表于《师道·教研》，2017年第六期）

少数民族地区如何构建有道德的学校

　　道德是一种社会实践，是通过社会文化、风尚习俗和个人的价值信念、德性品质来维系的，是涉及善恶的价值判断和价值实现的心理意识、行为活动及规范原则的总和。简单地说，道德就是人在社会生活中处理个人与集体、个人与他人关系的行为准则和行为规范。对于个人来说，道德品质是具有统帅、先导性质的因素，是一个人精神世界、个性人格、整体素质中最基本的因素。学校是育人的机构和场所，学校应该把道德文化作为学校管理的最重要的内容，发挥道德文化的统帅、引领作用。那么少数民族地区如何构建有道德的学校呢？我认为要从以下几方面去做。

一、构建一支有道德的领导团队

　　苏霍姆林斯基说，"校长是师者之师"。校长是学校管理工作的承担者，是教育劳动的主体。校长道德比学校中其他成员的道德更集中、更直接地反映了学校伦理道德风貌，是整个学校伦理的主体部分。有怎样的校长就有怎样的学校。好校长必须讲诚信、廉洁奉公，敬业乐群、行为公正，甘当仆人、乐于服务。列宁说："进行组织与领导，不是靠权力，而是靠威信、毅力、丰富的经验、各方面的工作以及卓越的才能。""其身正，不令而行；其身不正，虽令不从。"要做一个以德服人的校长，就必须公正诚实，必须尊重他人、服务他人，必须建立公众意识。校长要以教职工为中心，将教职工的利益放在个人利益之上；要按照有益于教职工的方式行事，努力为教职工带来更多的利益和好处。一些校长一副官气、态度傲慢，自命不凡、脱离教学；功劳归自己，错误推给别人；动不动就骂人，甚至参与吃喝嫖赌；时不时做些违纪败德的事，在社会上造成恶劣影响，让教师们敢怒不敢言，有苦说不出。好校长要有育人之德。坚持学校工作要以育人为中心，要有"乐育英才"的信念和情怀，要深入教学第一线担任课程，带头参与教育科研活动，做到教书育人、服务育人、管理育人，敢于对教师说："向我看齐！"好校长要有治学之德。校长治学要有严谨的态度、科学的方法和锲而不舍的精神；要敢于创新；要创建特色品牌学校，与时俱进，追求卓越，努力树立良好的榜样。好校长要有用人之德。要做到亲疏不分、唯才是举，用人之长、容人之短。要善于调动集体智慧和积极性，既能用好师生之长，又能用好师生之短；要想方设法激励和奖励师生，唤醒师生奋发向上的士气，鼓励每个师生快乐地实现自己的人生价值。校长要敢于任用能力超过自己的人，也要敢于承认自己的错误。好校长要有理财之德。用财要有长远观点，既要能想方设法引进资金，又要勤俭节约，把钱用在刀刃上。要民主理财，严格执行财务制度；账目要清楚公开，不能中饱私囊，乱发各类津贴补贴。好校长要有交往之德。校长要善于与教职工、学生、家长、上级等各种各样的人打交道。为人要正直，敢讲真话。要言行一致、表里如一，不媚上欺下，不盛气凌人，不玩弄权术；要有幽默感，努力创设宽松和谐的环境。校长要有学习之德。"三人行必有我师焉。"只有校长好好学习，教师才能天天向上。校长要带头学习，制订合理的学习计划，学习先进的办学理念，积极参加教学改革和教育科研，努力使自己成为学习型、学者型的校长。校长要经常给教师注入新的理念，有信心、有能力指导领导班子和教师开展工作。校长要有成人之德。"君子有成人之美。"罗伯特·K.格林里夫的"仆人式领导"思想认为："一个人要成为领导者、管理者的过程首先就是担当仆人角色的过程。"领导者要想下属员工之所想，关怀下属员工，满足他们的要求，为教师成为优秀教育工作者和学生成为优秀人才给予最大帮助。校长还应乐善好施，常怀仁慈之心，对有困难的师生及时伸出援手，带头积德行善。"桃李不言下自成蹊。"一支有道德的领导团队建立了，一切行动都会在潜移默化、润物无声中进行，如此才能培养出有道德的未来的建设者和接班人。

二、培育一支有道德的教师队伍

"国家大计，教育为本；教育大计，教师为本；教师大计，师德为本。"

要办好学校，校长是关键，教师是基础。教师安，则学校安；教师优，则学校优；教师强，则学校强。教师从事的是一种特殊的精神生产劳动，其对象是人，产品也是人。教师职业道德是调节教师与他人、集体及社会相互关系的行为准则，是教师从事教育劳动过程中形成的比较稳定的道德观念、行为规范和道德品质的总和。"教育是人与人心灵的最微妙的相互接触，学校是人们心灵相互接触的场所。"正是因为教育劳动的特殊性，决定了教师职业道德要比其他行业要求更高。少数民族地区有些家长不重视子女的教育，以为把子女交给学校就完成任务了，有的甚至不知道自己的子女在哪个班，班主任姓什么，也从来不给教师打电话。这就要求少数民族教师具备更高的道德水平。一要热爱教育这个行业。无论是代课出身还是科班出身，既然从事这个行业，就要像陶行知所说的："捧着一颗心来，不带半根草去。"要把教育当事业去追求，并且爱一行专一行。二要热爱学生。教育本来就是服务，学生就是教师的服务对象。没有学生就不会有教师。无论学生基础多么差，我们都必须无条件地爱他们。热爱学生是师德要求的重要规范，没有爱就没有教育。教师要把学生当成自己的弟弟妹妹去爱护，当成自己的孩子去教育，绝不能放弃一个学生。教师要设身处地地尊重学生，理解学生，关心学生，帮助学生。只要有心灵的碰撞，只要学生能感觉到教师的爱，学生就会"亲其师，信其道"。三要尊重家长。少数民族地区的家长没文化、不懂教育。作为教师，要学会体谅家长，尊重家长，尽自己最大努力与家长沟通，教家长最基本的家教知识。面对性格粗暴的家长也要以礼待人、以理服人，冷静处理各种矛盾。四要永远学习。随着知识更替的周期越来越短，"一本经书读到老，半瓶墨水穷卖弄"的时代已经一去不复返。教师要活到老，学到老；要通过自己好好学习，带动学生天天向上。五要加强道德修炼。"学高为师，德高为范。"教师把教育搞好就是积德行善。少数民族地区的教师不应感觉身处落后地区而妄自菲薄。要做到服饰仪容朴素得体，整洁高雅；言谈举止谦逊有礼，端庄稳重；态度行为亲切和蔼，严谨持重；待人处事真诚热情，尊重他人；等等。还要努力做到日行一善，不参与不健康的娱乐活动。

三、打造有生命力的道德课堂

苏霍姆林斯基指出，"道德教育是全面发展教育中起决定作用和主导作用的成分，学校培养出来的人，如果没有灵魂和心灵，教育就等于零。道德课堂就是让教育者用道德的方式去从事教育教学，并让师生从课堂上感到愉快、幸福、满足，得以自我充分发展，得到唯独人才有的一种享受与自由。其核心意义是呵护、培养、唤醒、生成，基本方式是交往与对话。"少数民族地区要打造有生命力的道德课堂，一是要从"教"走向"学"。"授之以鱼，不如授之以渔。"只有学生会学，才能激发学生的生命潜能。少数民族地区的学生习惯被动学习，凡事喜欢听教师的。教师可以布置前置作业让学生先自学；每节课都要检查学生完成的情况，做好记录通报，列入学生平时的成绩。二是要从个人学习走向合作学习。班级要成立学习小组，大家一起学习交流。成绩好的帮助差的，会的帮助不会的。三是要从"传授"走向"体验"。读万卷书不如行万里路，只有自己亲自体验，才能感悟生命的价值，才能印象深刻，才能吸收利用。四是要从"书本"走向"生活"。陶行知说："教育即生活。"只有结合生活的教育和深入生活的教育，才能提升学生生命的素养。

（2015 年 6 月）

少数民族地区学校如何传承少数民族
优秀传统文化

文化既是一个民族的魂，也是一个民族的根本，更是这个民族所创造的物质文化和精神文化的结晶。不同的民族有着不同的文化，不同的民族文化之间又相互影响、相互促进、共同发展。我国是一个统一的、团结的多民族国家，各民族有着风格各异的文化背景和丰富的文化内容，这些对研究我国各民族的历史发展情况有着重要价值。在经济一体化潮流席卷世界的今天，社会文化变迁相当剧烈。在现代文明的冲击下，保护和传承当下中华各民族优秀的文化，已经成为一个迫在眉睫的重要任务。在中国的少数民族地区，正确认识和传承优秀的民族传统文化能促进社会和谐和经济发展、达到提高人民物质和精神生活水平的目的。

一、连南县瑶族文化基本情况

连南瑶族自治县位于广东省西北部，有16万人，其中瑶族有80972人，占50.73%；壮族有1523人，汉族有7万多人。连南县是全国最大、最古老的排瑶聚居地。这里自然风光秀丽，人文景观独特，民族风情奇异，充满神奇色彩，十分令人向往。其特有的文化形式体现在建筑、语言、服饰、生活方式、生产方式、婚姻习俗、丧葬习俗、社交礼仪、社会组织、节庆娱乐、民间故事、历史传说、民谣、童话故事、歌舞、扎染、绣花、雕刻技艺等许多方面。中华人民共和国成立以前，瑶区只有极少数人会讲汉语，懂汉字的人则更少。中华人民共和国成立后，政府从梅州市梅县区等地招收了许多教师到各山寨兴办学校，通过各种方式扫除文盲，消除了当地人的许多愚昧思想，简化了当地许多习俗。从扫盲到"普小""普九""普高"，瑶族人民的文化素质有了大幅度提高，科学文化得到普及。大部分青年男女都到"珠三角"地区打工，人们的思想观念有了很大变化，不再相信封建迷信，不再遵循原来落后的风俗习惯。当然，他们也不愿传承瑶族的文化艺术，致使许多瑶族文化艺术面临失传。因此，让瑶族优秀的传统文化得到有效的传承，是一个迫在眉睫的重要任务。

广东省省委原书记胡春华同志2014年6月到清远市调研，在看到连南瑶族自治县民族小学传承瑶族文化艺术时，给予了充分肯定。他提出："要采取有针对性的措施，积极挖掘和保护瑶族、壮族传统文化，特别是要加强民族文化教育和研究，更好地传承和弘扬我省少数民族的优秀文化；要重视保护少数民族的传统民居，使其传统文化在建筑领域的传承与新时期城镇化建设相适应。"全国优秀教师、内蒙古包头市东河区公园路小学校长高建文在做全国巡回讲演时说："当教师要当有出息的教师，当校长要当有作为的校长，办学校要办有特色的学校。"连南民族小学多年前就提出了"传承瑶族文化艺术，创建全国特色名校"的办学目标。通过多年的努力，连南民族小学现已成为连南县唯一的瑶族传统艺术校本课程示范校，以及连南瑶族自治县瑶族刺绣传承基地和非物质文化遗产传承基地，2012年被评为"全国特色学校"，2013年被评为"全国人文科学普及基地"。

二、民族文化的保护情况

为了有效地传承瑶族传统文化，我们主要采取了以下措施。

1. 地方重视是根本

"只有民族的才是世界的。"连南瑶族自治县历届党委领导根据当地山多地少的实际情况，先后提出打造"民族文化旅游专业县"，建设"幸福瑶山，醉美连南""特色立县，生态崛起"等治县方略，在全县范围内掀起一股传承瑶族传统文化的艺术之风。每年举办"开耕节""尝新节""开唱节""盘王节""瑶族文化节"等，每个节日都由七个乡镇派代表队参加，表演瑶族原生态歌舞，吸引了成千上万游客前来旅游观光。政府在打造旅游景点的同时，还积极推动非物质文化遗产和传承人的申报。油岭和南岗被国家文化和旅游部命名为"中国民间艺术之乡"，"瑶族耍歌堂"被列为国家第一批非物质文化遗产，瑶族的鼓王和歌王均成为国家非物质文化的传承人。连南瑶族自治县每年都会举办瑶族文化节和长鼓大赛，还会选节目到全国各地表演，有的还上了中央电视台，有些节目甚至还参加过澳大利亚、新加坡、法国等国的展演。当地领导非常重视瑶族文化艺术的传承，经常深入各校指导工作，也经常选派民间艺人和歌舞团的演员到学校上课传授技艺。还设立校本课程试点学校，设立了民族小学等四个非物质文化遗产传承基地。当地政府每年给基地划拨传承经费，避免了"让马儿跑，又不让马儿吃草"的问题。当地领导为传承瑶族文化艺术给予人力、物力、财力、精神方面的支持，使传承工作有条不紊地进行。2008年，民族小学被定为首个连南县瑶族传统艺术校本课程试点学校。学校积极开展瑶族传统艺术教学系列校本课程的开发和研究工作，使瑶歌、瑶绣、长鼓、瑶族体育项目进入课堂。由于民族小学是全寄宿制学校，招收的又是四至六年级的瑶族学生，学生不仅具备会瑶语等先天条件，又有时间的保证，加上有各类竞赛表演的推动，使得整个学校都沉浸在传承瑶族文化艺术的氛围中，随时随处可见学生在刺绣、在唱瑶歌、在跳长鼓，在参加各种传统体育活动。2009年，民族小学向全县校长和艺术教师做汇报展演，展演十分成功，有力地推动了全县传承瑶族文化艺术，为学生具备体育艺术2+1的才能增强了信心。

2. 兴趣培养是关键

"兴趣是最好的老师。"布鲁纳也说："使学生对一门学科有兴趣的最好办法是，势必使之知道这门学科是值得学习的。"瑶绣是瑶族传统文化的重要组成部分，瑶绣在瑶山一直是女孩子的专利，男孩子是不碰针线的，怎样才能让男孩子也学瑶绣，这就需要让他们对瑶族文化艺术感兴趣，知道瑶族文化艺术是值得学习的，这是摆在民族小学面前的一道难题。为了让男孩子也能用心学习瑶绣，连南民族小学想了很多办法。首先，让学生了解瑶族传统文化艺术的历史。例如瑶绣，早在《后汉书·南蛮传》中就有关于瑶族先民"织绩木皮，染以草实"的记载。宋代时，瑶族人民已能用蓝靛和白蜡在白布上染出精美细致的花纹绣，称为"瑶斑布"。《古今画书集成·职方典》亦说："瑶族妇女首裹布巾，必绣红白花纹为饰。"其次，通过故事让学生了解瑶族传统艺术。每一首瑶族民歌或每一个道具都有一个美丽动人的故事。例如，长鼓是勤劳勇敢的阿贵哥唐冬比为了见到盘古王的女儿房沙十三妹而做的；瑶歌《优呵海》是为了庆祝丰收而唱的。最后，让学生知道学习瑶族文化艺术是值得的。

要让学生知道作为瑶族人要知道瑶族的历史、风俗习惯、风土人情，要懂得一些基本的瑶族文化艺术。例如跳长鼓舞，既可以锻炼身体，又可以增强全身的协调能力，还有机会到世界各地去演出。这些办法激发了学生的兴趣，增强了学生学习瑶族文化艺术的自豪感和自信心。现在，会瑶绣的男孩比女孩绣得还好，能跳长鼓的女孩比男孩跳得更好，瑶族文化艺术后继有人了。

3. 师资保证是前提

古话说，"名师出高徒""一个无任何特色的老师，他教育的学生也不会有任何特色""有怎样的校长就会有怎样的学校，有怎样的老师就会有怎样的学生"。要传承瑶族文化艺术，要有师资保证才行。连南民族小学为了有效传承瑶族传统文化，采取了以下做法：一是邀请懂瑶族传统文化艺术的民间艺人在寒、暑假到学校对教师进行培训；邀请"歌王""鼓王""牛角王"到校指导并示范（学校给民间艺人发放校外辅导聘书，邀请他们定期来校给师生授课）；邀请县歌舞团的演员来校上指导课（把歌舞团演员与校外辅导员分到各班去，给学生讲授瑶歌、长鼓的基本技能，指导学生排练节目）。二是聘请专职培训教师，让教师们边学边教（不懂的可以请教歌舞团演员或者民间艺人）。

4. 课程时间是保障

"台上三分钟，台下十年功""十年寒窗无人问，一举成名天下知"。任何事业的成功或技能的练成都需要时间作保证，传承瑶族文化艺术也不例外。第一，要合理安排校本课程和第二课堂。除了每两周一节的瑶绣课、长鼓课、传统体育课、瑶歌课，每周还安排一节瑶歌、长鼓、瑶绣、传统体育等第二课堂活动课。以名曲《瑶族舞曲》为背景音乐，以跳长鼓舞的动作创编瑶族艺术体操。每个星期二、四的课间操时间，让学生做瑶族艺术体操，为学习瑶族长鼓舞和瑶族歌曲打好基础。第二，要合理安排课外时间。学校通过校园红领巾广播站在课余时间播放瑶歌，允许学生在课余时间绣瑶绣、唱瑶歌、跳长鼓舞、练传统体育项目。很多学生总是乐此不疲，校园内到处可以看到学生练习瑶歌、跳长鼓舞、练瑶绣和传统体育的身影。第三，要合理安排假期。放假前要求学生：回家巩固旧知识，向当地民间艺人请教并收集资料；参加当地举办的庆典或晚会，展示民族小学学生风采；跟民间艺人学习，提高瑶族文化艺术的技能和水平。

5. 学校倾力搭平台

曹能秀老师说："教育在一定程度上是民族文化传承的产物，又是民族文化传承的动因。民族文化传承既是教育的目标之一，又服务于教育的目标。"
为了展示学生的才艺，增强学生的自信，使学生感受到传承瑶族文化艺术的快乐，连南民族小学积极搭建平台让学生尽情地秀出自己。一是静的平台。校园内随处可以见到学生的美术、书法、手工、刺绣作品，每幅作品都标有小作者的姓名、班级。瑶绣是学校的最大亮点。每个学生每学期都要完成一幅刺绣作品。作品可以在展板上展出，可以做成香包送给客人，也可以做成绣花袋送给来宾或进行对外交流。二是动的舞台。在两周一节的瑶歌、长鼓、刺绣、传统体育课堂上，学生可以跟学校聘请的校外辅导员学习原汁原味的瑶族文化艺术。外地学校师生或团体到学校开展交流活动时，可以让学生当小老师教客人学习瑶歌、长鼓、刺绣、传统体育，从而有力宣传瑶族传统文化艺术。学校还通过开展一年一度的校园文化艺术节、科技节、体育节、瑶族原生态歌舞比赛等，让学生在竞赛中得到锻炼和提高。在学校举行的捐赠仪式上、在县举办的重大节日活动期间，学校还选派歌舞队参加表演。学生通过各种平台，得到锻炼，每个学生基本都会瑶歌、长鼓、刺绣、传统体育。

6. 校本科研显风采

歌德说："不断变革创新，就会充满青春活力，否则，就可能变得僵化。"由于瑶族在历史上少有文字记载，瑶族"先生公"的瑶经也是用古代汉字来记载，瑶歌、长鼓、刺绣等则只能口头传授、手把手去教，有很多人在学习的过程中会出现师傅不在身边就无法学的情况。为了让学生更好地学习瑶族传统文化，艺术教师们深入瑶山采风，向当地民间艺人请教，几经修改，编写了《排瑶刺绣》《瑶族长鼓舞》《瑶族歌谣》《民族体育》《民间典故》等校本教材。师生通过学习这些校本教材，避免了"师傅不在，徒弟白来"。为了更好地研究和传承瑶族传统艺术，学校先后申报了市、省级课题《排瑶刺绣教学研究》《民族体育与小学体育教学相结合的实践研究》《瑶族传统艺术校本课程的开发和实施》等，并均已结题，许多研究成果在省、市级刊物发表或获奖。近年来，学校成为全县传承瑶族传统文化艺术的科研基地和示范校，成为全县展示民族教育的窗口学校，被评为"广东省体育特色学校"。

三、总结

苏霍姆林斯基说："一个无任何特色的教师，他教育的学生也不会有任何特色。"同样，一所无任何特色的学校，它教育的学生也不会有任何生命力。连南民族小学正是以传承瑶族文化艺术为自己的特色，实施"百家争鸣、百花齐放"的方针，让学生在学好优秀中华传统文化的同时，传承瑶族传统文化艺术，为自己的人生打下坚实的基础。在全校与整个社会的积极配合以及政府的积极支持下，民族文化的生命得到延续，民族文化也将被人们充分认识和欣赏。在全校师生的积极努力下，连南民族小学以瑶族民族文化作为学校的办学追求，学校办学特色得以确认。学校将会继续继承、创新瑶族文化，并将其发扬光大。

（发表于《师道·教研》第 222 期，2014 年 12 月）

少数民族寄宿制学校的管理策略

我国是一个多民族国家，少数民族聚居地区经济基础薄弱，教育水平有限。为了提升少数民族地区人民群众的文化素质，贯彻国家普及义务教育、提升基础教育质量的基本教育方针，连南瑶族自治县建设了一批硬件设施良好、环境舒适的寄宿制学校，有效提升少数民族地区的教育质量，为构建和谐校园，营造温馨家园添砖加瓦。

一、强化硬件建设，创造舒适环境

连南瑶族自治县地处广东西北部，在连绵百里的高山峻岭上，到处是瑶家村寨。在历史上，连南长期处于主流文化的外围，历史文化积淀十分薄弱，教育水平有限。教育是百年大计，需要各级行政主管部门的重视和支持，尤其需要重视硬件建设问题。20世纪80年代，随着改革开放政策的执行，连南经济开始步入快车道，教育事业也取得了长足的进步。如何才能在连南县搞好教育工作，是摆在行政主管部门和连南县教育工作者面前的一个难题。这就需要我们拓展思路，多方尝试。总结多年的工作经验，我们深刻认识到，应该强化硬件建设、创造舒适环境，建设一所优秀的少数民族寄宿制学校。

这需要我们完成三个方面的工作：首先，完善各类规章制度；其次，加强管理，执行精细化管理模式；最后，完善基础设施建设。

没有规矩，不成方圆，制定切实可行的规章制度十分重要。学校组织学生民主讨论，让学生自行制定规章制度，如《总值日生守则》《文明监督岗职责》《文明班级评比细则》等。由于是学生自己参与讨论制定的，因此职责更明确，学生更清楚应该怎么做，怎么管理，杜绝了责任不清的现象，实现了学生自主管理。良好的制度只有落到实处才会发挥它的效应。因此，制度能够得到执行是完善寄宿制学校建设的关键。学校由教师中组成八大值周组，学生成立了学生会。学校注重抓好学生的自我服务、自我管理体系，充分发挥少先队组织的自我管理作用，让有能力的学生充分融入学校的学习和生活管理中，既培养了学生的能力，增强了其主人翁责任感，又促进了师生的和谐发展。制度是我们开展所有工作的基础，这要求我们从完善学校安保措施、净化校园周边环境、加强后勤保障三个方面入手，完善基础设施建设。

二、凸显民族特色，重视养成教育

北大校长蔡元培先生曾说："大学者，非有高楼，乃有大师也。"由此可见，一所学校的教育不仅需要一定的硬件作为基础，更为重要的是要有优秀的师资和恰当的培养模式。正是因为认识到了师资建设和教育培养模式的重要性，连南民族小学才高度重视课程设置，力求打造具有民族特色的小学教育培养模式。作为瑶族自治县，重视民族特色、体现民族文化始终是本地区教育工作者的工作重点。按照县委、县政府提出的"打造民族文化圣地"的指导方针，连南民族小学在工作中高度重视瑶族等少数民族传统艺术的传承。经过师生的努力与协作，连南民族小学被选定为连南县唯一一所瑶族传统艺术校本课程试点学校。乘着这股东风，学校先后开设了"瑶族刺绣""瑶族长鼓舞"等具有浓郁民族文化特色的课程，充分体现了民族学校的地域特色和民族特色。

在凸显民族特色的同时，我们根据学生的心理特点积极促成学生的养成教育，以帮助他们适应长期的寄宿制生活。新生入学时，学校会利用一个月的时间，结合校本课程及《中小学生日常行为规范》等，以多元化、多渠道的方式开展德育工作。民族地区学生家庭条件普遍较差，父母长期在外打工，留守儿童较多。这就使得本地区的留守儿童教育问题十分突出。为有效解决这一问题，连南民族小学结合自身作为寄宿制学校的特点，遵循"一切为了学生，为了学生的一切，为了一切学生"的办学理念，办学之初，学校就把"学会读书，学会思考，学会做事，学会做人"作为学生培养目标。通过建立对教师的师德考核办法，保证教师的风范作用和德育工作全员参与的实效性；通过"管理育人，教学育人，服务育人"的机制，确保"以人为本"理念的落实。同时，在学校的一切学习与活动过程中，我们既注重突出学生的主体和自我教育作用，又重视教师的组织与指导作用。

三、构建和谐校园，提升教学质量

学校是学生的第二个家，对于一所寄宿制学校的学生而言更是如此。为了能够让学生感受来自学校和教师的关怀，也为了能够提高学生在校期间的生活质量，学校成立了安全文明校园领导小组，设置了消防、食品、校舍、活动、交通等五大安全工作组，由学校中层领导任组长，层层签订责任书，做到分工明确、责任到人、一岗双责，努力促成齐抓共管的工作格局。完善的制度为构建和谐校园提供了足够的保障。同时，我们还从以下三个方面入手，解决校园建设中存在的问题。

学校在管理体制上，充分利用民族地区学校的优势，按照在管理中强化责任意识，在用人制度中强化竞争意识，在部门协作中强化合作意识，在工作考核中强化质量意识，在教学工作中强化育人意识，在岗位履职中强化服务意识的思路，大胆创新，逐步完善，形成学校特色。学校在管理机构上进行了大刀阔斧的改革，建立了年轻精干的校级领导班子，强化责任意识。学校在实行年级负责制的基础上，强化了班级管理，强化了团队意识和质量意识；加大了班级之间的竞争，每月对班级进行评比，并将评比结果与班主任的业绩挂钩。因此，学校校风、班风优良，深得社会好评。学校分配制度的改革也逐步完善，极大地调动了教职员工的积极性，成为教师队伍优化组合的催化剂。学校在工作中实行目标管理，把教师个人的追求与学校的发展前途有机结合起来。通过工作目标的不断实现，增强教师的成就感，使教师个人价值在学校的发展中得以体现。

四、结语

为把学校建设成少数民族地区优秀的寄宿制学校，连南民族小学还下大力气，不断改变办学条件，如更新电脑室、多功能教室，筹办文化长廊等。连南民族小学在凝练校园文化之外，还征购土地、扩大校园，完善和创新各种管理制度，提高管理水平，以适应新的发展形势。

以上几个方面仅是我校对少数民族地区寄宿制学校管理方面的一些做法，要想做好少数民族地区寄宿制学校的管理工作，仅仅靠这几个方面是远远不够的，还需要师生共同努力，在实践中不断地创新和发展。

（发表于《广东教学》第 2700 期，2017 年 5 月）

瑶族传统文化在中学生德育教育中
渗透的思考和尝试

党的十八大提出"立德树人"，要"加强社会公德、职业道德、家庭美德、个人品德教育，弘扬中华传统美德，弘扬时代新风"。这些精神对于全国各族人民来说，要求是一样的；对少数民族青少年学生来说，以民族文化对其进行德育渗透教育，更有积极意义。广东省省委原书记胡春华同志2014年到清远市连南瑶族自治县调研时指示："要采取有针对性的措施，积极挖掘和保护瑶族、壮族传统文化，特别是要加强民族文化教育和研究，更好地传承和弘扬我省优秀的少数民族文化。"

一、对部分瑶族学生思想道德状况的思考

1. 传统生态环境改变，对人民传统价值观的影响

长期以来，在党和政府的重视下，瑶族传统居住和生活环境、居住地交通和教育环境以及居住地文化、卫生和媒体环境都得到改善，但距离主流社会的现代化进程还有差距。自从政府将瑶族村寨迁移下山，在县城设立瑶族新区，瑶族人民的生活不再封闭，他们告别贫穷，走向富裕。瑶族人与汉族人的接触也更为直接，瑶、汉居住社区相互毗邻、相互交融，瑶、汉文化相互影响，汉族主流文化更多地影响着瑶族的传统文化，这也对青少年的生活和思想观念产生影响。

本来，阅历不深的青少年对社会认识就简单，而少数民族地区的学生长年以山水为伴，思考方式单一，价值观自然纯朴，所以对社会复杂状况更缺乏应对准备，缺乏自制能力，容易对道德缺失等不良风气，以及享乐主义、拜金主义、极端个人主义、不健康的思想形态和生活方式缺乏判断能力——有些学生

辍学就是因为追求不健康的生活方式、追求金钱而造成的。

2. 传统生活方式改变，对人民传统生活形态的改变

社会发展带来对传统价值观、人生观、世界观的挑战，不仅对汉族人民，对瑶族人民也一样。社会进步大潮也会有泥沙裹挟而下，青少年学生总体积极向上，但也有一些中学生不思进取、好逸恶劳、浑浑噩噩，喜欢以自我为中心，自私冷漠，甚至偷盗钱物。有些地方黄、赌、毒已经渗透中小学生当中，学生参与打架斗殴，甚至少数学生还参加违法犯罪活动。

离开了瑶族传统生活地区，离开了瑶族千百年积淀的"夜不闭户，路不拾遗"的民族传统道德民风，而社会主义核心价值观等正能量道德教育也没有真正走进部分瑶族学生，致使一些瑶族青少年学生行为偏离正常轨道。

3. 古老瑶族人民与主流文化接触，对瑶族青少年价值观的影响

改革开放以来，大部分瑶族传统村寨迁居到县城附近，许多瑶族青少年转到县城读书、瑶族青年也都到县城就业或到"珠三角"地区打工。他们的思想观念发生变化，民族情感迁移；他们不再遵循传统风俗习惯，不愿学习传统民族文化，不愿传承瑶族的民族民俗文化。结果导致瑶族传统文化艺术面临失传，瑶族文化所传达的特有精神品质也失去传承的平台。

4. 要以瑶族传统文化为抓手对瑶族学生进行德育教化

中学阶段是人格塑造和形成的重要阶段，学习优秀中华传统文化和地方特色文化，对中学生习惯的养成、情操的陶冶、人格的培养以及对弘扬民族文化、激发民族自豪感、增强民族凝聚力都具有重要的意义。

同样，瑶族学校德育教育如何通过渗透瑶族优秀传统文化达成效果，让瑶族中学生形成优秀的人生品质，养成良好的学习生活习惯，继承瑶族人民的优秀传统美德，传承瑶族民族文化，延续瑶族传统优良的品质，使每个瑶族学生得到其他民族的尊重，树立民族自尊、自信、自豪感，为实现个人理想目标而不懈努力，是摆在每一个有责任感的教育工作者面前的迫在眉睫的重要任务。

二、瑶族传统文化是中华传统文化的重要组成部分

瑶族是拥有几千年历史的古老民族，是中华民族大家庭中的一员，他们生活形成的民族文化是中华民族文化的重要组成部分。瑶族有山瑶、八排瑶之

分，连南瑶族主要由排瑶组成。瑶族人民既有勤劳、善良、豪迈等性格特点，又有尊老爱幼、吃苦耐劳、淳朴节约等传统美德，这些都是对瑶族学生进行德育教育的民族文化支撑。瑶族传统文化在德育价值方面有以下显著特色。

1. 尊老爱幼

瑶族向来有尊老爱幼的传统。不论是社会上的事务，还是家庭中的红白喜事，都要先征询老人的意见。在家吃饭时要先把好吃的肉夹给老人和小孩，分了家的儿子要把最好的肉送到父母家里，酒宴上要请老人坐大厅正席。年轻人在路上和老人相遇，必让出正道；如遇老人挑担，年轻人要主动帮忙。孟子说："老吾老，以及人之老；幼吾幼，以及人之幼。"瑶族人民早就有尊老爱幼这一传统民俗、民风、民德。这与汉族价值观高度一致。

2. 勤劳勇敢

瑶族人民热爱劳动，崇尚勤劳，鄙视好吃懒做、贪生怕死的人。瑶家子女自幼随父母上山下地劳动，直至六七十岁仍然劳作不止，自食其力。遇到不平之事敢管，遇到压迫和入侵敢于抵抗。瑶族青少年学生要学习"勤劳勇敢"的精髓，做一个积极、勇敢、正义、公平、有纪律和懂法的、合格的公民。

3. 诚实守信

瑶族人民讲义气，守诺言，凡答应别人的事就一定会做到，绝不反悔。他们待人真诚，有一句说一句，讨厌说谎。

4. 热情好客

瑶族人民喜欢"挨伙计"（结交朋友）、"认同年"（结拜兄弟），提倡"上门三分亲，进门三碗酒"。有客人来，无论旧识还是初识，都会竭尽全力款待，即使把家里唯一的一只老母鸡宰了或到别人家借用，也要认真接待客人。席间，客人基本上不用夹菜，碗里会被主人夹得满满的。客人回去时主人还会送上土特产，并送到村口一再道别。瑶族的传统习俗文化与社会主义核心价值观讲文明、和谐友善的要求一致。

5. 团结协助

瑶族人民建房子、逢红白喜事等重大活动，亲朋好友皆闻讯赶来义务帮忙；农忙时互相帮工，从不计较。一家有难，众人相帮；遇事相邀，一呼百应。瑶族的团结协助精神与党和政府提出的要大力弘扬青少年乐于助人的精神是一样的。

6. 淳朴善良

瑶族人民单纯、朴实、善良、憨厚、忠诚。他们想法简单，与人为善，与自然为善；他们相信轮回和报应，不敢做有愧于良心的事情，也不敢违反自己村寨制定的村规民约。他们诚实守信、相信因果、敬畏自然。这些都与中华民族讲究诚实和守信用、注重环境保护的优秀传统是一致的。

此外，瑶族人民还有智慧幽默、勤俭节约、遵纪守法、乐观向上、同情宽容、礼貌待人、多才多艺等美德。

三、以瑶族传统文化进行德育渗透的方式

陶行知说："教育的根本意义是生活之变化，生活无时不变，即生活无时不含有教育的意义。"罗丹说："美到处都有。对于我们的眼睛，不是缺乏美，而是缺少发现。"学校应该在德育教育中渗透瑶族传统文化教育。

1. 在家庭日常生产劳动中渗透德育教育

瑶家儿女到13岁就基本上什么活都会干了。在劳动的过程中要让他们懂得劳动是光荣的，劳动果实是来之不易的；要让他们懂得尊重劳动人民、尊重劳动果实、尊重大自然，形成勤劳俭朴、吃苦耐劳、分工协作的好习惯。此外，经常帮父母干活，还会养成勤劳、独立、有担当、体恤父母的好习惯。

2. 在民族乡土历史文化中渗透德育教育

瑶族是一个多灾多难的民族，通知名字便可窥之一二。瑶族先民被称为"蛮人"，隋唐时被用"徭役"的"徭"字来称呼；元代以后，改用反犬旁的"猺"来称呼；中华人民共和国成立后才改为王字旁的"瑶"。现在，国家对少数民族政策给予倾斜，在国家的移民政策下，瑶族人民搬到山下居住，结束了刀耕火种的生产生活方式。学校可以让学生通过对瑶族历史的了解，学会坚毅勇敢、顽强拼搏、不屈不挠，学会平等待人、与人为善，并感恩党和国家对少数民族的特别关爱，用实际行动来报答党和国家。

3. 在瑶族传统风俗习惯传承中渗透德育

瑶族具有很多优良的传统习俗，如瑶族青年恋爱的主要表达方式是唱情歌，即通过"对歌"自由选择自己的心上人，父母很少反对。这表达了瑶族人民追求自由、民主、幸福的愿望。排瑶的葬礼非常隆重，所有亲戚都来。兄弟姐妹、子女唱丧歌，"先生公"唱经打斋，择吉日、吉时出殡。有的地方子女

还要在坟边搭棚守七天七夜，由其他亲戚在早、中、晚送饭到坟边。这表达了瑶族人民一种团结、感恩的思想。瑶族的节日有春节、元宵节、开耕节（农历二月二）、起愿节（农历三月三）、尝新节（农历六月六）、开唱节（农历七月七）、盘王节（农历十月十六）等，其中最隆重的是盘王节。农历十月十六是盘古王仙逝的日子，各村寨都要举行"耍歌堂"活动，以祭祀盘古王和庆祝丰收。自治县有规定，盘王节放假两天，学生要参加各村寨的庆典活动，既学习瑶族的传统文化艺术，又纪念祖先和庆祝丰收。

4. 在民族校本课堂教学中渗透德育教育

学校是学生接受教育的重要场所，学校通过开设校本课程、第二课堂等形式对中学生进行德育渗透。每个星期各班都有一节校本课程，用来传授瑶歌、长鼓舞、刺绣、瑶族传统体育、瑶族民间故事、瑶族风土人情、风俗习惯等知识和技能，并在教授的过程中进一步渗透勤劳、勇敢、智慧、孝顺、善良、诚信的传统美德。学校经常邀请国家非物质文化传承人歌王、鼓王、牛角王及经常到世界各地参加演出和竞赛的民间艺人到学校上课，让学生零距离接触文化传承人。

民族地区教师对瑶族学生进行德育教育，要注重结合民族文化的教学方法，要联系民族学生的实际，注重通过吃苦耐劳、艰苦朴素、积极进取的民族精神培养学生健康的心理素质，通过民族体育、传统文化使他们养成科学健康的行为习惯，形成优良的、具有民族特点的道德品质，树立具有民族视角的、正确的世界观、人生观、价值观，树立远大的理想。学校要以民族文化教育为切入点，激发学生的民族自信心、自豪感，增强学生的民族凝聚力，使他们成为自尊、自信、自立、自主、自强的有社会主义道德核心素养的一代民族新人。

（发表于教育部主管核心中文期刊《中学政治教学参考》，2017 年 2 月）

2

第二章

教学设计

《梦回繁华》教学设计

【教学内容】

八年级（上），第20课《梦回繁华》。

【教学目标】

1. 培养学生整体感知课文内容的能力，以及快速概括、提取信息的能力。

2. 引导学生了解课文主要采用的说明方法，理解作者是怎样恰当地选择和使用这种说明方法的。

3. 引导学生品味文章的语言，把握其既有科学性又富有文学色彩的特点。

4. 引导学生了解《清明上河图》的内容及艺术价值，提高艺术品鉴赏能力，增强对中华文明的自豪感。

【教学重点】

1. 引导学生了解《清明上河图》的艺术价值及其反映的社会风貌。

2. 学习本文作者抓住事物特点、运用多种说明方法介绍说明对象的方法。

【教学难点】

1. 揣摩作者准确及富于概括力的说明性语言的运用。

2. 了解《清明上河图》的内容及艺术价值，提高鉴赏艺术品的能力。

【教学方法】

圈点勾画法、合作探究法、情境教学法、点拨法。

【课时安排】

1课时。

【课前准备】

学生阅读课文《梦回繁华》，并完成导学案。

【课堂教学】

导入：

1.播放李玉刚演唱的《清明上河图》，视频缓缓展现《清明上河图》。

2.教师引入：轻轻打开中华传统文化的大门，我们感受到了传统文化的光辉灿烂，这一节课我们要欣赏一幅名扬中外的古画。

知识链接：作者简介

张择端，生卒年不详，字正道，汉族，琅琊东武（今山东诸城）人。北宋画家。宣和年间任翰林待诏，擅画楼观、屋宇、林木、人物。所作风俗画之市肆、桥梁、街道、城郭刻画细致、描绘精确，寸马豆人、形象如生。存世作品有《清明上河图》《金明池争标图》等，皆为我国古代的艺术珍品。

《清明上河图》是中国十大传世名画之一。这幅画本是进献给宋徽宗的贡品，流传至今已有800多年的历史。其主题主要是描写北宋都城东京市民的生活状况和汴河两岸店铺林立、市民熙熙攘攘的热闹场面。这件现实主义的杰作，是研究北宋东京城市经济及社会生活的宝贵历史资料。这幅画的真品珍藏在北京故宫博物院中。由于它的名气非常大，历代有很多画家临摹、仿制，现在网络上看到的多是收藏于台北故宫博物院的由清乾隆元年清宫画院的五位画家合作画成的仿制品《清院本清明上河图》。

活动一：初读课文，整体感知

1.听录音，完成以下两个问题：

（1）快速提取、概括信息。本文围绕《清明上河图》，介绍了哪些方面的内容？

（2）厘清课文层次结构。

2.学生交流。

（1）介绍这幅图的历史背景、作者，画卷的纵横尺寸，作品描绘的内容，画卷的特点，历史价值，等等。

（2）课文可分以下三部分：

第一部分（第1段）。由宋朝城市的繁荣，引出说明对象——《清明上河图》。

第二部分（第2段）。介绍张择端生平，引出画作的背景，呼应题目——《梦回繁华》。

第三部分（第3～5段）。具体说明《清明上河图》的特点、内容、艺术特色和地位。

活动二：精读课文，合作探究

1. 小组合作探究以下问题：

（1）课文是怎样围绕"繁华"来说明清明上河图的？

（2）文中用了哪些说明方法？请找出相应的例句。

（3）本文的说明顺序是怎样的？

2. 小组代表展示探究成果。

答案：（1）课文围绕"繁华"从以下几方面说明《清明上河图》：先介绍城市经济的繁华；再介绍张择端绘画技艺的高超和南宋人的梦想；最后详细描写了《清明上河图》反映的内容和作者的创作技法。

（2）本文运用举例子、列数字、引用、描摹和打比方等说明方法。

举例子："张择端的《清明上河图》是北宋风俗画作品中最具代表性的一幅"。

列数字："纵24.8厘米，横528.7厘米"。

引用："后习绘画""天晓诸人入市"。

描摹："疏林薄雾，农舍田畴，春寒料峭""船夫们呼唤叫喊，握篙盘索。桥上呼应相接，岸边挥臂助阵，过往行人聚集在桥头围观"。

打比方："整个长卷犹如一部乐章""结构精美，宛如飞虹"。

（3）本文的说明顺序。就全文而言，使用的是逻辑顺序，从画作的时代背景、作者情况写起，进而详细说明画作本身，最后介绍画作的艺术和历史价值，按照"内涵—内容—价值"的思路展开，清晰而全面，重点突出。

第4段介绍说明画作内容时，主要采用的是空间顺序。其中"画面开卷处""画面中段""画卷后段"说明性文字，将画作分成三个部分，并按照从前到后的方位次序说明。

课文小结：

课文以《梦回繁华》为题，介绍了《清明上河图》这一国宝级画作。通过学习《清明上河图》所描摹的北宋时期繁华的市井风情，丰富了学生对当时社会风貌的了解，激发了学生对古代生活的丰富想象。这幅长卷人物繁多，场景复杂，但作者却把它安排得条理分明、细腻具体，真是难能可贵，值得我们借鉴学习。

板书设计

梦回繁华

一、课文层次

第一部分（第1段）。由宋朝城市的繁荣，引出说明对象——《清明上河图》。

第二部分（第2段）。介绍张择端生平，引出画作的背景，呼应题目——《梦回繁华》。

第三部分（第3~5段）。具体说明《清明上河图》的特点、内容、艺术特色和地位。

二、解读"繁华"

（1）先介绍城市经济的繁华。

（2）再介绍张择端绘画技艺的高超和南宋人的梦想。

（3）最后详细描写了《清明上河图》反映的内容和作者的创作技法。

三、说明方法

举例子、列数字、引用、描摹、打比方等。

四、说明顺序

全文采用的是逻辑顺序，第4段采用的是空间顺序。

《梦回繁华》导学案提纲

1. 根据拼音写出相应的词语。

（1）疏林薄雾，农舍田畴，chūn hán liào qiào _____，赶集的乡人驱赶着往城内送炭的毛驴驮队。

（2）在进入大道的岔道上，是众多仆从cù yōng _____的轿乘队伍。从插满柳枝的轿顶可知是踏青扫墓归来的权贵。

（3）近处小路上骑驴而行的则是cháng tú bá shè _____的行旅。

（4）街上行人mó jiān jiē zhǒng _____，络绎不绝。士农工商，男女老少，各行各业，无所不备。

（5）《清明上河图》采用了中国传统绘画特有的手卷形式，以移动的视点

shè qǔ _____ 对象。

（6）采用兼工带写的手法，线条qiú jìng _____，笔法灵动，有别于一般的界画。

2. 本文可以分几部分？各介绍了什么内容？

_____

_____

_____。

3. 课文是怎样围绕"繁华"来说明《清明上河图》的？

_____

_____

_____。

4. 文中用了哪些说明方法？请找出相应的例句，并说出其作用。

_____

_____

_____。

5. 本文的说明顺序是怎样的？

_____

_____

_____。

《送元二使安西》教学设计

【教学目标】

1. 学生有感情地朗读课文，背诵课文，默写课文。

2. 感悟诗歌的内容，想象诗歌所描绘的情景，体会朋友间的深情厚谊。

3. 激起学生对诗歌的喜爱之情，培养学生课外主动积累诗歌知识的良好习惯。

【教学重点】

感悟诗歌内容，想象诗歌所描绘的情景，体会朋友间的深情厚谊。

【教学难点】

体会作者送别元二时的依依不舍之情。

【教学时间】

1课时。

【前置作业】

1. 找出学习这首诗要弄懂什么问题，感悟诗歌的内容。

2. 上网搜集王维简介及其相关诗句，搜集送别诗。

【教学过程】

（一）情境引入，播放《阳关三叠》曲，学生朗诵《送元二使安西》

同学们，你们经历过生离死别吗？送别是古诗词中永恒的话题。"相见时难别亦难"。有人说离别是诗，有人说离别是歌，有人说离别是泪。每个人都是在不断地离别中成长起来的，也是在不断地离别中老去，直至死去。描写古人亲人之间送别的诗不多，但描写朋友之间送别的诗却留下了许多不朽的著作。现在让我们一起学习这首脍炙人口的送别诗——《送元二使安西》。

（二）对课文提问题，小组汇报学这首诗需要解决什么问题

略。

（三）理解题意，介绍时代背景和作者

1.分析题目：谁送谁？去哪里？干什么？

王维送元二去安西出使。元二姓元，排行第二。"出使"就是代表一个国家到另一个国家去办事。

2.介绍背景：

唐朝时期国势强大，很多国家都想和唐朝廷建立友好关系，朝廷也经常派人到国外出使。安西是唐中央政府为统辖西域而设立的都护府的简称，在今新疆维吾尔自治区库车附近。

3.介绍作者：

学生汇报搜查到的资料：王维（公元701—761年），唐代著名诗人、画家，通音律，善书法，其作品被誉为"诗中有画，画中有诗"。

（四）诵读古诗

1.听录音范读。

2.学生读准字音和节奏。

3.小实验：学生用两分钟背出古诗。

（五）品读古诗，入境悟情

1.小组汇报：

诗中有画：清新、生机勃勃、清爽、明丽、欣欣向荣。

给自己的感受：绵长、惆怅，突出了画中有情。

古人写柳的含义：表示离别、挽留，突出了画中有情。

2.小组汇报送别情：

（1）依依不舍之情表现在哪里？

（2）为什么要依依不舍？

答案：出示唐朝疆域图；指出去往安西路途的艰辛。张骞出使西域用了十三年，苏武用了十九年，而王维当时已是晚年。据史料记载，送别元二几年后，王维就去世了。

（3）情境创设：

假如你是王维，你的一个朋友是元二，元二要到外国出差，现在请你写一句依依送别的话。你若认为你的话显得依依不舍，你就和你的朋友喝一杯。那么，这是一杯怎样的酒啊？你理解作者的依依不舍了吗？

（六）知识拓展

了解王维的其他诗和其他作者写的送别诗。

（七）默写古诗

略。

（八）小结

不管是怎样的送别诗，都体现着同一个字——情。"人间最美是真情。"就让我们今后继续畅游在古诗词的海洋里，不断"诗化"我们的心灵吧！

（九）作业超市（四选一）

1. 做个小书法家：把搜集到的其他送别诗摘抄到积累本上。

2. 做个小画家：通过绘画，画出诗的意境。

3. 做个小作家：把对这首诗的理解写成小短文。

4. 做个音乐家：学会《阳关三叠》。

📖 **板书设计**

送元二使安西

（唐）王 维

送别诗：王维在渭城送元二出使安西。

使：出差，驻某国大使，封疆大吏。

景：城、雨（泪）、尘、舍、柳（留）、
新（清新、生机勃勃、明丽）。

情：劝、更尽、酒、出、
无故人（难舍难分、依依惜别、深情厚谊）。

部编版《语文》七年级下册第一单元教学设计

房水妹　盘金生

仰望星空

——部编版《语文》七年级下册第一单元教学设计

【课程类型】

单元导学课。

【单元主题】

本单元主要讲述名人的故事。课文所选择的名人，都是那些在历史上做出杰出贡献的人物。《邓稼先》记叙了卓越的科学家、爱国者邓稼先为我国成功研制原子弹等核武器所做出的重大贡献。《说和做——记闻一多先生言行片段》记叙了充满爱国热情的诗人、学者、民主战士闻一多的事迹。《回忆鲁迅先生》（节选）介绍了伟大的文学家鲁迅先生日常生活的细节。《孙权劝学》介绍了孙权劝说吕蒙学习的故事。了解这些杰出人物的经历，认识他们所做的贡献，感受他们的崇高品质，学习他们良好的习惯和治学方法，对当代中学生是极其重要的。

【课标要求】

1.在阅读中了解叙述、描写、说明、议论、抒情等表达方式。

2.欣赏文学作品，有自己的情感体验，初步领悟作品的内涵，从中获得对自然、社会、人生的感悟。能联系文化背景对作品的思想感情倾向做出自己的评价。对作品中感人的情境和形象，能说出自己的体验。品味作品中富于表现力的语句。

3.独立阅读，学会运用多种阅读方法。注重情感体验，增强感受力和理解力。

4.能具体明确、文从字顺地表述自己的意思。能根据日常生活需要，运用常见的表达方式进行写作。

【单元教学目标】

1.了解课文所介绍的杰出人物的成就和襟怀，把握课文的思想内涵，唤起理想与抱负。

2.学习精读的方法，注意把握牵动全篇的关键语句或段落，揣摩、品味其含义和表达的妙处。

3.通过文中的细节描写，把握人物特征，理解人物的思想感情。

【推荐阅读】

通读《语文主题学习——仰望星空》七年级下册1。精读以下篇目：

（1）仰望历史的星空，流放生命的精彩。

《"两弹"元勋邓稼先》，作者顾迈南。

（2）华夏风骨，民族脊梁。

《沉船——为邓世昌而作》，作者高洪波。

《血祭——献给抗日战争的殉国者》，作者朱玉，白瑞雪。

（3）感悟名人，心怀天下。

《悼鲁迅先生》（节选），作者巴金。

《金岳霖先生》，作者汪曾祺。

（4）伟人的精神，学习的榜样。

《任末好学》，作者（晋）王嘉。

《邴原泣学》，作者（明）李贽。

【单元课时安排】

单元预习：1课时。

基础梳理：1课时。

精读引领课：仰望历史的星空，流放生命的精彩——《邓稼先》，1课时。

群文阅读课：华夏风骨，民族脊梁——《说和做——记闻一多先生言行片段》，2课时。

情感意蕴课：感悟名人，心怀天下——《回忆鲁迅先生》（节选），1课时。

古文赏读课：伟人的精神，学习的榜样——《孙权劝学》，2课时。

主题写作课：以事写人显特征——《写出人物的精神》，2课时。

单元复习测试：2课时。

单元基础学案

——部编版《语文》七年级下册第一单元教学设计

【课型】

单元基础梳理课。

【教学目标】

1. 掌握必要的文学常识。

2. 积累课文中的生字和生词。

【学习课时】

1课时。

【教学过程】

（一）文学常识梳理（见表2-1）

表2-1 文学常识梳理

课文标题	文体	作者	内容主旨	写作特色
《邓稼先》	传记	杨振宁，物理学家	记叙了邓稼先不平凡的人生经历和对民族的伟大贡献，赞扬了邓稼先将个人生命奉献给祖国国防事业的崇高精神	在民族历史的大背景中展示人物形象，赞扬的情感贯穿文章始终
《说和做——记闻一多先生言行片段》	散文	臧克家，诗人	从其作为学者和革命家两方面记叙闻一多先生的"说"和"做"，讴歌了他的奉献精神和高尚人格	夹叙夹议，结构严谨，选材精当，表现品格
《回忆鲁迅先生》（节选）	散文	萧红，作家	记叙鲁迅先生一家生活中的小事，表现他的智慧、幽默、爽朗、平易近人以及关爱他人和忘我工作的精神，抒发了作者对鲁迅先生的崇敬、怀念之情	善用生活细节表现人物性格，同随心动，笔随情至

续 表

课文标题	文体	作者	内容主旨	写作特色
《孙权劝学》	传记	司马光,北宋政治家,史学家	讲述了吕蒙在孙权的劝说下"乃是就学",其才略很快就有惊人长进的故事,点明了读书的重要性	详略得当

（二）字音、字形的梳理

1.《邓稼先》

宰（zǎi）割   元勋（xūn）

氢（qīng）弹   奠（diàn）基

选聘（pìn）   妇孺（rú）皆知

筹（chóu）划   殷（yān）红

挚（zhì）友   彷徨（páng huáng）

2.《说和做——记闻一多先生言行片段》

衰（shuāi）微   赫（hè）然   迭（dié）起

锲（qiè）而不舍   卓（zhuó）越   沥（lì）尽心血

潜（qián）心贯注   慷慨淋漓（kāng kǎi lín lí）

小楷（kǎi）   气（qì）冲斗牛   迥（jiǒng）乎不同

目不窥（kuī）园   兀兀（wù）穷年

3.《回忆鲁迅先生》（节选）

咳嗽（ké sou）   筵（yán）会

窘（jiǒng）   抽屉（ti）

阖（hé）   踌躇（chóu chú）

虔（qián）诚   抹（mǒ）杀

肋（lèi）膜   紊（wěn）乱

唠叨（láo dao）   隔三差（chà）五

4.《孙权劝学》

岂（qǐ）   邪（yé）   遂（suì）

更（gēng）   即（jí）

（三）反馈检测

略。

单元预习学案

——部编版《语文》七年级下册第一单元教学设计

【课程类型】

单元预习课。

【学习目标】

1.字词梳理，积累课文中的生字和生词。

2.学习精读的方法，把握关键语句或段落；抓关键语句，品文章内容。

3.体会杰出人物的高尚品质，唤起对理想的憧憬和追求。

【学习课时】

1课时。

【学习过程】

活动一：带着问题，通读课文

1.阅读要求：

（1）批注阅读。在阅读课文过程中，圈点勾画，标出自然段，画出生字和生词，勾出重点语段，写下自己的感悟、疑惑和评价。

（2）比较阅读。学习课文时，可以从写人的角度、方法等方面对本单元的四篇课文进行比较，体会它们是如何表现人物的高尚品质的。

2.阅读思路：通过默读、精读、速读，整体感知文章内容，思考下面的问题。

（1）迅速浏览课文《邓稼先》，说说全文六个部分之间有什么联系，并回答：作者在写邓稼先之前，为什么要先概述我国一百多年来的历史？

（2）精读《说和做——记闻一多先生言行片段》，思考文章是从哪两个方面来写闻一多先生的"说"和"做"的？综合这两个方面来看，闻一多先生是一个怎样的人？

（3）速读《回忆鲁迅先生》（节选），简单概括作者回忆了鲁迅先生的哪些生活场景？

（4）学习《孙权劝学》，熟读成诵，借助注释疏通文义，掌握重点文言文的实词和虚词。

活动二：分享学习成果

活动要求：

（1）小组成员之间先彼此分享，然后全班一起分享并梳理出每篇文章的梗概。

（2）透过文章的细节描写，把握人物性格特征，理解人物的思想感情。

仰望历史的星空，流放生命的精彩

——《邓稼先》《"两弹"元勋邓稼先》整合教学

【教学内容】

教材课文：《邓稼先》。

丛书课文：《"两弹"元勋邓稼先》。

【课程类型】

精读引领课。

【学习目标】

1. 了解邓稼先的有关资料，理清作者的思路和文章的结构。（重点、难点）

2. 学习通过对比表现人物的方法。（重点）

3. 学习邓稼先把一切献给科学、献给祖国，鞠躬尽瘁、死而后已的无私奉献精神。

【课前准备】

熟读教材课文《邓稼先》及丛书课文《"两弹"元勋邓稼先》，初步理清文章的思路。

【课堂教学】

导入：

从2015感动中国人物——"两弹"元勋于敏（中国氢弹之父）入手，导入新课。

活动一：略读，初步感知

问题：迅速浏览课文《邓稼先》，说说全文六个部分之间有什么联系。在写邓稼先之前，为什么作者要先概述我国一百多年来的历史？

答案：（1）第一部分可以说是全文的"小引"。第六部分可以说是全文的总结。第二部分简单介绍了邓稼先的生平经历和贡献。第三部分是第二部分的补充、延伸和扩展，以同奥本海默对比的方式突出地表现了邓稼先的气质、品德和奉献精神。第四部分从民族感情和个人友情，写邓稼先贡献之大，这一部分可以说是第二部分的扩展。第五部分分别写了邓稼先深厚博大的民族文化背景、超凡的创造才能、坚强的意志、坚定的信念以及甘为祖国献身的崇高精神，这部分是第二部分的具体化。

（2）先概述我国近一百多年来的历史，是为了说明邓稼先是对中华民族从"任人宰割"到"站起来了"这一巨大转变做出巨大贡献的科学家，是对历史的发展产生巨大影响的历史人物。此种手法超凡脱俗、别具匠心，增强了出场人物的使命感。

活动二：精读，整体感知

1. 邓稼先具有什么样的品格？

句式：邓稼先具有……品格，我是从第×段……这一句话中看出来的。

归纳：忠厚、平实，真诚、坦白，从不骄人，没有小心眼儿，忠诚、纯正、朴实。

没有私心、与人为善，甘于奉献、治学严谨，实事求是、身先士卒。

热爱祖国、热爱人民，鞠躬尽瘁、死而后已。

2. 为什么把邓稼先与奥本海默对比来写？

答案：课文把邓稼先与奥本海默对比着写，有烘托作用。奥本海默出类拔萃，是美国一流的核物理专家，在世界早有声望。此处做对比，说明邓稼先与奥本海默齐名，甚至还比他多了很多优秀品质；旨在更生动形象地表现邓稼先的人格魅力，更鲜明地突出邓稼先的坚毅和奉献精神。这样，就自然而然地得出结论——"邓稼先是中国几千年传统文化所孕育出来的有最高奉献精神的儿子""是中国共产党的理想党员"。

3. 精读"我不能走……"这一部分，思考下列问题。

（1）"不知道稼先有没有想起……""也不知道稼先在蓬断草枯的沙漠

中……""不知稼先在关键性的方案上……"。作者为什么再三推测邓稼先当时的心情？

答案：文章既写出了当时环境的恶劣，又写出了邓稼先所肩负使命的重大。这一系列推测，实际上是对邓稼先所做出的伟大贡献的无比敬佩与热情讴歌，也表现出作者对友人的关心。

（2）选文引用了《吊古战场文》和五四时期一首歌的歌词，有什么作用？

答案：引用《吊古战场文》，渲染了古罗布泊荒无人烟、凄凉萧索的气氛，从侧面突出了邓稼先工作环境的艰苦。引用五四时期一首歌的歌词，把邓稼先的贡献置于近一百年的历史背景上，说明他正是这样一位有血性的中国男儿。这两处引用突出了邓稼先坚强的意志及甘为祖国献身的崇高精神。

活动三：拓展，深入感知

自主阅读《语文主题学习——仰望星空》七年级下册1，《"两弹"元勋邓稼先》，思考：

（1）本文写了邓稼先的哪些可贵精神？从文中找出具体事例加以说明。

（2）找出文章中运用对比的地方，品味令自己感动的句子，然后全班交流。

推荐阅读：《天地苍茫一根骨》《流放出生命的光彩》。

课外阅读：《邓稼先——"两弹"是他的勋章》（作者：徐焰）。

📖 附：本课同步练习及答案

1. 根据拼音，写出下列句子中的词语。

（1）邓稼先是中华民族核武器事业的diàn jī（　　）人和开拓者。张爱萍将军称他为"'两弹'yuán xūn（　　）"，他是dāng zhī wú kuì（　　　　）的。

（2）这是千千万万人努力的结果，是许许多多kě gē kě qì（　　　　）的英雄人物创造出来的伟大胜利。

（3）有一位长期以来xiǎn wéi rén zhī（　　　　）的科学家：邓稼先。

（4）奥本海默是一个拔尖的人物，fēng máng bì lù（　　　　）。

（5）当时，他是美国jiā yù hù xiǎo（　　　　）的人物。

（6）我认识奥本海默时他已四十多岁了，已经是fù rú jiē zhī（　　　　）的人物了。

（7）邓稼先继续他的工作，zhì sǐ bú xiè（　　　　），对国防武器做出了许多新的巨大贡献。

（8）"jū gōng jìn cuì（＿＿＿＿＿），死而后已"正好准确地描述了他的一生。

答案：（1）奠基　元勋　当之无愧；（2）可歌可泣；（3）鲜为人生；（4）锋芒毕露；（5）家喻户晓；（6）妇孺皆知；（7）至死不懈；（8）鞠躬尽瘁。

2. 下列句子中加点的词语使用不恰当的一项是（　　　）。

A. 今天，学校全体同学都出席了新校舍的奠基仪式。

B. 伊牧师脸上瘦了一点，因为昼夜地念中国书，把字典已掀破了两本，还是念不明白。

C. "俯首甘为孺子牛"，正是鲁迅这句鲜为人知的名言激励了我的一生。

D. 三国时的诸葛亮是一个妇孺皆知的智慧型人物。

答案：C。

3. 下列对病句的修改不正确的一项是（　　　）。

A. 微信"晒旅游"本身是积极向上的，要有度，不能有炫耀的心理。（在"要有度"前加上"所以"）

B. 网络低龄化问题已高度引起了社会各界的关注。（将"高度"调到"关注"的前面）

C. 三年来"旅游兴市"的要求和主张竟成为今天发展核电的障碍，这可能是地方政府始料未及的。（删去"要求和"或"和主张"）

D. 提高学生的语文能力，首先应该培养学生善于观察、善于表达的水平。（将"水平"改为"能力"）

答案：A。

4. 根据下面句式，仿写两句，组成一个排比句。

如果说人生是一首优美的乐曲，那么痛苦则是其中不可或缺的音符。

＿＿＿＿＿＿＿＿＿＿＿＿＿＿＿＿＿＿＿＿＿＿＿＿＿＿＿＿＿＿，

＿＿＿＿＿＿＿＿＿＿＿＿＿＿＿＿＿＿＿＿＿＿＿＿＿＿＿＿＿＿。

＿＿＿＿＿＿＿＿＿＿＿＿＿＿＿＿＿＿＿＿＿＿＿＿＿＿＿＿＿＿，

＿＿＿＿＿＿＿＿＿＿＿＿＿＿＿＿＿＿＿＿＿＿＿＿＿＿＿＿＿＿。

答案：如果说人生是一望无际的大海，那么挫折则是其中骤然翻起的浪花。

如果说人生是一片湛蓝的天空，那么失意则是其中翻腾堆积的乌云。

附：拓展阅读材料

"两弹"元勋邓稼先（节选）

① 如果把原子弹比作一条龙，那么，搞原子弹的理论设计的先行工作就是"龙头"。这件先行工作的好坏，关系到原子弹各种工程设计的成败。有史以来，中国人谁也没有造过原子弹，也就无所谓有什么权威。在国外资料严密封锁的情况下，邓稼先边读书，边讲授。年轻人叫他邓老师，他说："你们甭叫我邓老师，咱们一块干吧！"有时，他备课备到凌晨四点多，在办公室里睡两三个小时，天亮了继续工作。在那些日子里，他把全部精力都用在工作上，一天到晚晕乎乎的，走在路上还想着原子弹，有一次竟连人带车掉到沟里。

② 邓稼先他们含辛茹苦地工作到1959年，就把我国第一颗原子弹的理论计算的轮廓勾画出来了。在爆炸力学、中子输运、核反应、中子物理、高温高压下物质的性质等一系列关键问题上，他们把各种数据都搞得扎扎实实，哪怕是其中一个细小的疑点也不放过。当时，我国还没有大型电子计算机。有一次，为了把一个问题弄个水落石出，他带领十几个年轻人三班倒，用四台手摇计算机日夜连轴转。这样细致地做了以后，他们还不放心，又请理论物理学家周光召等人从物理概念出发进行估计，结果证明邓稼先等人算得的数据是正确可靠的。

③ 1964年10月16日下午三时，蓦地一声巨响，浩瀚的戈壁滩上腾空升起了烈焰翻滚的蘑菇状烟云。这震撼世界的惊雷向人们宣告：中国人任人欺凌的时代结束了！

④ 第一颗原子弹爆炸成功之后，邓稼先激动的心情还没有平静下来，一件难度更大的工作又落在了他和其他科技人员的肩上——研制氢弹。

⑤ 又是一件需要付出艰巨劳动的工作。他作为组织研制氢弹的理论设计负责人，尤其是担任了核武器研究设计院院长，遇到的困难可想而知。但经过三年左右的努力，1967年6月17日，中国成功地爆炸了第一颗氢弹，又一次震撼了世界。

⑥ 在艰苦困难的条件下，中国人要想用自己的智慧和双手掌握这些技术，除了党和国家给予必要的支持外，邓稼先等人作为直接参加研制工作的科学家，付出了一般人难以想象的代价。

⑦ "在研制氢弹和新的战略核武器的过程中，作为一位组织者和参加者，他是

立下了汗马功劳的！"邓稼先的同伴们这样说。他们说，每一次新的战略核武器的重大突破，每一次里程碑式的实验的成功，都是和邓稼先的名字连在一起的。在特种材料加工的车间里，在爆轰物理实验场和风雪弥漫的荒原上，一年到头，他风尘仆仆，四处奔波，哪里有困难就到哪里去，哪个岗位的工作最危险就出现在哪里。

⑧ 冬去春来，年复一年，邓稼先形成了自己的工作模式——亲临第一线。他东奔西走，风餐露宿，在试验场度过了整整十年的时光。失败的风险，成功的快乐，大戈壁的风刀霜剑，染白了他的鬓发，在他的脸上刻下了深深的皱纹。

（出自《语文主题学习——仰望星空》七年级下册1作者：顾迈南。）

1. 第②段画线句中邓稼先的做法你觉得有必要吗？这样写你认为有什么作用？

_____

2. 古今中外，像邓稼先这样为科学献身的人不胜枚举，你知道的有多少？能说说他们的主要贡献吗？

古：_____。

今：_____。

外：_____。

答案：

1. 有必要。只有把各种数据都搞得扎扎实实，才能确保原子弹的爆炸成功。这样写表现了邓稼先对待科研工作一丝不苟的精神。

2.（古）张衡发明了地动仪；（今）钟南山研究"非典"；（外）诺贝尔研制了炸药；等等。

华夏风骨，民族脊梁

——《说和做——记闻一多先生言行片段》《沉船——为邓世昌而作》
《血祭——献给抗日战争的殉国者》整合教学

【教学内容】

教材课文：《说和做——记闻一多先生言行片段》。

丛书文章：《沉船——为邓世昌而作》《血祭——献给抗日战争的殉国者》。

【课程类型】

群文阅读课。

【学习目标】

1. 抓住主要事件，理清文章脉络。（重点）

2. 品味文中的精妙语句，体会描写、议论、抒情在文中的作用。（难点）

3. 学习闻一多先生澎湃的爱国激情、严谨谦逊的治学态度和言行一致的做人原则。

【课前准备】

1. 熟读教材课文《说和做——记闻一多先生言行片段》及丛书文章《沉船——为邓世昌而作》《血祭——献给抗日战争的殉国者》。

2. 查阅闻一多先生的资料。

【课堂教学】

导入：

在世界近代史上，集诗人、学者、民主战士三重身份于一身的闻一多先生，一身正气，蓄髯抗战十四年。1943年以后，面对国民党统治的日益腐朽，他拍案而起，走出书斋，投身到反对独裁、争取民主的革命洪流中去。1946年7月15日，他在昆明被国民党特务刺杀身亡。今天，让我们来学习臧克家的《说和做——记闻一多先生言行片段》，一起来缅怀一下闻一多这位伟大的民主战士。请学生补充介绍闻一多先生。

活动一：初读课文，理清思路

1. 文章是从哪两个方面来写闻一多先生的"说"和"做"的？

答案：是从学者的方面和革命家的方面来写的。

2. 综合这两个方面来看，闻一多先生是一个怎样的人？（用课文原话回答）

答案："言论和行动完全一致""口的巨人，行的高标"。

3. 作者分别选取了哪些材料来表现人物？

答案：（1）三部著作：《唐诗杂论》《楚辞校补》《古典新义》。

（2）起稿政治的传单、在群众大会上的演说、参加的游行示威。

活动二：精读课文，品味语言

1. 分析下列描写的作用。

（1）"他想吃尽、消化尽我们中华民族几千年的文化史""他要给我们衰微的民族开一剂救济的文化药方"。

答案：突出了闻先生研究学问的目的是救国。

（2）"目不窥园，足不下楼""头发零乱""睡得很少"。

答案：这些细节表现了闻先生的刻苦精神。

（3）"一个又一个大的四方竹纸本子，写满了密密麻麻的小楷，如群蚁排衙"。

答案：表现出闻一多先生一丝不苟的严谨态度。

2. 这篇文章在叙述中穿插了形象的描写，说说这些描写的作用。例如：头发凌乱、昂首挺胸、长须飘飘……一个又一个大的四方竹纸本子，写满了密密麻麻的小楷，如群蚁排衙……

答案：使闻一多的精神、品格、作风历历在目，触手可及。

3. 作者使用了许多四字语（特别是成语）以及整齐的对偶句，使文章读起来朗朗上口，铿锵有力，富于音乐美。说说都有哪些成语和对偶句。

答案：

成语：目不窥园、足不下楼、兀兀穷年、沥尽心血、潜心贯注、心会神凝、仰之弥高、钻之弥坚。

对偶句：（1）人家说了再做，我是做了再说。

（2）目不窥园，足不下楼。

（3）不动不响，无声无闻。

（4）动人心，鼓壮志。

（5）气冲斗牛，声震天地。

（6）他，是口的巨人。他，是行的高标。

4. 小结：本文语言生动形象、精练含蓄，富有感情和诗意。

（1）有记叙、描写、抒情、议论。（夹叙夹议的作用：使文章的结构严谨，形成一种旋律，一种气势，加强了文章的感染力；叙述、描写抒情化：作者带着对恩师的敬佩之情和对好友的赞美之情写作，把平常的句子变得不平常。）

（2）运用成语或四字短语，使结构整齐，有节奏感。

（3）运用对句，使文章读起来朗朗上口，铿锵有力，富有音乐美。

活动三：拓展延伸，深入感知

自主阅读《沉船——为邓世昌而作》《血祭——献给抗日战争的殉国

者》，思考：

1. 品味文章富有感染力和表现力的语言，感受人物的伟大之处。

2. 发挥你的想象，说说邓世昌这位伟大的民族英雄在沉入黄海的最后一刻都想了些什么？

3. 在文中找出描写民族英雄动作、神态、语言的句子。

附：本课同步练习及答案

1. 根据拼音，写出下列句子中的词语。

（1）闻先生xīn bù zài yān（_____），bào qiàn（____）地道一声："zhì xù（____）不在我的范围以内。"

（2）钻之弥坚，越坚，钻得越qiè ér bù shě（_____）。

（3）他从唐诗下手，mù bù kuī yuán（_____），足不下楼，兀兀穷年，lì jìn xīn xuè（_____）。

（4）几年辛苦，凝结而成《唐诗杂论》的shuò guǒ（____）。

（5）他并没有先"说"，但他"做"了，做出了zhuó yuè（____）的成绩。

（6）在李公朴同志被害之后，警报dié qǐ（____），形势紧张。

（7）而闻先生大无畏地在群众大会上，大骂特务，kāng kǎi lín lí（_____）。

答案：（1）心不在焉　抱歉　秩序；（2）锲而不舍；

（3）目不窥园　沥尽心血；（4）硕果；（5）卓越；

（6）迭起；（7）慷慨淋漓。

2. 下列句子中加点的词语使用不恰当的一项是（　　　）。

A. 老头克服着年老的衰微，步履蹒跚地捡着垃圾。

B. 翻开《史记》，便是赫然的一篇《五帝本纪》。

C. 他在电视上看到歹徒非常残忍地杀死了那么多无辜的生命，顿时气冲斗牛。

D. 母亲为了一家人的生计辛勤劳作，兀兀穷年。

答案：C。

3. 下列对病句的修改不正确的一项是（　　　）。

A. 弘扬和培育社会主义核心价值观是一项凝魂聚气、强基固本的基础工程。（将"弘扬"与"培育"互换位置）

B. 为了减少不必要的浪费，学校决定实行财政经费分解到班制度。（删去

"不必要的")

C. 毕业联欢会后，小雅那优美的舞姿、动听的歌声，时常萦绕在我的耳畔。（删去"优美的舞姿"）

D. 通过汉字书写大赛，使人们重拾汉字之美，也就越发珍惜纸质时代的美好。（将"珍惜"改为"珍视"）

答案：A。

4. 结合语境补全句子，使之构成语意连贯的排比句。

鲜花有鲜花的坚守，它的坚守是散发迷人的芬芳；

_____，

_____；

_____，

_____。

答案：大树有大树的坚守，它的坚守是展示绿色的蓬勃；
高山有高山的坚守，它的坚守是绵延巍峨的气势。

附：拓展阅读材料

沉船——为邓世昌而作

39岁的年龄，你已为国捐躯了。你沉入一片浓且稠的黑暗中，咸腥的海水呛入你的肺，你吐出最后一个含氧的气泡，努力睁大双眼，想最后看一眼你的致远舰，你的龙旗，你的被火炮熏黑了脸膛的部属们，以及那只挥之不去的爱犬。可是你已经望不见这一切。你摇摇头，想赶走遮住、罩在眼前的无边的黑暗，可惜你连这点力气都没有了，残存在大脑中的最后一点意识正渐渐消散殆尽，你知道自己已不再属于自己，也许，这就是死吧？你费力地想道。

海水再次涌入你的鼻腔，黄海的咸且腥的水。你已不再有任何知觉。海水吞没了你，一尾小鱼从你的鼻尖上游过，它游动的尾鳍掠动了你的睫毛，你努力想再一次看一眼这生活过三十九个春秋的世界，可是一切已然远去。小鱼受惊般倏然游走，如一支离弦的羽箭，海水又涌了上来。

一座海是一座坟。

唯有这样的广阔墓地，才可以安放你的灵魂。一个舰长的不屈的灵魂，一个19世纪中国武士英武豪壮的灵魂。一个为了军旅的荣誉、为了祖国和朝廷的光荣舍命相搏的好汉!

以你的游泳技能,加上在你身旁拼命游动的伙伴、爱犬,你完全能够借助自己和别人的力量生存下来,可是你断然拒绝了这种选择。人在舰在,既然生死与共的致远号已沉入水中,那莫名的悲愤想必让你痛不欲生。你恨狡黠的敌手吉野最后施放的那枚鱼雷,也恨自己躲闪不及,壮志未酬。"撞"志未酬呵,弹尽后的最后一次攻击,大无奈和大无畏的一击,被鱼雷无情地阻隔了,否则舰与舰相撞的刹那,定然是惊天动地的另一种景象。

邓大人就这样走了。

致远号巡洋舰也这样沉没了。

人类与海洋有过千丝万缕的联系,沉船是割断这种联系的最残酷的方式之一,尤其是海战中的非自然沉船。写到这里,偶翻《清稗类钞》第六册,内中有《邓壮节阵亡黄海》,可以作为这篇短文的古典式收尾:

"光绪甲午八月十七日,广东邓壮节公世昌乘致远舰与日人战于黄海,致远中鱼雷而炸沉。邓死焉。先是,致远之开机进行也,舰中秩序略乱,邓大呼曰:'吾辈从军卫国,早置生死于度外。今日之事,有死而已,奚事纷纷为?况吾辈虽死,而海军声威不至坠落,亦可告无罪。'于是众意渐定。观此则知邓早以必死自期矣。邓在军中激扬风义,甄拔士卒,有古烈士风。遇忠孝节烈事,极口表扬,凄怆激楚,使人雪涕。"……

不知道邓世昌在战场上最后做的"动员"是怎样传出来的?按《辞海》解释,"全舰官兵250人壮烈牺牲",当无一人生还。可是《清稗类钞》所载又绘声绘色,所以我判定邓大人的部属是有幸存者的,否则朝廷赐"壮节"的谥号毫无道理。

甲午海战中,冰心老人的父亲便是幸存者之一,可见邓世昌完全有可能游回岸上的。但他断然选择了死亡,"今日之事,有死而已",何等的凛然豪壮!谁说千古艰难唯一死,邓世昌沉海的选择,在我看来自然而然,较之《泰坦尼克号》上男主角的情意缠绵来,更惨烈更悲壮也更具男儿血性!

邓世昌的爱犬最后也随他而去,据说这只通灵性的狗一直想救主人,衔着他的衣袖不肯松口,邓世昌断然推开了它,当他们目光对视的时候,这只小狗想必也读出了自己主人必死的决心,它便以身殉主了。

这只小狗没见诸正史,电影《甲午海战》中也缺少了这一笔,可我相信这是历史的真实。

致远号巡洋舰的沉没，是北洋水师耻辱的败绩，大清帝国无奈的衰落，但对邓世昌个人而言，则是另一种意义上的永生。

三十九岁的邓世昌，邓壮节，邓大人，以辽阔黄海为自己灵魂的栖息地，精神的驰驱场，任浪花飞溅，激情澎湃着，直到一个又一个世纪……

（出自《语文主题学习——仰望星空》七年级下册1，作者：高洪波。）

1. 文中一到五自然段用了第二人称，请你说说这样写有什么好处？

2. 本文多处写道"三十九岁"，有何意义？

3. 怎样理解"一座海是一座坟"？

4. 怎样理解致远号巡洋舰的沉没对邓世昌来说是"另一种意义上的永生"？

5. 本文的主旨是什么？

答案：

1. 这样写的好处是亲切，便于直抒胸臆，抒发了作者对邓世昌爱国精神的敬佩与崇拜之情。

2. 说明邓世昌殉国时正值年富力强时期，表现了作者对他牺牲的惋惜之情。

3. 大海是广阔的、汹涌澎湃的，而邓世昌的一生也是豪迈悲壮的，因此只有广阔无垠的大海才能安葬邓世昌不屈的灵魂。

4. 沉船事件中邓世昌的爱国精神得到了最高形式的体现，他将永远彪炳史册。

5. 壮士殉国，亮节犹存；英魂葬海，苍天可鉴。

血祭——献给抗日战争的殉国者

且让我们捧杯在手。

这是庆祝抗战胜利60周年的酒，也是祭奠抗战英烈的酒。

九泉下的先烈们，3500万为抵抗日寇付出生命的同胞们，你们可品尝到胜利琼浆的甘甜？

酒杯在握，60年前的金戈铁马又呼啸而来。

壮士一去不复还

这杯酒，让我们洒向湖北宜城的十里长山。一代名将张自忠带着全身8处战伤，同500多名将士一道，在这里洒尽了最后一滴血。

从日军战史资料中，我们找到了这场战斗的最后情节：

"藤冈一等兵，端着刺刀向敌方最高指挥官模样的大身材军官冲去，<u>此人从血泊中猛然站起，眼睛死死盯住藤冈。当冲到距这个大身材军官只有不到三米的距离时，藤冈一等兵从他射来的眼光中，感到有一种说不出来的威严，竟不由自主地愣在了原地。</u>

这时，背后响起了枪声。第三中队长堂野君射出了一颗子弹，命中了这个军官的头部。

"日军从遗体的胸兜中掏出一支派克金笔，见上刻"张自忠"三字，大为震惊，立刻恭恭敬敬地向遗体行了军礼。当天夜里，日军电台广播说："张总司令以临危不惊、泰然自若之态度与堂堂大将风度，从容而死，实在不愧为军民共仰之伟丈夫。我皇军第三十九师团官兵在荒凉的战场上，对壮烈战死的绝代勇将，奉上了最虔诚的崇敬的默祷。"

张自忠是中国抗日战争中以上将集团军总司令身份为国捐躯的唯一一人，也是第二次世界大战中同盟国所有牺牲军人中军衔最高者。这位誓死抗日并战死沙场，下令"子弹打完了用刺刀拼，刺刀断了用拳头打，用牙咬"的中国将军，不但成为中国的民族英雄，而且得到了敌人的尊敬。

历史为我们留下了无数谜团。

为什么张自忠将军在他的最后一战中，脱下灰布军服，穿上了引人注目的黄呢军装？为什么他以集团军总司令的身份出现在肉搏战的最前线？

只有一个解释：张自忠根本未想生还！有敌无我，有我无敌，他就是要庄严地死，隆重地死！

临上战场前，张自忠给下属们写了一封亲笔信："只要敌来犯，兄即到河东与弟等共同去牺牲。国家到了如此地步，除我等为其死，毫无其他办法。更相信，只要我等能本此决心，我们的国家及我五千年历史之民族，决不致亡于区区三岛倭奴之手。为国家民族死之决心，海不清，石不烂，决不半点改变！"

字字句句尽以杀敌报国相许，而无一言留与家小。

将军遗体被我军将士从日寇手里夺回，送往重庆国葬。

灵柩停灵宜昌三天。千家万户百姓街头设祭，"祭桌上盛陈珍贵品物者，其意恨不尽献所有于此民族英雄也"。老太太们半夜起来手制面食，为山东人张自忠做北方饭——老人们唯恐当地饭菜不合故去英雄的口味!

此刻的宜昌城大敌压境,即将沦入敌手。而十万群众自发送殡,无人指挥却列队而行,整齐无比。虽然敌机在上空盘旋吼叫,防空警报与悲壮的军乐声交织,百姓却无一人躲避,无一人逃散,"视敌机盘旋蔑如也"!

60多年后,张自忠将军唯一的女儿来到宜昌。

宾馆房间桌子上放着一个鲜花编成的小花圈,一幅张自忠将军戎装铜版像。

房间号码是经过特别选择的——815,日本无条件投降的日子。

留得清漳吐血花

八路军副总参谋长左权在1939年所著文章中指出,全面抗战两年来,仅八路军各部主力在华北战中阵亡将士就有1.5万人,负伤4万余人。

几年后,八路军阵亡将领中添上了左权的名字。

近年,左权的女儿左太北开始沿着父亲走过的路行进。她来到了八路军总部所在地——山西省武乡县砖壁村,一个位于太行绝顶的小村子。

左太北进了当年的奶奶庙,几十年前,她就出生在这个庙里。

不经意间,小院中已经聚集了很多老人。忽然,老人们齐声高唱四段歌词的《左权将军之歌》。曾抱过小太北的房东,相隔了半个多世纪,又一次抱住了年逾花甲的左太北。

"百团大战"的胜利让华北日军恼羞成怒,1942年5月25日凌晨,数万日军精锐部队将八路军总部包围于辽县麻田以东的南艾铺一带。敌机开始疯狂地扫射投弹。彭德怀、左权决定分路突围、各自为战。左权坚决要求由自己率部担任掩护和断后。

敌众我寡,步枪刺刀迎战飞机大炮。一时间血火竞迸,天地变色。左权焦急地站在高地上呼喊指挥突围,两发炮弹落在他身边。

日军发现了被树枝掩盖的将军遗体,于是挖出来看个究竟。左权的牺牲让他们大喜过望,特意为遗体拍照,作为战果登在敌伪报纸上。发炮弹致左权牺牲的日军中队因打死了八路军的高级将领而获得了纯金质奖章,奖章上刻着"意左权登禄"。

左权的公葬日,八路军野战政治部主任罗瑞卿在墓前说:"给烈士们行礼并没有完事,今后还要做三件事情,第一件是报仇!第二件是报仇!第三件还是报仇！"

左权将军家有老母。没有人敢告诉老人儿子已捐躯的事情。直到1949年夏，挥师南下的中国人民解放军奉朱德总司令之命，到左权家乡看望老人。

老母亲摸出一个布包，里面有周恩来托人从重庆寄来抚恤款时的书信，有叶剑英转道香港寄来的金戒指。

这个自儿子两岁就失去了丈夫，失去儿子后一度讨饭为生的母亲是坚强的。她请人代为撰文悼念儿子："吾儿抗日成仁，死得其所，不愧有志男儿，现已得着民主解放成功，牺牲一身，有何足惜，吾儿有知，地下瞑目矣！"

沿着父亲突围过的路线，左太北来到父亲牺牲的十字岭。

我们问将军的女儿，每次祭奠父亲时带酒吗？

她摇头：带花，有时是山上的野花。

天人相隔，我们不知道左权将军当年是否饮酒。但，我们宁愿他生前是愿意喝一盅的——有花可以慰先烈精神，无酒怎么壮我八路军将领的豪气？

但使龙城飞将在

让我们斟满吧，这是一杯壮行酒，为那些在异国他乡与日寇搏斗的中国远征军战士！

左权牺牲的第二天，1942年5月26日，在远离太行山的缅甸，中国远征军第200师师长戴安澜伤重不治。

1941年太平洋战争爆发，应美、英盟军指挥部要求，中国远征军赴缅作战，戴安澜指挥的第200师为先头部队，于1942年3月从云南进入缅甸。

200师入缅后的第一个任务是驰援在同古被日军追击的英缅第二旅，戴安澜以不足万人之师抗击两万日军达12天之久，歼敌5000余人，击毁日军坦克、装甲车20辆，是二次大战前期印缅战场上唯一的捷报。

戴安澜原名戴炳阳。后改名安澜，自号海鸥，以明其志。抗战爆发，为了表示自己报效祖国的决心，制作了"铁汉"印章一枚。

这位铁汉在缅甸奉命突破日军五道防线时，胸口、腹部各中一弹，身负重伤。战士们砍下来胳膊一样粗细的树枝做成了担架，抬着师长撤往国境线。

5月的缅甸已进入雨季，整天瓢泼大雨，戴安澜的伤口经雨水浸泡，已感染化脓，无药可换。带伤在丛林中行进了8天，在距离中缅边境仅一百多公里的地方，铁汉戴安澜终于坚持不住了。

随从问：你有什么话，要对你夫人和孩子说吗？他摇头。又问，部队怎么能回去？

已经说不出话来的戴安澜在地图上一指——就从这里过。然后，这位铁汉叫人把他扶起来，朝着祖国的方向望了最后一眼。

战士们抬起将军的遗体继续往前走。在缅甸的高温下，遗体开始腐烂，战士们就把军装脱下来裹在将军的身上。那些军装什么军衔都有，士兵、尉官、校官……

忽然遥遥地听见中国话的呼喊，是乡亲们！是中国人！

战士争先恐后地抬起师长的遗体往祖国的方向跑。踏上国土那一刻，战士们放声大哭，我们回来了。师长，咱们回来了！

战士问身边的父老乡亲：你们怎么知道我们会回来？一位大姐说：我儿子是200师的。我知道他会回来！我们在这里整整等了55天。

装备精良的机械化部队200师出征缅甸，最后回到祖国的不过2000余人。中国远征军10万子弟兵跨出国境，全军损失过半。

云南省腾冲市，县长张问德率全县父老乡亲20万人，沿街而跪，跪接衣衫褴褛、昂首挺胸抬着已故师长遗体的200师官兵！

戴安澜的灵柩抵达昆明，数万人出城迎灵，迎接那活着没有看到国门，躺着也要回到祖国的烈士！

从昆明到广西全州，沿途各城都摆设供桌，倾城祭奠。6年后，戴安澜将军灵柩安葬典礼在芜湖举行，当天，送葬队伍长达3华里。

"铁汉"印章被戴安澜后人珍藏了60多年后，郑重献给中国人民抗日战争纪念馆。印章不过一两，铁骨铮铮万钧！

甘将热血沃中华

我们斟满两杯酒奉上，为卢沟桥事变后，首先以身殉国的两位高级将领，为他们明知必败也誓死出征的报国之志，为他们之间的兄弟情谊。

1937年7月28日，日军向北平发动总攻击，中国第29军奋力抵抗。

曾有人写诗感怀：二十九军不负国，一战战死两将军！佟麟阁、赵登禹这两位生前就是生死之交的将军，在当时的北平南苑相继殉国，并肩而去。

随从和家人冒险在一个瓜棚里找到了佟麟阁的遗体。妻子和儿女们饱含热泪为佟麟阁"整容"，装殓入棺后，寄厝于北平柏林寺。

每当佟麟阁殉国之日和清明节，佟夫人总要带着儿女们到寺庙里，对着一个花池焚香烧纸，磕头祭拜佟麟阁的亡灵——将军的灵柩深埋于地下，地面不敢留坟冢，只能砌一花池以掩人耳目。

柏林寺中方丈出于对将军抗日爱国的敬慕，严守寄柩之秘八年之久。为防日军耳目，将军的灵柩改名王思源——提醒后人饮水思源，不忘国破家亡之恨！

九年后，国民政府在其祭日为佟、赵二将军举行国葬。赵将军出殡时，因赵家后代战乱离散，佟家姐弟为赵将军戴孝打幡，持孝子礼；佟将军出殡时，天降大雨，为英雄哭！

"誓志为人不为家，跨江渡海走天涯。男儿若是全都好，女子缘何分外差？未吸头颅新故国，甘将热血沃中华。白山黑水除敌寇，笑看旌旗红似花。"看着赵一曼生前写下的诗，这位著名的女英雄当畅饮一碗我们捧上的女儿红。

赵一曼将被处决的消息传到当地百姓的耳中。许多人家都悄悄拿出家里最好的大米，准备了丰盛的送行饭和壮行酒，早早地就等在了街头。

许多年以后，曾亲历了那悲壮一幕的人们都还清晰地记得，赵一曼是在含泪的沿街百姓默默地夹道送行中，昂首高唱着《红旗歌》慷慨赴死的。

日伪档案对赵一曼就义时的记载说："其态度从容，毫无惧色，令人震惊。"

献给新四军第四师师长彭雪枫的，应该是一碗如清水一样的酒。

1944年9月10日夜，新四军西进部队对河南夏邑八里庄守敌发起了攻击。彭雪枫站在寨墙上的跪射散兵坑里，露出半截身子指挥战斗，一声冷枪，彭雪枫瞳孔中的光芒消失了。

彭雪枫去世两个半月后，他的遗腹子降生。

路祭是异常隆重的送殡习俗。1945年2月2日，淮北各界7000余人恭迎彭雪枫灵柩。从洪泽湖到半城，沿途数十公里，无论部队机关，还是平民士绅，都在灵柩经过之处设案致祭。人们摆下一张桌子，上面放着两样东西——一碗清水、一面明镜。这是淮北人民的最高礼节，表示彭雪枫一生清如水，明如镜。

此时，洪泽湖畔下霜了，湖面、树枝、田野、房屋一片雪白。百姓说：天鼓响，将星陨落，树头凌，草木挂孝！

接替彭雪枫工作的老战友张爱萍挥笔写了一幅气势雄伟的挽联："恨敌寇

夺去吾战友，率全军誓为尔复仇！"

…………

相对于英烈和同胞以血肉之躯报国的功绩，酒浆再醇厚也显得寡淡；但是，我们能摆在他们面前的，只有那微薄的水酒和采来的鲜花……

——还有中国人今天不受外侮，逐渐国富民强的日子。

（出自《语文主题学习——仰望星空》七年级下册1，作者：朱玉，白瑞雪。）

问题：在文中找出描写民族英雄动作、神态、语言的句子。（答案就是划线的句子）

感悟名人，心怀天下

——《回忆鲁迅先生》（节选）《悼鲁迅先生》《金岳霖先生》整合教学

【教学内容】

教材课文：《回忆鲁迅先生》（节选）。

丛书课文：《悼鲁迅先生》《金岳霖先生》。

【课程类型】

情感意蕴课。

【学习目标】

1. 理清写作思路，理解萧红笔下的鲁迅形象，体会鲁迅丰富而细腻的感情世界。（重点）

2. 学习本文善于从撷取的生活琐事中展现人物性格的写作方法。（难点）

【课前准备】

熟读教材课文《回忆鲁迅先生》（节选）及丛书课文《悼鲁迅先生》《金岳霖先生》。

【课堂教学】

导入：

鲁迅说过，"想看好花，一定要有好土""只要能培一朵花，就不妨做会朽的腐草"。为了培育萧红这朵中国三四十年代中国女性文学园圃的奇葩，鲁迅甘作春泥，甘为人梯，在她的作品中倾注了大量心血。鲁迅去世之后，萧红从悲痛中振作起来，陆续出版和发表了《马伯乐》《回忆鲁迅先生》《呼兰河传》等名篇佳作。这些作品又像春泥一样，继续滋养着中国文坛的茂林佳卉。鲁迅和萧红之间的情谊已经成为文坛佳话，被千千万万的读者传诵……在林林总总的鲁迅回忆录中，萧红的《回忆鲁迅先生》一枝独秀。它不仅是鲁迅回忆录中的珍品，而且是中国现代"怀人"散文的典范，是敬献于鲁迅墓前的一个永不凋谢的花环。

活动一：学习《回忆鲁迅先生》（节选）

1.文章写了鲁迅先生哪几件事？

答案：有七件琐事。

（1）微笑与走路（略）。

（2）待人与饮食（详）。

（3）调侃与玩笑（略）。

（4）读信与寄信（略）。

（5）看电影路上（略）。

（6）休息与读书（详）。

（7）护书与写作（详）。

2.画出对鲁迅先生进行描写的词语，分析这些句子分别表现了鲁迅先生怎样的性格特征，并运用"我从第（　）段的第（　）句这一（　）描写看出鲁迅先生是一个（　）的人"的句式表达。

答案：

描写鲁迅先生的词语有：乐观开朗、平易近人、严格要求、深切关爱、忘我精神、严谨认真、一丝不苟、幽默风趣、童心未泯、简单随和、关爱有加、乐观不屈……（细节描写的魅力：细节，即细小的动作或情节，是文艺作品中描绘人物性格、事件发展、自然景物、社会环境等的最小单位。细节描写要求真实、生动，并服从主题思想的表达。）

活动二：拓展延伸

自读丛书课文《悼鲁迅先生》《金岳霖先生》，回答下列问题：

1.画出描写人物的句子，指出描写类型，并概括他们的性格特点。

2.在描写人物上，你从文中得到哪些写作启示？

附：本课同步练习及答案

1. 根据拼音，写出下列句子中的词语。

（1）鲁迅先生笑得连烟卷都拿不住了，常常是笑得 ké sou（＿＿＿）起来。

（2）有一天下午鲁迅先生正在 jiào duì（＿＿＿）着瞿秋白的《海上述林》……。

（3）青年人写信，写得太 cǎo shuài（＿＿＿），鲁迅先生是 shēn wù tòng jué（＿＿＿＿＿）之的。

（4）等了二三十分钟电车还没有来，鲁迅先生依着沿苏州河的铁栏杆坐在桥边的石围上了，并且拿出香烟来，装上烟嘴，yōu rán（＿＿＿）地吸着烟。

（5）经过鲁迅先生的门前，保姆总是 fēn fù（＿＿＿）他说："轻一点走，轻一点走。"

（6）他说不新鲜，一定也有他的道理，不加以查看就 mǒ shā（＿＿＿）是不对的。

（7）当时大家不解其中的意思，都以为鲁迅先生不加以休息 bù yǐ wéi rán（＿＿＿＿＿），后来读了鲁迅先生《死》的那篇文章才了然了。

答案：（1）咳嗽；（2）校对；（3）草率　深恶痛绝；

（4）悠然；（5）吩咐；（6）抹杀；（7）不以为然。

2. 下列句子中加点的词语使用不恰当的一项是（　　　）。

A. 他做事太草率，可不能把重要的工作托付给他。

B. 老师刚把任务吩咐完毕，大家就开始行动了起来。

C. 我们希望各级政府科学理财，让每个孩子都能接受教育，万不可不以为然。

D. 广大群众对社会上的各种不正之风和腐败现象无不深恶痛绝。

答案：C。

3. 下列对病句的修改不正确的一项是（　　　）。

A. 杨绛先生的晚年，仍然精力充沛，充满创作激情。（将"杨绛先生"与"晚年"互换位置）

B. 在社会主义建设事业中，应该带头发挥每一个共产党员的作用。（把"带头"调到"作用"前面）

C. 在中小学中开展创客教育活动，可以全面提升并培养学生的自主创新能

力。（将"提升"与"培养"互换位置）

D. 这篇课文读一遍大约需要半个小时左右。（把"这篇课文"调到"读一遍"后面）

答案：D。

4. 仿照下列句式，在横线上补写句子，使之构成一组语意完整的排比句。

如果我是花，就要绽放一身绚烂，让春满人间；

如果我是山，_____，_____；如果我是水，_____，_____。世间万物各有属于自己的一片天地，皆应绽放属于自己的生命华彩。

答案：就要站成一种威严，让山花烂漫；

就要流成一种磅礴，让鱼儿欢畅。

附：拓展阅读材料

悼鲁迅先生

从北京图书馆出来，我迎着风走一段路。风卷起尘土打在我的脸上，我几乎睁不开眼睛。我站在一棵树下避风。我取下眼镜来，用手绢擦掉镜片上的尘垢。我又戴上眼镜，我觉得眼前突然明亮了。我在这树下站了好一会，听着风声，望着匆忙走过的行人。我的思想却回到了我刚才离开的地方：图书馆里一间小小的展览室。那地方吸引了我整个的心。我有点奇怪：那个小小的房间怎么能够容纳下一个巨人的多么光辉的一生和多么伟大的心灵？

我说的是鲁迅先生，我想的是鲁迅先生。我刚才还看到他的手稿、他的信札和他的遗照。这些对我也是很熟悉的了。这些年来我就没有忘记过他。这些年来在我困苦的时候，在我绝望的时候，在我感到疲乏的时候，我常常想到这个瘦小的老人，我常常记起他那些含着强烈的爱憎的文章，我特别记得：十三年前的两个夜里我在殡仪馆中他灵前的情景。半截玻璃的棺盖没有掩住他那沉睡似的面颜，他四周都是芬芳的鲜花，夜很静，四五个朋友在外面工作，除了轻微的谈话声外，再也听不见什么。我站在灵前，望着他那慈祥的脸，我想着我个人从他那里得过的帮助和鼓励，我想着他那充满困苦和斗争的一生，我想着他对青年的热爱，我想着他对中国人民的关切和对未来中国的期望，我想着他在日本帝国主义的铁蹄踏遍华北、阴云在中国天空扩大的时候离开我们，我不能够相信在我眼前的就是死。我暗暗地说：他睡着了，他会活起来的。我曾经这样地安慰过自己。他要是能够推开棺盖坐起来，那是多么好啊。然而我望着望着，我走开，又走回来，我仍然望着，他始终不曾动过。我知道他不会活起来了。我控制不住自己的眼泪，我像立誓愿似的对着那慈祥的面颜说："你像一个普照一切的太阳，连我这渺小的青年也受到你的光辉，你像一颗永不陨落的巨星，在暗夜里我也见到你的光芒。中国青年不会辜负你的爱和你的期望，我也不应当辜负你。你会活下去，活在我们的心里，活在中国青年的心里，活在全中国人的心里。"的确，这些年来他的慈祥的笑脸，和他在棺盖下沉睡似的面颜就始终没有离开我的记忆。在困苦中，在绝望中，我每一想到那灵前的情景，我又找到了新的力量和勇气。对我来说，他的一生便是一个鼓舞的泉源，犹如他的书是我的一个指路者一样。没有他的《呐喊》和《彷徨》，我也许不会写出小说。

又是过去的事了，那是更早的事。一九二六年八月我第一次来北京考大学，住在北河沿一家同兴公寓。我在北京患病，没有进考场，在公寓里住了半个月就走了。那时北海公园还没有开放，我也没有去过别的地方。在北京我只有两三个偶尔来闲谈的朋友，半个月中间始终陪伴我的就是一本《呐喊》。我早就读过了它，我在成都就读过在《新青年》杂志上发表的《狂人日记》和别的几篇小说。我并不是一次就读懂了它们。我是慢慢地学会了爱好它们的。这一次我更有机会熟读它们。在这苦闷寂寞的公寓生活中，正是他的小说安慰了我这个失望的孩子的心。我第一次感到了、相信了艺术的力量。以后的几年中间，我一直没有离开过《呐喊》，我带着它走过好些地方，后来我又得到了《彷徨》和散文诗集《野草》，更热爱地读熟了它们。我至今还能够背出《伤逝》中的几段文字。我有意识和无意识地学到了一点驾驭文字的方法。现在想到我曾经写过好几本小说的事，我就不得不感激这第一个使我明白应该怎样驾驭文字的人。拿我这点微小不足道的成绩来说，我实在不能称为他的学生。但是墙边一棵小草的生长，也靠着太阳的恩泽。鲁迅先生原是一个普照一切的太阳。

不，他不只是一个太阳，有时他还是一棵大树，就像眼前的树木一样，这树木给我挡住了风沙，他也曾给无数的年轻人挡住了风沙。

他，我们大家敬爱的鲁迅先生，已经去世十三年了。每个人想起他，都会立刻想到他的道德和他的文章。这是他的每个读者、每个研究者永远记住，永远敬爱的。他的作品已经成了中国人民的宝物。这些用不着我来提说了。今天看完了关于他的生平和著作的展览会出来，站在树下避风沙的时候，我想起来：

这个巨人，这个有着伟大心灵的瘦小的老人，他一生教导同胞反抗黑暗势力，追求光明，他预言着一个自由、独立的新中国的到来，他为着这个前途花尽了他的心血，他忘了自己地为着这个前途铺路。他并没有骗我们，今天他所预言的新中国果然实现了。可是在大家、在全国人民欢欣鼓舞的时候，他却不在我们中间露一下笑脸。他一生诅咒中国的暗夜，歌颂中国的光明。而他却偏偏呕尽心血，死在黑暗正浓的时候。今天光明的新中国已经到来，他这个最有资格看见它的人却永远闭上了眼睛。这的确是一件叫人痛心的事。为了这个，我们只有更加感激他。

风一直不停，阳光却更灿烂地照在街上，我已经歇了一会儿，我得往前走了。

（出自《语文主题学习——仰望星空》七年级下册1，作者：巴金。）

1. 阅读第一段，回答问题。

（1）"我觉得眼前突然明亮了"，其中"眼前突然明亮"有哪几层含义？

（2）"那地方吸引了我整个的心"一句中的"那地方"指哪里？

2. 第二段"慈祥的笑脸"和"沉睡似的面颜"重复多次，可见其重要性。请结合全文，概括出这两句话所体现的鲁迅先生的思想性格特点。

3. 作者把鲁迅比作哪些事物？概括这些事物的主要特征。

4. 作者在文中具体追忆了和鲁迅先生有关的哪两件事？请用简明的语言概括。

答案：

1.（1）有两层含义：一是说作者擦掉了镜片的尘垢后眼前明亮了；一是说作者参观了鲁迅先生的展览室后，思想受到启迪，眼前明亮了。

（2）那地方指北京图书馆里的一间小小的展览室。

2. "慈祥的笑脸"突出了鲁迅先生平易近人、热爱青年的特点；"沉睡似的面颜"突出了鲁迅先生为革命事业鞠躬尽瘁、勇于斗争、向往光明的性格特点。

3. 比作的事物：太阳。主要特征：普照一切。

比作的事物：大树。主要特征：挡住风沙。

4. 一件是十三年前的两个夜里，"我"在殡仪馆鲁迅灵前吊唁的情景；一件是1926年8月"我"来北京考大学期间，鲁迅的《呐喊》一书陪伴"我"度过了半个月。

金岳霖先生

西南联大有许多很有趣的教授，金岳霖先生是其中的一位。金先生是我的老师沈从文先生的好朋友。沈先生当面和背后都称他为"老金"。大概时常来往的熟朋友都这样称呼他。

关于金先生的事，有一些是沈先生告诉我的。我在《沈从文先生在西南联大》一文中提到过金先生。有些事情在那篇文章里没有写进，觉得还应该写一写。

金先生的样子有点怪。他常年戴着一顶呢帽，进教室也不脱下。每一学年开始，给新的一班学生上课，他的第一句话总是："我的眼睛有毛病，不能摘帽子，并不是对你们不尊重，请原谅。"他的眼睛有什么病，我不知道，只知道怕阳光。

因此他的呢帽的前檐压得比较低，脑袋总是微微地仰着。他后来配了一副眼镜，这副眼镜一只的镜片是白的，一只是黑的。这就更怪了。后来在美国讲学期间把眼睛治好了，——

好一些，眼镜也换了，但那微微仰着脑袋的姿态一直还没有改变。他身材相当高大，经常穿一件烟草黄色的麂皮夹克，天冷了就在里面围一条很长的驼色的羊绒围巾。联大的教授穿衣服是各色各样的。闻一多先生有一阵穿一件式样过时的灰色旧夹袍，是一个亲戚送给他的，领子很高，袖口极窄。联大有一次在龙云的长子、蒋介石的干儿子龙绳武家里开校友会，——龙云的长媳是清华校友，闻先生在会上大骂"蒋介石，王八蛋！混蛋！"那天穿的就是这件高领窄袖的旧夹袍。

朱自清先生有一阵披着一件云南赶马人穿的蓝色毡子的一口钟。除了体育教员，教授里穿夹克的，好像只有金先生一个人。他的眼神即使是到美国治了后也还是不大好，走起路来有点深一脚浅一脚。他就这样穿着黄夹克，微仰着脑袋，深一脚浅一脚地在联大新校舍的一条土路上走着。

金先生教逻辑。逻辑是西南联大规定文学院一年级学生的必修课，班上学生很多，上课在大教室，坐得满满的。在中学里没有听说有逻辑这门学问，大一的学生对这课很有兴趣。金先生上课有时要提问，那么多的学生，他不能都叫得上名字来，——联大是没有点名册的，他有时一上课就宣布：

"今天，穿红毛衣的女同学回答问题。"于是所有穿红衣的女同学就都有点紧张，又有点兴奋。那时联大女生在蓝阴丹士林旗袍外面套一件红毛衣成了一种风气。——穿蓝毛衣、黄毛衣的极少。问题回答得流利清楚，也是件出风头的事。金先生很注意地听着，完了，说："Yes! 请坐！"

学生也可以提出问题，请金先生解答。学生提的问题深浅不一，金先生有问必答，很耐心。有一个华侨同学叫林国达，操广东普通话，最爱提问题，问题大都奇奇怪怪。他大概觉得逻辑这门学问是挺"玄"的，应该提点怪问题。有一次他又站起来提了一个怪问题，金先生想了一想，说："林国达同学，我问你一个问题：'Mr.林国达is perpenticular to the blackboard（林国达君垂直于黑板），这什么意思？"

林国达傻了。林国达当然无法垂直于黑板，但这句话在逻辑上没有错误。

林国达游泳淹死了。金先生上课，说："林国达死了，很不幸。"这一堂课，金先生一直没有笑容。

有一个同学，大概是陈蕴珍，即萧珊，曾问过金先生：

"您为什么要搞逻辑？"逻辑课的前一半讲三段论，大前提、小前提、结论、周延、不周延、归纳、演绎……还比较有意思。

后半部全是符号，简直像高等数学。她的意思是：这种学问多么枯燥！金先生的回答是："我觉得它很好玩。"

除了文学院大一学生必修逻辑，金先生还开了一门"符号逻辑"，是选修课。这门学问对我来说简直是天书。选这门课的人很少，教室里只有几个人。学生里最突出的是王浩。金先生讲着讲着，有时会停下来，问："王浩，你以为如何？"这堂课就成了他们师生二人的对话。王浩现在在美国。前些年写了一篇关于金先生的较长的文章，大概是论金先生之学的，我没有见到。

王浩和我是相当熟的。他有个要好的朋友王景鹤，和我同在昆明黄土坡一个中学教学，王浩常来玩。来了，常打篮球。大都是吃了午饭就打。王浩管吃了饭就打球叫"练盲肠"。王浩的相貌颇"土"，脑袋很大，剪了一个光头，——

联大同学剪光头的很少，说话带山东口音。他现在成了洋人——美籍华人，国际知名的学者，我实在想象不出他现在是什么样子。前年他回国讲学，托一个同学要我给他画一张画。

我给他画了几个青头菌、牛肝菌，一根大葱，两头蒜，还有一块很大的宣威火腿。——火腿是很少入画的。我在画上题了几句话，有一句是"以慰王浩异国乡情"。王浩的学问，原来是师承金先生的。一个人一生哪怕只教出一个好学生，也值得了。当然，金先生的好学生不止一个人。

金先生是研究哲学的，但是他看了很多小说。从普鲁斯特到福尔摩斯，都看。听说他很爱看平江不肖生的《江湖奇侠传》。有几个联大同学住在金鸡巷，陈蕴珍、王树藏、刘北汜、施载宣（萧荻）。楼上有一间小客厅。沈先生有时拉一个熟人去给少数爱好文学、写写东西的同学讲一点什么。金先生有一次也被拉了去。他讲的题目是《小说和哲学》。题目是沈先生给他出的。大家以为金先生一定会讲出一番道理。不料金先生讲了半天，结论却是：小说和哲学没有关系。有人问：那么《红楼梦》呢？金先生说："红楼梦里的哲学不是哲学。"他讲着讲着，忽然停下来："对不起，我这里有个小动物。"他把右手伸进后脖颈，捉出了一个跳蚤，捏在手指里看看，甚为得意。

金先生是个单身汉（联大教授里不少光棍，杨振声先生曾写过一篇游戏文章《释鲲》，在教授间传阅），无儿无女，但是过得自得其乐。他养了一只很大的斗鸡（云南出斗鸡）。这只斗鸡能把脖子伸上来，和金先生一个桌子吃饭。他到处搜罗大梨、大石榴，拿去和别的教授的孩子比赛。比输了，就把梨或石榴送给他的小朋友，他再去买。

金先生朋友很多，除了哲学家的教授外，时常来往的，据我所知，有梁思成、林徽因夫妇，沈从文，张奚若……君子之交淡如水，坐定之后，清茶一杯，闲话片刻而已。金先生对林徽因的谈吐才华，十分欣赏。现在的年轻人多不知道林徽因。她是学建筑的，但是对文学的趣味极高，精于鉴赏，所写的诗和小说如《窗子以外》《九十九度中》风格清新，一时无二。林徽因死后，有一年，金先生在北京饭店请了一次客，老朋友收到通知，都纳闷：老金为什么请客？到了之后，金先生才宣布："今天是徽因的生日。"

金先生晚年深居简出。毛主席曾经对他说："你要接触接触社会。"金先生已经八十岁了，怎么接触社会呢？他就和一个蹬平板三轮车的约好，每天蹬着他到王府井一带转一大圈。

我想象金先生坐在平板三轮上东张西望，那情景一定非常有趣。王府井人挤人，熙熙攘攘，谁也不会知道这位东张西望的老人是一位一肚子学问、为人天真、热爱生活的大哲学家。

金先生治学精深，而著作不多。除了一本大学丛书里的《逻辑》，我所知道的，还有一本《论道》。其余还有什么，我不清楚，须问王浩。

我对金先生所知甚少。希望熟知金先生的人把金先生好好写一写。

联大的许多教授都应该有人好好地写一写。

（出自《语文主题学习——仰望星空》七年级下册1，作者：汪曾祺。）

1. 文章开头说"西南联大有许多很有趣的教授，金岳霖先生是其中的一位"，请你综合全文概括地说说金岳霖先生如何有趣。

2. 课文结尾说金岳霖先生"一肚子学问、为人天真、热爱生活"，请你说说课文是如何具体地表现金先生的这些特点的。

答案：

1. 解析：这是一道综合概括题，难度较大，但也是高中学生必须具备的能力。解题时要抓住"有趣"二字快速浏览课文，用笔画出相关语句，然后考虑怎样概括叙述之。

答案：样子有点怪——"常年戴着一顶呢帽"。提问方式别出心裁——"今天，穿红毛衣的女同学回答问题。"幽默的答问——以稀奇古怪的问题回答稀奇古怪的提问。对枯燥的学问——"我觉得它很好玩"。对话式教学——像苏格拉底一样，兴之所至、自由随意。讲座时停下来捉跳蚤把玩——不拘小节，大有六朝名士扪虱而谈的遗风。和斗鸡同桌用餐，和教授的孩子比水果的大小——孩子气十足，充满了赤子之心，童心未泯。小结：学术上聪明过人，在现实生活中，却是一个让人发笑、率真可爱、不拘小节、自由随意、孩子气十足、充满赤子之心的有趣之人。

2. 解析：课文开头用"有趣"二字引起全文，末尾又用"一肚子学问、为人天真、热爱生活"归结全文，这两者有什么关系呢？原来"有趣"就是"天真"，即金先生的"童真"，这是本文所要表现的金先生性格的主要方面。它贯穿全文，但不是唯一的。本文还写了他的学问，写了他对生活的热爱。因此，把文末的句子坐实，就可以进一步加深对课文的理解。

答案：文中第3—9段写金先生的教学，第13段写他的著作，除了表现他的"有趣"，还表现他学问的渊博精深，说明他是一个大学问家。课文第10段和第11段除继续表现他的童真外，还表现了他对生活的热爱。

伟人的精神，学习的榜样

——《孙权劝学》《任末好学》《邴原泣学》整合教学

【教学内容】

教材课文：《孙权劝学》。

丛书文章：《任末好学》《邴原泣学》。

【课程类型】

古文赏读课。

【学习目标】

1. 借助注释疏通文义，掌握一些文言实词、虚词的用法、意义。（重点）

2. 理解文章的内容和主旨，揣摩人物说话时的口吻、神态和心理，把握人物形象。（难点）

3. 领悟开卷有益的道理，养成爱读书的好习惯。

【课前准备】

熟读教材课文《孙权劝学》及丛书文章《任末好学》《邴原泣学》，收集相关背景资料。

【课堂教学】

导入：

"滚滚长江东逝水，浪花淘尽英雄。"三国时期是英雄辈出的时期，关羽就是群雄中的一位大英雄，但他最终败在东吴的一位将军之手，可想而知这位将军定有非凡之处，大家想知道他是谁吗？

活动一：读文

1. 师范读，正音断句。

2. 生试读（先自由读；然后全班齐读；最后师指名读）。

3. 师投影无标点的课文，指名学生读，要求生读准字音，读出节奏感。

活动二：译文

1. 学生交流课前搜集的课文背景资料，认识三个主要人物：孙权、吕蒙、鲁肃。

2. 学生借助课文注释，对译课文，圈点勾画疑问之处，由小组讨论解决，或师生共同解决。

活动三：知文

1. 孙权劝学的对象是谁？为什么要劝学？怎么劝学的？结果如何？（复述课文）

答案：孙权劝学—吕蒙就学—鲁肃赞学。

2. 朗读课文，揣摩人物说话时的口吻、神态和心理，思考三个人物各有什么特点。

答案：善劝、肯学、敬才。

孙权：对部下既能严格要求，又能循循善诱、耐心教导；好学。

吕蒙：知错能改，谦虚好学，有军人的坦诚和豪爽。

鲁肃：敬才爱才，豪爽而不失风度，对朋友的进步十分高兴。

3. 从文中找出能够表现吕蒙就学前后鲜明对比的两个成语，并以此说一段话。

答案：刮目相待，吴下阿蒙。（略）

活动四：诵文

1. 分角色朗读课文，模仿并感受人物对话中的语气、神态和心理。

2. 师检查背诵。

活动五：拓展阅读

自主阅读丛书中的文章《任末好学》和《邴原泣学》，对照注释，理解文意，并谈谈自己读后的感受。

附：本课同步练习及答案

1. 文言词汇选择题。

（1）对下列句子中加点字的解释，不正确的一项是（　　　）。

A. 蒙辞以军中多务：告辞

B. 但当涉猎：只是

C. 卿言多务：说

D. 治经为博士：研究

答案：A。

（2）下列各组句子中，加点词意思相同的一项是（　　　）。

A. 但当涉猎，见往事耳/止增笑耳

B. 自以为大有所益/蒙辞以军中多务

C. 不可不学/尊君在不

D. 卿今当涂掌事/但当涉猎

答案：A。

2. 综合分析选择题。

（1）下列对本文有关内容的分析，不恰当的一项是（　　　）。

A. 孙权以读书目的晓之以理，又以自身经验动之以情，真可谓善劝。

B. 鲁肃"非复吴下阿蒙"的惊讶充分显示了吕蒙学有所成。

C. 全文写了吕蒙学习和鲁肃"与蒙论议"两个片段，即先交代事情的起因，紧接着就写出结果。

D. 本文运用对话来刻画人物，用不多的几句话，就使人感受到三位人物说话时的口吻、神态和心理。

答案：C。

（2）下列对原文有关内容的理解，不恰当的一项是（　　　）。

A. 本文描写吕蒙在孙权的劝说下"乃始就学"，其才略很快就有惊人的长进的故事，说明了学习的重要性。

B. 文章以"肃遂拜蒙母，结友而别"结尾，进一步从侧面表现了吕蒙才略的惊人长进。

C. 听了鲁肃的话，吕蒙很得意地回答，这表现了他的率真与自信。

D. 鲁肃和吕蒙"结友而别"，表明他是个善于趋炎附势的人。

答案：D。

3. 本文写了一个什么故事？通过这个故事，作者要告诉我们什么道理？

答案：本文写的是吕蒙在孙权劝说下开始学习，其才略大有长进，令鲁肃刮目相看而与他结为朋友的故事。通过这个故事，说明学习的重要性。

📂 **附：拓展阅读材料**

任末好学

任末①年十四，学无常师，负笈②不远险阻。每言：人而不学，则何以成？或③依林木之下，编茅为庵④，削荆⑤为笔，刻树汁为墨。夜则映星月而读，暗则缚麻蒿⑥以自照。观书有会意者，题其衣裳，以记其事。门徒悦⑦其勤学，常以净衣易⑧之。临终诫曰："夫人好学，虽死犹存；不学者虽存，谓之行尸走肉耳！"

（出自《语文主题学习——仰望星空》丛书七年级下册1，作者：【晋】王嘉。）

注释：①任末：人名。②笈：书箱。③或：有时。④庵：茅草小屋。⑤荆：灌木名。⑥麻蒿：植物名，点燃后可照明。⑦悦：敬佩、喜欢。⑧易：交换。

译文：

任末十四岁，学习没有固定的老师，背着书箱跟老师求学，不怕路途遥远，危险困阻。他常常说："人如果不学习，那么凭什么成功呢？"任末有时靠在林木下，编白茅为小草屋，削荆制成笔，刻划树汁作为墨。晚上就在星月下读书，昏暗（的话）就绑麻蒿来自己照亮。看书有领会的时候，便写在他的衣服上，来记住这件事。一同求学的人十分喜欢他的勤学，常用干净的衣服交换他的脏衣服。他临终时告诫别人说："人喜欢学习，即使死了也好像活着；不学的人，即便是活着，也只不过是行尸走肉罢了！"

1. 从文中找出一个成语，并解释其意。

答案：行尸走肉：比喻不动脑筋、无所作为、糊里糊涂过日子的人。

2. 这篇短文给你什么启示？

答案：学习贵在勤奋。

邴原泣学

邴原少孤，数岁时，过书舍而泣。师曰："童子何以泣？"原曰："孤者易伤，贫者易感。夫书者，凡得学者，有亲也。一则愿其不孤，二则羡其得学，中心感伤，故泣耳。"师恻然曰："欲书可耳！"原曰："无钱资。"师曰："童子苟有志，吾徒相教，不求资也。"于是遂就书。一冬之间，诵《孝经》《论语》。

（出自《语文主题学习——仰望星空》丛书七年级下册1，作者：【明】李贽。）

译文：

郃原幼时丧父，几岁时，他路过书塾，忍不住哭了。书塾的老师问郃原说："孩子，你为什么哭泣？"郃原回答说："失去亲人的人容易悲哀，贫穷的人容易伤感。那些读书的人，凡是能够学习的人，必然都是有父母的孩子。我一来羡慕他们有父母，二来羡慕他们能够上学。内心感伤，因此而哭泣。"老师为他感到悲伤，说："你想要读书，就去读吧！"郃原说："我没有钱交学费。"老师说："孩子你如果有志读书，我可以做你的老师教你，不收学费。"于是郃原就开始读书。只过了一个冬天，就能背诵《孝经》和《论语》。

我们应该向郃原学习什么？读过这个故事，你有什么感想？

答案：我们应该向郃原学习他贫不丧志、立志求学的精神和他在学习上刻苦勤奋的精神。书塾的老师值得我们敬佩的是他不收郃原的学费，为下一代无私奉献的精神。我们要好学，并且要珍惜我们来之不易的读书机会，也应向文中老师学习，无私给予别人求学的帮助，尊重爱学习、有志向的人。

纵观三起三落，横看祥子形象

——《骆驼祥子》名著教学设计

【教学内容】

《骆驼祥子》。

【课程类型】

名著导读课。

【学习目标】

1.分析经典情节，把握人物形象特点。

2.学习阅读名著的技巧，提高阅读能力。

【课前准备】

读《骆驼祥子》，把握故事梗概。

【课堂教学】

活动一：速读"三起三落"的情节，用简洁的语言概括内容

答案：

一起：来到北平当人力车夫，苦干三年，凑足一百块钱，买了一辆新车。

一落：连人带车被宪兵抓去当壮丁，车被没收，理想第一次破灭。

二起：卖骆驼，拼命拉车，省吃俭用攒钱准备买新车。

二落：干包月时，在一次搜捕中，祥子辛苦攒的钱被孙侦探抢去，第二次希望破灭。

三起：虎妞以低价给祥子买了邻居二强子的车，祥子又有车了。

三落：为了置办虎妞的丧事，祥子又卖掉了车。

活动二：精读"三起三落"的情节，小组合作分析祥子的形象

答案：

一起：老实、健壮、淳朴、善良、木讷、吃苦耐劳、有美好的理想。

一落：坚韧中带着一些软弱。

二起：目标明确，有理想，有行动。

二落：对生活无奈，软弱、老实。

三起：自尊好强、吃苦耐劳。

三落：软弱、麻木、潦倒。

活动三：拓展练习

（一）阅读下列文段，回答有关问题。

（A）这么大的人，拉上那么美的车，他自己的车，弓子软得颤悠颤悠的，连车把都微微的动弹；车厢是那么亮，垫子是那么白，喇叭是那么响；跑得不快怎能对得起自己呢，怎能对得起那辆车呢？这一点不是虚荣心，而似乎是一种责任，非快跑，飞跑，不足以充分发挥自己的力量与车的优美。那辆车也真是可爱，拉过了半年来的，仿佛处处都有了知觉与感情，祥子的一扭腰，一蹲腿，或一直脊背，它都就马上应和着，给祥子以最顺心的帮助，他与它之间没有一点隔膜别扭的地方。赶到遇上地平人少的地方，祥子可以用一只手拢着把，微微轻响的皮轮像阵利飕的小风似的催着他跑，飞快而平稳。拉到了地点，祥子的衣裤都拧得出汗来，哗哗的，像刚从水盆里捞出来的。他感到疲乏，可是很痛快的，值得骄傲的一种疲乏，如同骑着名马跑了几十里那样。

（B）冬天又来到，从沙漠吹来的黄风一夜的工夫能冻死许多人。听着风声，祥子把头往被子里埋，不敢再起来。直到风停止住那狼嗥鬼叫的响声，他才无可如何的起来，打不定主意是出去好呢，还是歇一天。他懒得去拿那冰凉的车把，怕那噎得使人恶心的风。狂风怕日落，直到四点多钟，风才完全静止，昏黄的天上透出些夕照的微红。他强打精神，把车拉出来。揣着手，用胸部顶着车把的头，无精打采的慢慢地晃，嘴中叼着半根烟卷。一会儿，天便黑了，他想快拉上俩买卖，好早些收车。懒得去点灯，直到沿路的巡警催了他四五次，才把它们点上。

1. 以上两段文字选自中国现代著名作家_____的小说《   》。

2. A段写祥子意气风发，B段写祥子萎靡不振。请根据小说的内容，说说哪些大事导致祥子"萎靡不振"。

3. 请以选段中的语句为例，简析作品语言的一个特点。

答案：

1. 老舍；《骆驼祥子》。

2. 祥子辛苦攒钱买的车被官兵抢了；好不容易结了婚，老婆又难产死了；大病几场，原本强健的身体也垮了。

3. 老舍善于运用口语化的语言，比如"车厢是那么亮，垫子是那么白，喇叭是那么响"，亲切自然，俗白易懂，活泼流畅，朗朗上口。

（二）阅读下列文段，回答有关问题。

① 整整的三年，他凑足了一百块钱！

② 他不能再等了。原来的计划是买辆最完全最新式最可心的车，现在只好按着一百块钱说了。不能再等：万一出点什么事再丢失几块呢！恰巧有辆刚打好的车（定作而没钱取货的）跟他所期望的车差不甚多；本来值一百多，可是因为定钱放弃了，车铺愿意少要一点。祥子的脸通红，手哆嗦着，拍出九十六块钱来："我要这辆车！"铺主打算挤到个整数，说了不知多少话，把他的车拉出去又拉进来，支开棚子，又放下，按按喇叭，每一个动作都伴着一大串最好的形容词；最后还在钢轮条上踢了两脚，"听听声儿吧，铃铛似的！拉去

吧，你就是把车拉碎了，要是钢条软了一根，你拿回来，把它摔在我脸上！一百块，少一分咱们吹！"祥子把钱又数了一遍："我要这辆车，九十六！"铺主知道是遇见了一个死心眼的人，看看钱，看看祥子，叹了口气："交个朋友，车算你的了；保六个月：除非你把大箱碰碎，我都白给修理。保单，拿着！"

③ 祥子的手哆嗦得更厉害了，揣起保单，拉起车，几乎要哭出来。拉到个僻静地方，细细端详自己的车，在漆板上试着照照自己的脸！越看越可爱，就是那不尽合自己的理想的地方也都可以原谅了，因为已经是自己的车了。把车看得似乎暂时可以休息会儿了，他坐在了水簸箕的新脚垫儿上，看着车把上的发亮的黄铜喇叭。他忽然想起来，今年是二十二岁。因为父母死得早，他忘了生日是在哪一天。自从到城里来，他没过一次生日。好吧，今天买上了新车，就算是生日吧，人的也是车的，好记，而且车既是自己的心血，简直没什么不可以把人与车算在一块的地方。

④ 怎样过这个"双寿"呢？祥子有主意：头一个买卖必须拉个穿得体面的人，绝对不能是个女的。最好是拉到前门，其次是东安市场。拉到了，他应当在最好的饭摊上吃顿饭，如热烧饼夹炮羊肉之类的东西。吃完，有好买卖呢就再拉一两个；没有呢，就收车；这是生日！

⑤ 自从有了这辆车，他的生活过得越来越起劲了。拉包月也好，拉散座也好，他天天用不着为"车份儿"着急，拉多少钱全是自己的。心里舒服，对人就更和气，买卖也就更顺心。拉了半年，他的希望更大了：照这样下去，干上两年，至多两年，他就又可以买辆车，一辆，两辆……他也可以开车厂子了！

⑥ 可是，希望多半落空，祥子的也非例外。

1. 这是祥子买的是第_____辆车，文中的"双寿"是指_____。

2. "整整的三年，他凑足了一百块钱！"这句话独立成段有什么作用？

3. 文中画线句子体现了祥子怎样的心情？

4. 祥子把买车的日子当作自己的生日，说明了什么？

5. 第⑥段中的"希望"是指什么？（用选文中原文回答）"祥子的也非例外"在小说中是指哪一件事情？

答案：

1. 一；生日。

2. 强调祥子为了买车而存钱的艰辛，为下文突出祥子买车时的激动做铺垫。

3. 体现了祥子买车时激动而喜悦的心情。

4. 有纪念意义，也提醒自己不要忘记；昭示着他新生活（生命）的开始。

5. "希望"是指"照这样下去，干上两年，至多两年，他就又可以买辆车，一辆，两辆……他也可以开车厂子了！"

"祥子的也非例外"在小说中指祥子的车被大兵拉走了。

以事写人显特征

——"写出人物的精神"作文教学设计

【教学内容】

教材：第一单元作文。

范文：《嘴硬心软的妈妈》（中考满分作文）。

【课程类型】

主题写作课。

【学习目标】

1. 学习借助对比、衬托、正面描写与侧面描写相结合等手法来突出、强调人物的精神。

2. 学习抓住典型事例来表现人物精神风貌的写法，学习借助抒情、议论对人物的精神品质进行点睛式概括的方法。

【课前准备】

给学生看印发的中考满分作文《嘴硬心软的妈妈》，并点评。

【课堂教学】

导入：

写人，最根本的是写出他的精神。因为只有"精神"才能摩擦出灵魂的火花。但是精神是抽象的，人的精神必须由人的行为来透露。因此必须以合适的事写人，才能显出"精神"的特征。

活动一：写法指导

1. 选事要先看清人——要抓住人物的最主要个性特点。要把人物写形象，最关键的是要先归纳出这个人最主要的个性特点。只有先找出让自己感悟最深的人物的思想品质和性格特点，才有可能通过合适的事件表现好这个人物。

2. 选事要典型——要描写最能反映人物的主要特点。确定了人物的主要性格特点之后，接下来我们就要为人物选取最合适的事件，搭起一座特定的舞台，以便让人物"翩翩起舞"。

3. 选事要新颖——选择最能反映人物独特个性的事。以事写人要尽量写真实的、独一无二的事件，这样才能更好地体现人物特性。

4. 选事要巧妙——选择的事例最好易于制造波澜。因为在矛盾冲突中塑造人物，人物形象才更突出。这种波澜，可以是心理的，也可以是人物之间的。运用"先抑后扬""误会法""对比法"等写作手法来表现，则可以更突出人物形象。

活动二：阅读《嘴硬心软的妈妈》，体会方法

嘴硬心软的妈妈

她，一个普普通通平平凡凡的农村妇女，每天伴着日出日落，做着永远也做不完的家务事田里活。但她总是笑眯眯的，把许多的牵挂与思念藏匿在心中。这个人，就是我那"嘴硬心软"的妈妈。

她总是说姐姐不听话，让她操碎了心，希望姐姐早点去上学，让她过点清净的日子。

可是，姐姐走后，却常常能看见她呆坐着。偶尔还会没头没脑地冒出一句话来："怎么感觉家里空荡荡的啊？"问她是不是想念姐姐了。她却大笑着说："才没有呢，她走了，我轻松多了。省了不少心，只是突然觉得耳根清净了，不习惯而已啊！"然后又若无其事地去做事。

瞧，这就是我那嘴硬心软的妈妈，明明关心挂念，却非要装着若无其事的样子，为自己挣足面子。

爸爸外出打工一年了。虽然隔周都会打电话回家，但相隔一年，连面都见不到，那是很痛苦的，尤其是每当田里有什么重活、家里农具电器坏了的时候，妈妈总会说："要是你爸爸在家就好了，这些活就不用我操心了。"

爸爸每次打电话回来，总在挂电话之前，会深情地问妈妈想念他吗？这时，妈妈却笑呵呵地说："我想你干什么，我只想你多给我们寄点钱回家，我们就能过得好点了。"弄得爸爸总是好不失望。

问她真的不想念爸爸吗？她却一下子红了脸，然后慢悠悠地叹口气说："想什么啊？都几十岁了！"

看，这就是我那嘴硬心软的妈妈，明明牵挂、思念，却羞于表达。

妈妈就是这样一个乐观坚强而又传统的女性。总是喜欢把牵挂思念藏在心里。可是，她似乎不知道，爱，很多时候是需要表达出来的。如果姐姐知道了妈妈的牵挂，也许再回到家里就不会那么常惹妈妈生气了；如果妈妈对爸爸说出了自己的思念，爸爸一个人在外面干起活来是不是更有劲呢？

所以，妈妈，勇敢地说出你的心里话吧，让你心中那满满的爱溢出来吧。爱，不仅体现在行动里，也要让它流淌在你的话语中。这样，更好，不是吗？

（点评：作者巧在提炼出了妈妈的一个最主要性格特点——"嘴硬心软"，然后又选取了两件最合适的事来表现妈妈的这个特点，既做到了人物特点集中鲜明，人物形象突出，又很好地再现了温馨的家庭场景，给人一种暖意融融的感受。）

活动三：运用方法，学写人物（堂上作文）

2017—2018学年《语文》七年级下第一单元测试

一、语文积累与综合运用（24分）

1. 默写。（10分）

（1）权曰："孤岂欲卿治经为博士邪！＿＿＿＿＿＿＿＿，＿＿＿＿＿＿＿＿。"（《孙权劝学》）

（2）马上相逢无纸笔，＿＿＿＿＿＿＿＿＿＿＿。（岑参《逢入京使》）

（3）独坐幽篁里，＿＿＿＿＿＿＿＿。＿＿＿＿＿＿，明月来相照。（王维《竹里馆》）

（4）＿＿＿＿＿＿＿＿＿，惟解漫天作雪飞。（韩愈《晚春》）

（5）默写李白的《春夜洛城闻笛》

＿＿＿＿＿＿＿＿＿＿，＿＿＿＿＿＿＿＿＿＿。

＿＿＿＿＿＿＿＿＿＿，＿＿＿＿＿＿＿＿＿＿。

2. 根据拼音写出相应的汉字。（4分）

（1）有一位长期以来xiǎn wéi rén zhī ＿＿＿＿＿＿＿的科学家——邓稼先。

（2）我将用我的泪水，洗去一切的wū huì ＿＿＿＿＿＿＿和耻辱。

（3）我认识奥本海默时，他已四十多岁了，已经是fù rú jiē zhī ＿＿＿＿＿＿＿的人物了。

（4）闻一多在群众大会上，大骂特务，kāng kǎi lín lí _____。

3. 选出下列没有语病的一句。（ ）（3分）

A. 我校开展"学习雷锋好榜样，师生创文在路上"的志愿服务活动。

B. 屋子里放着各式各样的鲁迅过去所使用过的东西和书籍。

C. 读了这篇文章之后，对我的教育太大了。

D. 谁也不会否认提高学习成绩不是勤奋。

4. 对下列句中加点的成语使用恰当的一项是（ ）。（3分）

A. 他在大会上的即兴讲话逻辑严密、语无伦次，博得了与会专家的一致好评。

B. 正因为他具有海誓山盟的崇高理想，才在工作中取得了出色的成就。

C. 它们发现自己陷入了峰回路转的绝境，一片惊慌，胡乱蹦跳。

D. 学生的学习水平是参差不齐的，因此教师的教学要尽可能做到因材施教。

5. 仿照下面画线的句子再写两个句子，要求修辞手法相同，语意连贯。（4分）

童年的一切都是美好的，在童真的爱的目光里，一片落叶就是一只小船；

_____；_____。

二、阅读（36分）

（一）（15分）

【甲】初，权谓吕蒙曰："卿今当涂掌事，不可不学！"蒙辞以军中多务。权曰："孤岂欲卿治经为博士邪！但当涉猎，见往事耳。卿言多务，孰若孤？孤常读书，自以为大有所益。"蒙乃始就学。及鲁肃过寻阳，与蒙论议，大惊曰："卿今者才略，非复吴下阿蒙！"蒙曰："士别三日，即更刮目相待，大兄何见事之晚乎！"肃遂拜蒙母，结友而别。

【乙】晋平公①问于师旷②曰："吾年七十，欲学，恐已暮矣！"师旷曰："暮，何不秉烛③乎？"平公曰："安有为人臣而戏其君乎？"师旷曰："盲臣安敢戏其君乎？臣闻之：少而好学，如日出之阳；壮而好学，如日中之光；老而好学，如秉烛之明。秉烛之明，孰与昧行④乎？"平公曰："善哉！"

6. 解释下面句子中的加点词。（4分）

（1）士别三日，即更刮目相待_____；（2）及鲁肃过寻阳_____；

（3）恐已暮矣_____；（4）盲臣安敢戏君乎_____。

7.用现代汉语翻译下列句子。（6分）

（1）少而好学，如日出之阳。_____

（2）孤岂欲卿治经为博士邪！_____

8.晋平公担心学不好的理由是_____；吕蒙不愿学的理由是_____。（每处所填不超过5字）（2分）

9.两文都是谈学习的，共涉及四个人，读完后你得到什么启发？（3分）

_____

_____。

（二）（9分）邓稼先与奥本海默

邓稼先则是一个最不引人注目的人物。和他谈话几分钟，就看出他是忠厚平实的人。他真诚坦白，从不骄人。他没有小心眼儿，一生喜欢"纯"字所代表的品格。在我所认识的知识分子当中，包括中国人和外国人，他是最有中国农民的朴实气质的人。

我想邓稼先的气质和品格是他所以能成功地领导各阶层许许多多工作者，为中华民族作了历史性贡献的原因：人们知道他没有私心，人们绝对相信他。

"文革"初期，他所在的研究院（九院）和当时全国其他单位一样，成立了两派群众组织，对吵对打。而邓稼先竟有能力说服两派继续工作，于1967年6月成功地制成了氢弹。

1971年，在他和他的同事们被"四人帮"批判围攻的时候，如果别人去和工宣队、军宣队讲理，恐怕要出惨案。而邓稼先去了，竟能说服工宣队、军宣队的队员。这是真正的奇迹。

邓稼先是中国几千年传统文化所孕育出来的有最高奉献精神的儿子。

邓稼先是中国共产党的理想党员。

10.文中两次使用了"竟"字，试分析这个字的作用。（2分）

_____。

11.文中把奥本海默和邓稼先进行了对比，这样写的作用是什么？（3分）

_____。

12. 用自己的话，说说这两句话的含义。（4分）

A. 邓稼先是中国几千年传统文化所孕育出来的有最高奉献精神的儿子。

_____。

B. 邓稼先是中国共产党的理想党员。

_____。

（三）手背上的温暖（12分）

① 天，冷极了。

② 客厅里，小儿在烤着炉火看电视。而我，缩在冷冷的书房里赶写一份材料。

③ 儿子"噔噔噔"跑了进来，一下就捂住我的右手，立时一缕温暖的热流从手背传来。我不知他想和我玩什么游戏，停下笔，静静地看着他。他也不说话，歪着头，扬起狡黠的笑脸。一会儿，他就"咚咚咚"地跑出去了。片刻，他又飞了过来，两只小手像抱着一只欲飞的小鸟一样又捂住我的右手，还是不说话，只用顽皮的舌头舔着嘴唇，向我直笑，一会儿又跳开了。这小家伙在搞什么名堂，扰得我写不成东西。我起身来到客厅。忽地，我愣住了，心底的温暖如水漫溢：原来他先烤一下火，再小心地拢着那一团温热，急急地跑来给我暖手。我一把搂住孩子，用粗粗的胡子扎在他嫩嫩的脸蛋上……

④ 我和小儿在家午休。一觉醒来，发现他竟在客厅里看电视。我一时火起：不好好午休，还趁我睡着时偷看电视，走过去照着他的小屁股就是"啪啪"两巴掌，再给他一顿好骂。儿子哭了，好半天，才缓过气来。他抹着眼泪，抽泣着，说："我没有偷看电视，我只怕你睡过了头误了上班时间，就守着电视看上面的钟，好到时间叫醒你。"蓦地，我的心像被铁锤猛击了一下，愧疚自责涌上心头：好懂事的孩子啊！我的暴躁又一次伤害了那颗纯真的心。我摩挲着孩子的头，无语……

⑤ 和小儿逛街，遇有献血车宣传无偿献血，我上了献血车。

⑥ 当针头扎进我右臂的那一刻，站在一旁的儿子嘤嘤地哭了起来，小手抓紧我的左手，他那手心上渗满了汗。我献完血，他的眼睛已是红肿。

⑦ 当晚十点钟了，儿子还赖在我的床上不肯去睡。倦意袭来，我刚一合眼，儿子就摇醒我，满眼焦灼。问他干嘛，他也不说。于是我又合眼，可又被

他弄醒。我火了，训他。他哭了，揉着泪眼说："你今天出了那么多血，看你眯上眼睛，我不知道你是真睡觉还是'那个'了？"噢，我明白了，原来从献血起他就一直担心我'那个'。我眼里有些潮湿，笑他傻，告诉他献一点血对身体没影响，我是真睡觉。但他就是不肯让我睡，坐在一旁瞪着一双黑亮的眼睛"监视"我。面对他的无理，我还生气吗？这个傻傻的孩子用他那一片小小的担心呵护着我，我怎能不感动、不幸福呢？

13. 选文叙述了"我"和儿子之间充满温馨的三件事情，请用简洁的语言加以概括。（3分）

_____

14. 第⑦段中两个"那个"的意思是什么？听了儿子的解释，"我"有什么感受？（3分）

_____

15. 请从文中选择一处最让你感动的地方，并说一说让你感动的理由。（3分）

_____

16. 读了这篇文章，你联想到了什么？（3分）

_____

三、附加题：名著阅读（10分）

阅读下面文字，回答问题。

祥子没去端碗，先把钱掏了出来："四爷，先给我拿着，三十块。"把点零钱又放在衣袋里。

刘四爷用眉毛梢儿问了句，"哪儿来的？"

祥子一边吃，一边把被兵拉去的事说了一遍。

"哼，你这个傻小子！"刘四爷听完，摇了摇头。"拉进城来，卖给汤锅，也值十几多块一头；要是冬天驼毛齐全的时候，三匹得卖六十块！"

祥子早就有点后悔，一听这个，更难过了。可是，继而一想，把三只活活的牲口卖给汤锅去挨刀，有点缺德；他和骆驼都是逃出来的，就都该活着。什么也没说，他心中平静了下去。

虎姑娘把家伙撤下去，刘四爷仰着头似乎是想起点来什么。忽然一笑，露出两个越老越结实的虎牙："傻子，你说病在了海甸？为什么不由黄村大道一直回来？"

"还是绕西山回来的，怕走大道教人追上，万一村子里的人想过味儿来，还拿我当逃兵呢！"

刘四爷笑了笑，眼珠往心里转了两转。他怕祥子的话有鬼病，万一那三十块钱是抢了来的呢，他不便代人存着赃物。他自己年轻的时候，什么不法的事儿也干过；现在，他自居是改邪归正，不能不小心，而且知道怎样的小心。祥子的叙述只有这么个缝子，可是祥子一点没发毛咕的解释开，老头子放了心。

17. 文章选自_____。作者是_____。（2分）

18. 祥子把钱给刘四爷的原因是什么？（2分）

_____

19. 上面文字画线句子说祥子"把被兵拉去的事"说了一遍，这件"事"的经过是怎样的？请读过这部小说的同学简略地介绍一下。（3分）

_____

20. 结合上面文字及你所知道的其他关于祥子的事，说说他是个怎样的人。（3分）

_____

四、作文（40分）

生活中我们会遇到各种各样的人，有的让你尊敬，有的让你佩服，有的让你感动，有的让你叹息……以《这样的人让我_____》为题，写一篇作文，不少于500字。

提示：

1. 题目横线处应该填上一个能体现自己情感态度的词语。

2. "这样的人"可以是你熟悉的人，比如你的同学、邻居，也可以是陌生的人。

3. "这样的人"应该是具有某种精神品质，或代表风气的人。要着眼于个性、品质去描写，写出你的情感倾向。

500字

600字

第一单元测试答案

一、

1.（1）但当涉猎，见往事耳；（2）凭君传语报平安；（3）弹琴复长啸。深林人不知；（4）杨花榆荚无才思；（5）谁家玉笛暗飞声，散入春风满洛城，此夜曲中闻折柳，何人不起故园情。

2.（1）鲜为人知；（2）污秽；（3）妇孺皆知；（4）慷慨淋漓。

3. A。

4. D。

5. 仿写：一滴露水就是一颗珍珠；一只蜻蜓就是一架飞机。

二、

（一）

6.（1）再次、重新；（2）等到、到；（3）晚、迟；（4）怎么。

7.（1）年少而学，（就）如同初升的太阳。（2）我难道想要你研究儒家经典而成为博士吗？

8. 年纪大；事务多。

9.（从热爱学习、珍惜时间、善于引导、虚心听取他人的合理建议等方面阐述均可。语意明确、句子通顺、所答内容与文段有关即可。）

（二）

10. 这两个"竟"字都有令人意外、出乎意料的意思。面对复杂激烈的"文革"斗争形势，邓稼先竟然能够化解派系矛盾，领导不同派别的同事们继续工作并做出令世人瞩目的成绩，不得不说邓稼先具有极强的人格魅力，确实创造了奇迹。

11. 把奥本海默和邓稼先进行对比，更能突出邓稼先性格和品格的可贵。国情不同，文化背景不同，对于人的品格要求也不尽相同，但毫无疑问的，邓稼先确实是中华民族的优秀儿子。

12. A.邓稼先吸取了中国传统文化中的精华部分，并形成了自己的气质品格——忠厚平实、真诚坦白、从不骄人、谦虚朴实；具有奉献精神。

B.中国共产党的宗旨就是全心全意为人民服务，就是领导、团结广大人民一起前进，邓稼先把这些奉为自己的行为准则，因此他是理想的党员。

（三）

13. "我"写作时，儿子将自己的小手烤热，跑来给"我"暖手；"我"午休时，儿子怕"我"睡过头误了上班，守着电视看时间；"我"献血后，儿子怕"我"死去，不肯让"我"睡。

14. 死。看到儿子如此懂事，"我"被他那一片小小的呵护所感动，同时也感到非常幸福。

15. 示例：当作者在写作时，儿子用自己的小手温暖作者冻僵的手，当那一缕温暖的热流传到作者的手背上时，也传到了作者的心里。作者儿子小小年纪就知道关心他人，送人温暖，他的心灵是多么善良，多么纯补啊。这是一种无价的孝心，他懂得如何感恩，虽然只是一个小小的举动，却感动着万千读者的心灵。

16. 示例：我们都生活在父母的羽翼之下，在父母的关怀中健康成长，我们也要学会关心父母，体贴父母，用自己的言行温暖父母的心灵，哪怕是一句温馨的问候，一次热烈的拥抱，一杯冒着热气的绿茶，都能给父母带来无限的喜悦与温暖。

三、

17.《骆驼祥子》；老舍。

18. 希望刘四爷帮他把钱存起来以备重新买上一辆属于自己的车。

19. 祥子用自己的人力车拉客，在途中被兵抓走，丢失了车子。他找准机会，趁乱逃走，还顺带牵走了三匹骆驼。他把骆驼贱价卖给了别人，然后就投靠了刘四爷。

20. 一开始，祥子勤劳、要强、憨厚、善良，对生活充满了信心。他希望能凭本事拥有自己的车子。但是在经历了新车被抢、娶自己并不爱的虎妞、卖车安葬虎妞、小福子自杀等一系列事情后，他变得懒惰、狡猾、自私、无赖，成了一个彻头彻尾的"刺儿头"。

3

第三章

校长工作室

清远市盘金生校长工作室三年发展规划

一、指导思想

工作室以《国家中长期教育改革和发展规划纲要》（2010—2020年）、《广东省中长期教育改革和发展规划纲要》（2011—2020年）为指导，以《清远市中小学名校长工作室建设与管理办法（试行）》和《关于做好广东省中小学校长和教师工作室有关建设工作的通知》为依据，以党的群众路线教育实践为统领，以现代学校特色品牌共同体建设为抓手，充分发挥名校长的示范、引领和指导作用，促进校长队伍专业发展，提高校长管理水平，建设高素质的中小学校长队伍，促进义务教育均衡发展和城乡教育协调发展。

二、工作思路

工作室以"突出主体性，促进自主发展；突出合作性，促进共同发展；突出研究性，实现成果引领"为指导方针，以"学习创新促发展，模范辐射创特色"为工作理念，以实践中的问题为研究对象，以"校长工作室"活动为载体，以专业引领为抓手，通过"理论提升""专家引领""实践探索""交流研讨""课题研究""个人自学""总结反思"等，内容多样、形式丰富的培养方法，培养学员们在办学过程中的特色意识和品牌意识，使工作室学员在办学过程中都能够建立和谐的教育评价机制，贯彻课改理念，推进素质教育，形成独具一格的办学风格，创建特色学校和品牌学校，培养理论水平高、实践能力强的校长队伍，为自治县教育的科学发展、内涵发展、特色发展奠定坚实的基础。

三、工作目标

在三年的周期内，积极探索校长培养的有效方法和途径。一方面，努力促进自身素质的提高；另一方面，大力指导5名培养对象，促使他们迅速成长，努力使工作室真正成为"研究的平台、成长的阶梯、辐射的中心"。

（1）继续学习，继续提升自己，与培养对象构建学习共同体。通过共同探讨、一起学习，提升自己的理论素养，进一步提升自身的素质，确立新的追求目标。

（2）通过课题研究，指导学员学习；诊断问题，跟进实践，使学员迅速成长；通过提升教育理论素养、管理能力和科研能力，促进校长向专业化发展，使其成长为"名校长"或"准名校长"。

（3）通过工作室活动，提升学校办学质量，促进学校内涵发展，彰显学校办学特色，并对周边学校起一定的辐射示范作用，为自治县成为全国农村艺术教育实验县而努力。

四、具体措施

1. 确定培养对象

采取个人申请和组织推荐相结合、综合测评和个别考察相结合的方式，面向全县不同学校招收5名具有突出管理能力和教学领导力的校长、副校长组成工作室，每个成员再面向自己的学校吸纳2~3名优秀管理人员组成学校研讨小组，形成一个有结构、有层次的管理研讨团队。

2. 理论提升

围绕工作室确立的研究主题，每位成员每天要学习一小时，每学期必须深入研读两本以上教育管理专著，每学期培训时间不少于20课时，每年要写不少于3000字的读书笔记和反思。工作室每月要进行一次读书交流，每学期要进行一次校长交流。通过学校管理、教育教学理论知识的学习，提升工作室成员的专业素质，增强工作室成员的专业意识，提高工作室成员的管理思想和管理艺术，促使工作室成员向专家型校长发展。

3. 专家引领

在三年为一个周期的工作室学习过程中，工作室将邀请教育专家为工作室学员讲课，主要围绕创建全国农村艺术教育实验县展开。希望教育专家们通过理论研究高度结合实践操作的经验，能给予工作室学员们既高瞻远瞩又不失现实意义的引领和指导，使学员们能深刻认识到特色教育和品牌教育的本质。

4. 实践探索

通过实践探索活动的开展，提升学员们将理论转化为行动的自觉意识。学员们走访各类学校，考察不同情况，就是在为自己的学校寻找新的生命力。在三年的研修过程中，工作室将组织学员相互走访考察，到省、市各类特色学校观摩，实地感受知名学校的办学思想、办学理念。同时，加强与广州越秀区及"珠三角"地区学校的沟通，建立兄弟友好学校，开展同课异构活动，并派教师跟岗进行培训。

5. 交流研讨

（1）经验交流。在每次"理论指导""专家讲座"或"走访考察"之后，要适时地安排一些相对宽松的交流讨论时间，使工作室学员们能够在接受大量信息后，于第一时间进行梳理、消化，交换所思所想，使得"理论指导""专家讲座""走访考察"得以在第一时间发挥其价值。

（2）依托网络，发挥名校长工作室的辐射作用。建立供工作室全体人员共同使用的"盘金生名校长工作室网页"及QQ群、工作室成员个人博客，通过网页内各栏目，让区域内各学校和社会全面及时了解工作室的工作动态、成员和学员的研究成果及其学校的典型经验，形成有效的网络对话和交流展示平台，使之成为名校长工作室的一个动态工作站、成果辐射源和资源生成站。

（3）工作室全体人员要养成坚持学习、善于思考、勤于笔耕的良好习惯，积极、经常地撰写教育随笔、案例分析、教育论文，及时更新工作室网页。

6. 课题研究

工作室将以创建全国农村学校艺术教育实验县为契机，要求每位成员根据自己学校的办学特色与特点申报课题，课题研究方向为"提高校长/教师领导力促进有效教学的实证研究"或"现代教育学校制度建设的实践研究"，制订课题研究方案并开展研究，并将课题研究的过程性资料定期上报，以进一步提高自己的科研水平和理论素养，使自己在管理水平和专业能力等方面均能踏上一个新的台阶。

7. 个人自学

工作室每位成员在工作之余要根据自身实际情况有目的、有步骤、有计划地开展个人自学。自学的内容以经典理论著作、教育教学著作、经典企业管理著作以及人文科学类著作为主。在日常生活中要养成经常性学习的良好习惯，不断与时俱进，更新自己的知识结构、扩展自己的知识范围，以符合现代社会对名校长的要求。

8. 总结反思

工作室成员每学期要撰写一份总结，每年要撰写一篇阶段性成果报告。在总结的基础上，每位成员要及时加强反思，结合学习中的得失适时调整个人发展规划。

五、计划安排

校长工作室培养周期为三年，共分六个阶段。周期内学员进入工作室脱产学习的时间为两个月（可实施轮流制）。

第一阶段：选拔筹划阶段（2014年4月—8月）

（1）通过与教育局沟通联系，确定5名培养对象及两名工作室助理成员组成工作室。

（2）在清远市校长工作室专家指导小组的指导下，做好工作室建设，包括人员配备、场地建设、工作计划、课题研究等。

（3）工作室挂牌及首次研修。首次研修为期两天，研修内容为明确学习要求和任务。

（4）建立QQ群、工作室博客和个人博客。

第二阶段：学习规划阶段（2014年9月—2015年6月）

（1）周期内学员进入工作室跟随主持人脱产或半脱产学习的时间为两个月。参加学习的学员可以集中进行，也可以轮流进行；学员学习期间，全程参与校长工作室所在学校的行政管理、教学和教研活动。

（2）学员根据个人成长目标，制订周期内学习计划，并向主持人提交学习计划。

（3）学员确定个人研究项目，向主持人提交研究项目开题报告；参与主持人组织的项目开题活动；在主持人的指导下开展项目研究。

（4）工作室的课题研究方向：提高校长/教师领导力，促进有效教学的实证研究、现代教育学校制度建设的实践研究、院校合作视野下学校教师专业发展的实践研究、德育课题研究及特色学校和品牌学校研究。

第三阶段：研讨交流阶段（2015年7月—9月）

（1）开展校长办学思想研讨会。

（2）组织学员开展个人成长经验分享，进行阶段性总结。

（3）对下阶段的学习目标和研究任务做进一步分解布置。

第四阶段：实践探索阶段（2015年9月—2016年5月）

（1）学员在原学校独立开展工作。

（2）开展"学校诊断与学校改进"理论培训，掌握学校管理诊断及学校发展自我诊断的方法。

（3）主持人对每位学员所在学校进行现场诊断与指导（不少于一次）。

（4）开展工作室间的学习与交流活动，与其他校长工作室联合开展活动，形式有理论培训、读书交流、专题研讨、校长沙龙等。

第五阶段：经验总结阶段（2016年6月—11月）

（1）参加由专家指导小组组织的培训与考察学习活动。

（2）进行项目总结与成果汇报：

① 学员对工作室的学习工作进行总结，提交一份个人成长报告；完成论文修订工作，提交公开发表的实践性论文。

② 主持人提交一篇工作室总结报告及工作室考核自评表；完成论文修订工作，提交公开发表的实践性论文。

第六阶段：总结评价阶段（2016年12月）

以《清远市校长工作室考核细则》为评估依据，对工作室成员进行成长档案与管理的评估与考核。通过听取汇报、查阅资料、调查访谈、成果检验等评估方式，检阅三年来工作室的成效和其成员自身的专业化发展状况。

（1）组织学员准备论文（课题）答辩。

（2）组织学员参加由专家指导小组组织的论文（课题）答辩。

（3）撰写工作室的全面总结。

（4）做工作室相关档案整理和归档工作。

（5）准备和组织主持人答辩的相关工作。

（2014 年 4 月 8 日）

集思广益，群策群力，振兴少数民族地区教育

——清远市盘金生校长工作室2015年工作总结

2015年，在县教育局的正确领导和关心支持下，秉着"学习创新促发展，模范辐射创特色"的工作理念，清远市盘金生校长工作室各成员如饥似渴地学习，满怀激情地工作，以振兴少数民族地区教育为己任，努力提高个人综合素质，规范学校管理，提升学校内涵，创办特色学校，顺利通过了清远市校长工作室中期汇报展播，实现了学校与个人的新发展。本工作室2015年的工作总结如下。

一、做法与成效

1. 搭建平台，促进交流

根据市教育局要把校长工作室打造成为"研究的平台、成长的阶梯、辐射的中心"的要求。盘金生校长工作室充分利用这一平台，组织成员认真学习学校管理、教育教学管理的相关理论与先进实践经验。

（1）加强学员理论学习，提高校长理论水平。当前工作室成员普遍存在理论水平不高、管理技能缺乏等问题，学校管理缺乏科学性与高效率。工作室要求各成员每月看完一本书，并定期组织成员集中召开研讨会，分享学习心得体会，分享各自学校的新举措。"学然后知不足"，越学习越会感到自己的渺小与无知。通过学习，每位成员都开阔了视野，理论水平均有了较大提升。一年来，盘金生、马良忠等写的论文在国家、省级刊物上发表或获奖。在2015年10月举办的广东省第十三届中小学校长论坛上，盘金生的论文荣获一等奖，马良忠、唐继锋、盘带全、盘春风等四人的论文也荣获三等奖。

（2）开展校际交流，推动教师专业发展。工作室成员的学校积极联系"珠三角"地区的优秀学校，组织教师前往交流学习；还邀请"珠三角"地区的学校组织教师来本校开展同课异构活动。2015年1月9日，工作室组织成员到顺德凤城中学和梁开中学参观学习。同年4月27日，工作室组织成员到广州市番禺区广东第二师范学院番禺附属中学学习，并与广东省首批名校长工作室成员胡展航校长进行零距离交流，受益匪浅。同年5月25日，工作室组织学校课题组成员到乳源瑶族自治县民族实验中学进行交流学习，了解兄弟县传承瑶族传统文化艺术的做法，学习如何进行课题研究。广东省教育研究院的沈林教授也参与了该项活动，对如何开展教育科研、打造民族特色学校提出了许多宝贵的意见。2015年，连南民族初级中学先后四次邀请广州第十七中学、顺德凤城中学南海平洲一中来学校开展同课异构活动。2016年1月7日，乳源县民族实验中学到民族初级中学、民族小学回访。

连南民族初级中学2015年共组织外出听课人次近400人，先后组织学校中层干部、学科教师去顺德、南海、广州、深圳、韶关等地的先进学校开展学习交流活动。其他成员学校也多次与县外先进学校联合开展教学研讨活动，并组织教师到"珠三角"地区的学校听课交流。每次外出学习回来，工作室均要求参加学习者分享学习的过程与心得体会，将学习中获取的资料放到工作室的云盘中共享，以供其他成员学习。

（3）邀请专家指导，解决校长工作困惑。除了外出学习，工作室还主动联系各地教育专家、优秀教师来连南实地考察各个成员学校，和校长们进行学校管理工作交流、开设专题讲座、开展同课异构教研活动等。2015年6月，广州市海珠区教育研究中心费伦猛主任做了《如何开展小课题研究》的讲座。2016年1月7日，清远市教育研究院邓溯明院长、李雄辉副院长、李翠华主任、黄伟明主任参加工作室申报广东省教育科学研究重点课题开题仪式，为怎样进行课题研究，指点迷津。

（4）组织实地考察，为学校管理献计策。工作室利用各成员学校举办大型教育教学活动的机会，组织工作室成员到各校学习观摩、总结与分享经验。工作室每年还组织成员到各成员学校进行实地考察，听取成员学校校长的汇报，了解学校在管理中遇到的困难，做到集思广益、群策群力、取长补短。

（5）借助信息技术，发挥引领示范作用。工作室致力于推动网络在线的研讨，通过建立QQ群、博客、微信群、360云盘、在连南教育信息网上开辟"校长工作室专栏"等，经常性开展即时沟通与讨论，共享资料、分享经验，展示工作室和学员的研究动态，加强互动交流。博客与专栏每月更新，充分发挥引领示范作用。

2. 依法治校，科研兴校

根据党的十八届四中全会精神，结合省、市、县关于学校章程制定的各项要求，工作室要求各成员学校把握这一契机，认真审查学校的规章制度，淘汰过时的、不符合实际的制度与规定，进一步完善本校的规章制度，使各制度与时俱进，符合广大师生的利益；要求各成员学校抓好纪律教育，杜绝违规收费，要合法合理使用经费；严格要求师生，特别是严格要求各成员自身克己奉公、廉洁守法，在工作、学习、生活等方面起模范带头作用。

教育科研是提升教师教育教学水平、提升学校办学品位的有效手段之一。工作室成立后，非常注重教育科研活动的开展。工作室申报的省教育科学研究重点项目《传承瑶族传统文化艺术，促进农村学校艺术教育发展的研究》及市级课题《运用瑶族传统文化艺术打造民族特色学校的策略研究》均获立项，并于今年5月和6月举行了开题报告会；马良忠的《客家舞狮文化在农村中学的传承与发展研究》、盘春风的《连南瑶族长鼓舞纳入乡土课程的研究》以及盘带全的《农村小学构建和谐师生关系的实践研究》等市级课题，也已立项；盘金生组织申报的广东省学校德育创新重点项目《运用瑶族传统文化艺术对中学生德育渗透的策略研究》也已立项和开题；房比六主持的课题《瑶区中学生感恩教育的策略研究》已于2015年1月结题；唐继锋校长的课题修改后，今年继续申报。工作室成员调动了各校参与课题研究的积极性；进一步提高了各校的科研水平。

3. 提升内涵，打造特色

在抓好教学质量的同时，努力提升学校内涵，打造特色学校。连南民族小学邀请青海省音乐家协会副主席张启光作曲编写民族小学校歌，弥补了窗口学校三十多年没有校歌的空白。由于连南县要在2016年创建全国农村学校艺术教育实验县，各校都开展了丰富多彩的校园文化艺术活动，既继承了中华民族的优秀文化，又传承了瑶族传统文化。民族初级中学、民族小学等瑶区学校开设瑶族文化校本课程，让瑶歌、长鼓舞、刺绣、瑶族体育项目进入课堂，丰富了第二课堂和大课间活动；学校还聘请瑶族"歌王""鼓王""牛角王"作顾问，聘请其他民间艺人作校外辅导员，传承瑶族传统文化艺术。2014年12月，民族小学举办的第二届瑶族原生态歌舞比赛和2015年1月民族初级中学举办的第十届校园文化艺术节，均邀请了成员学校和全县艺术教师参加，得到好评。2015年5—6月，各成员学校都举办了丰富多彩的校园文化艺术节。成员学校的领导和艺术教师齐聚一堂，共同分享各校的艺术盛宴：南岗中心学校邀请"珠三角"地区学校的领导和教师前来观摩；涡水中心学校的艺术节也非常有特色，尤其书法教学进步神速；寨岗中学的艺术节有许多创新；城西小学举办了该校有史以来最大规模的艺术节。6月29日—7月3日，民族初级中学邀请校外辅导员来校教艺术教师长鼓舞和瑶歌，并通知其他学校选派教师参加。5天时间，共有100多人参加了培训，初步掌握了瑶歌与长鼓的基本技能。

工作室各成员学校通过民族传统文化教育，促进特色学校的发展，有效带动学校向优质化水平发展，逐步形成各校独具特色的组织文化，学校的办学水平也得以大幅度提升。

二、存在的问题

第一，一些成员的办学目标和学习目标不明确，出现计划与行动脱节的现象，对提高师资水平和教学质量不够重视；一些成员的工作浮于表面，缺乏民主管理意识和创新意识，方法不够多，个人进步慢。

第二，一些成员没安排好个人的学习、工作、生活时间，造成工作室很多工作没能按时完成。

第三，缺乏系统管理，工作和管理凭感觉、靠经验，无前瞻意识。

第四，学校校园文化落后、残旧、不上档次，育人氛围不浓，激励机制不健全。

第五，成员外出学习培训机会偏少，成员间交流探讨的时间不够多、不够深入，只有马良忠、盘春风两人坚持参加培训。

第六，工作室建设缺乏专家的引领和成功经验的借鉴。工作室成立后，各项建设工作基本都是"摸着石头过河"，很少与其他校长工作室沟通交流。

第七，深入教学第一线和科研第一线不够到位，甚至有应付的想法和做法。没有很好地利用其他资源为学习服务，为学校服务，为师生服务；没有做好与教职工及家长的沟通工作，造成教职工和家长对学校意见较大。

三、努力的方向

工作室继续以"突出主体性，促进自主发展；突出合作性，促进共同发展；突出研究性，实现成果引领"为指导方针，以"学习创新促发展，模范辐射创特色"为工作理念，以实践中的问题为研究对象，以"校长工作室"活动为载体，以专业引领为抓手，通过"理论提升""专家引领""实践探索""交流研讨""课题研究""个人自学""总结反思"等内容多样、形式丰富的培养方法，培养学员们在办学过程中的特色意识和品牌意识，努力打造促进学习、合作分享，构建学习、研究、实践、和谐型的校长工作室，使工作室学员在办学过程中都能够创建独树一帜的校园文化，形成别具一格的办学风格，建立和谐的教育评价机制，贯彻课改理念，推进素质教育，创建特色学校和品牌学校，培养理论水平高、实践能力强的校长队伍，为自治县教育的科学发展、内涵发展、特色发展奠定坚实的基础，为连南创建教育现代化先进县和全国农村艺术教育实验县添砖加瓦、再立新功，力争创建清远市优秀校长工作室。

（2016 年 1 月 18 日）

如饥似渴学习，满怀激情工作

——清远市盘金生校长工作室中期考核自评汇报

清远市盘金生校长工作室于2014年6月8日在连南瑶族自治县民族小学举行揭牌仪式。一年多以来，各成员学校加大师资培训力度，规范学校管理，提升学校内涵，创建特色学校，实现了学校与个人的共同发展。2014年6月，广东省省委原书记胡春华同志到民族小学调研，对学校传承瑶族文化、创办特色学校的做法给予高度评价。

一、我们的风采

主持人盘金生，瑶族，1974年出生，1993年参加工作，中学高级教师，现任连南瑶族自治县民族小学党支部书记、校长（2014年12月调任县民族初级中学担任党支部书记、校长职务），先后在全县4个镇6所学校担任主管全面的校长15年，管理经验丰富。其个人先后被评为"清远市优秀教育工作者""清远市模范教育工作者""广东省山村优秀教师""广东省首批骨干校长培养对象"和"全国特色教育先进工作者"。

工作室成员房比六，涡水中心学校校长，曾被评为南粤优秀教师、全国特色教育优秀教师。马良忠，寨岗中学校长，曾被评为"连南县优秀班主任""连南县优秀共产党员"。盘春风，南岗中心学校校长，曾被评为"南粤优秀教育工作者"。唐继锋，大麦山中学校长，曾被评为"连南县先进教育工作者"。盘带全，城西小学校长，曾被评为"清远市优秀教育工作者"。

二、我们的团队

工作室聘请香港教育局高级教育主任杨景辉先生、省德育中心李季教授、省教育研究院沈林教授为工作室的指导专家；潘党恩局长、卢德成副局长、陈惠桃股长为顾问。工作室5名成员有2人生于20世纪60年代，有3人生于20世纪70年代；其中有4人是瑶族人，1人是汉族人。成员中有些已经做了近20年的学校领导，管理经验丰富，科研水平较高。大家经常在一起交流探讨，取长补短，共同进步。

三、我们在行动

1. 完善规章制度

根据《清远市中小学名校长工作室建设与管理办法（试行）》《清远市中小学校长工作室考核细则》《清远市中小学校长工作室工作手册》等文件，借鉴省内外名校长工作室的做法，结合自身实际，工作室制订了《盘金生校长工作室实施方案》和《盘金生校长工作室三年发展规划》，建立了工作室的相关工作、学习制度，各成员制订了三年发展规划和学习计划，确保工作和学习有条不紊地进行。

2. 专家指点迷津

2014年6月8日，李季教授在揭牌仪式上开展了《校长的理想与学校特色品牌建设》的讲座，省教育研究院沈林教授也参加了揭牌仪式。同年7月，工作室邀请香港教育学院新校长班导师王国江校长做了《香港学校管理的常识》的讲座，香港教育局高级教育主任杨景辉先生做了点评。以上两个讲座均面向全县中小学校长，共有100多人参加。2015年4月27日，工作室组织成员到广州市番禺区广二师番禺附属中学（广东第二师范学院附属中学）学习，并与广东省首批名校长工作室成员胡展航校长进行了零距离交流，受益匪浅。同年6月12日，工作室在连南民族初级中学举行了两个省重点课题的开题报告，省教育研究院沈林教授参会并做了点评，广州市海珠区教育发展中心费伦猛主任做了小课题研究培训。同年7月16日—17日，全体成员在连南职校参加中小学校长培训。同年10月16日—18日，工作室组织成员和助理共8人参加了在深圳宝安区举办的以"法治思维和方式办学治校"为主题的第十三届广东省中小学校长论坛。

3. 加强交流合作

利用结对帮扶的平台，加强与"珠三角"地区学校的交流与沟通。2015年1月9日，主持人带领工作室成员及班主任40人到顺德区凤城初级中学和梁开中学进行听课交流；同年5月24日带领工作室成员和各校课题组教师35人到乳源民族实验中学进行听课交流。各成员学校积极组织教师到广州、佛山、中山、深圳、珠海等地的学校进行交流学习。一年多来，六所学校有800余人外出交流学习。"珠三角"地区的学校也经常组织人员到我们成员学校开展同课异构和手拉手活动。如广州荔湾区康有为纪念小学、越秀区第十七中学、顺德区凤城中学、顺峰小学等学校都组织人员来连南开展过同课异构活动。各成员学校还积极选派骨干教师进行跟岗学习。据初步统计，六所学校到"珠三角"地区学校进行跟岗学习的教师有近50人。各成员学校举办大型教育教学活动都会邀请工作室成员前往学习观摩，一起总结活动与分享经验。2015年1月21日，工作室组织成员到各校进行实地考察，听取成员学校校长的汇报，听取学校在管理中遇到的困难并给予意见，做到集思广益、群策群力、取长补短。同年11月19—25日，工作室安排成员到民族初级中学进行跟岗学习，11月23日，工作室组织成员学校的相关领导近30人分别对学校德育、安全、寄宿制管理、教学、艺术教育、校园文化等六个专题进行经验介绍。

4. 提高理论水平

工作室为各成员订购近40本教育教学理论用书，一些热心人士也给各成员赠送书籍。工作室要求各成员每月阅读一本书，并定期组织成员集中召开研讨会，让成员分享学习心得体会，分享学校的新举措。工作室要求学员积极争取上级外派学习的机会，借助各种平台，主动联系优秀学校，组织成员前往参观学习。马良忠于2014年10月12日—12月31日到华东师范大学中学校长培训中心参加了第四期广州市卓越中学校长培训班的培训学习；盘春风参加了两个半月的广东省校长任职资格培训及信息技术提升工程培训。每次外出学习回来，工作室均要求参加学习者分享学习的过程与心得体会，并将学习中获取的资料放到工作室的云盘中共享，以供其他成员学习。

5. 加大科研力度

工作室成立后，非常注重教育科研活动的开展，工作室申报的省教育科学研究重点项目《传承瑶族传统文化艺术，促进农村学校艺术教育发展的研究》

及市级课题《运用瑶族传统文化艺术打造民族特色学校的策略研究》均获立项；马良忠的《客家舞狮文化在农村中学的传承与发展研究》、盘春风的《连南瑶族长鼓舞纳入乡土课程的研究》、盘带全的《农村小学构建和谐师生关系的实践研究》等市级课题也已立项；盘金生组织申报的广东省学校德育创新重点项目《运用瑶族传统文化艺术对中学生德育渗透的策略研究》已立项；房比六主持的课题《瑶区中学生感恩教育的策略研究》已于2015年1月顺利结题。各成员调动了各校教师参与课题研究积极性，进一步提高了各校的科研水平。盘金生、马良忠等写的近10篇论文在国家、省级刊物上发表或获奖。在2015年10月举办的广东省第十三届中小学校长论坛上，盘金生的论文荣获一等奖，马良忠、唐继锋、盘带全、盘春风等4人的论文也荣获三等奖。

6. 完善学校章程

根据党的十八届四中全会精神，结合省、市、县关于学校章程制订的各项要求，工作室主持人要求各成员把握这一契机，认真审查学校的规章制度，淘汰过时的、不符合实际的制度与规定，进一步完善本校的规章制度，使各制度与时俱进、符合广大师生的利益；要求各成员学校抓好纪律教育，杜绝违规收费，要合法合理使用经费；严格要求师生，特别是严格要求成员自己克己奉公、廉洁守法，在工作、学习、生活等方面起模范带头作用。

7. 发挥引领作用

工作室致力于推动网络在线的研讨，通过建立QQ群、博客、微信群、360云盘、网站（连南教育信息网上开辟"校长工作室专栏"）等，经常性开展即时沟通与讨论，共享资料，分享经验，展示工作室和学员的研究动态，加强互动交流。博客与专栏保持每月更新，充分发挥示范引领作用。

四、我们的特色

连南瑶族自治县是广东省少数民族人口最多的县，自治县提出"特色立县，生态崛起"的战略，全力打造全国旅游特色专业县。民族小学确立"传承瑶族文化艺术，创建全国特色名校"的办学目标；寨岗中学确立"以德立人、以行立教、以文立校"的办学理念；涡水中心学校确立"立德树人，一身一艺"的办学宗旨；大麦山中学确立"艺术立校"的办学理念。各校以创建全国农村学校艺术教育实验县为契机，开展了丰富多彩的校园文化艺术活动。

五、我们的收获

（1）盘金生谈"我的收获"。一是在新的学校中须协调各种关系；主持一个工作室、两个省重点课题和一个市级课题，自己又是省首批骨干校长培养对象，压力极大，认识到自己各方面能力急需提高，感到任重道远，常为学校工作夜不能寐。二是在新的环境中认识了不同的人，进行了很多改革和探究，积累了很多人脉关系；边做，边学，边改，学到很多东西，感觉自己一年的所做所学比别人三年还多。三是3个省、市级课题立项并开题，两篇论文在省级以上刊物发表和获奖；上个学期任教科目的学生成绩排在20个班的前列；在市教学常规督查中得到充分肯定。四是自从自己调到民族初级中学后，原民族小学的副校长李堆接任校长，副校长黄芷君到另一县属小学任校长，教务副主任（校长工作室助理）陈耿辉被提拔为副校长。工作室成员盘春风校长2015年被评为南粤优秀教育工作者。

（2）马良忠谈"我的收获"。一是认识有了提高。通过主动的学习，不管是对教育，对现代学校管理，还是对教学规律，都有了更为深刻的认识，明白了教育是一种唤醒，是对美好人性的塑造。二是理念有了更新。通过与成员之间的交流、探讨，自己进一步理清了学校的办学理念和办学思路，明确了学校的办学方向，提炼出学校的办学思想是"办好适合农村孩子成长的教育"。三是管理水平有所提升。学校管理是一门艺术，不可以急于求成，否则乱打乱撞，肯定会碰个头破血流。管理需要方法，更要讲究艺术。

（3）盘带全谈"我的收获"。一是在思想上以身作则，积极上进。我认真学习了上级的各种文件精神和工作室安排的教育书籍，并时时思考如何管理好我的学校。要想当好校长，必须身先士卒，时时做到教书育人、言传身教、为人师表。为了跟上步伐，我开通了博客，努力使自己不被新教育理念的浪潮所淹没。在工作中，我积极、主动、勤恳、责任心强，乐于接受工作室布置的各项工作。在不断的学习中，努力使自己的思想觉悟、理论水平、业务能力都得到较快的提高。二是积极参加工作室活动，不断提升自己。一年来，我积极参加了工作室的各项活动，没有一次缺席。通过参加丰富多彩的活动，我不断得到提升；在与同行们的交流中，我受到了很多启发。

（4）盘春风谈"我的收获"。我最大的收获就是理念的更新与视野的开阔。通过对《校长工作室参考书目》的自我学习，以及随工作室到各成员学校及其他发达地区的一些学校参加校长论坛等各类活动，我自身的理念得以更新，视野得到开阔。

六、我们的困惑

我们还有如下一些困惑：

（1）教学改革和传统教学的关系，教学质量和素质教育的关系，农村学校与减负的关系，等等，总会使我们感到困扰。

（2）校长的自主权什么时候才能真正落实？如何落实？

（3）城市的教育是否跟农村的教育按同一标准，高考能否对农村考生有所倾斜。

（4）提倡实现教育公平，为什么有些事情私立学校可以做而公立学校不被允许？

（5）公务员有职务津贴，山区学校的领导为何没有职务津贴？

（6）教师的管理单靠学校的规章制度就行吗？为什么还有这么多混日子的教师存在，我们却无可奈何？

（7）加入工作室能学到很多东西，但为什么许多有条件的所谓人才却不愿意加入？有些加入了也退了出来？

（8）各类检查评估验收太多，学校要投入很多人力经常加班加点去做，绩效工资很难衡量他们的工作量。

（9）教师培训时间太少，每年最好有一次外出培训，但缺少培训途径和经费。

（10）学校教师年龄偏大，教育教学能力不足，过早进入职业的高原反应期。不知该如何激发他们的职业热情，使学校焕发新的活力。

学习创新促发展，模范辐射创特色

——清远市盘金生校长工作室期满工作总结

　　清远市盘金生校长工作室于2014年6月8日正式挂牌成立。工作室以连南民族初级中学校长盘金生（原连南县民族小学校长，2014年12月调入连南民族初级中学）为主持人，聘请杨景辉（香港教育局高级教育主任）、李季（省德育中心副主任、教授）和沈林（省教育研究院教授）为指导专家，聘请潘党恩（教育局局长）、卢德成（教育局副局长）和陈惠桃（教育局人事监察股股长）为工作室顾问，吸收了马良忠（寨岗中学校长）和房比六（涡水中心学校校长）、唐继锋（大麦山中学校长）、盘带全（城西小学校长）、盘春风（南岗中心学校校长）为工作室成员。

　　工作室成立以来，工作室各成员如饥似渴地学习，满怀激情地工作，进一步提高了个人综合素质，使学校管理更加规范，使学校内涵得到提升，使学校特色初步彰显，得到了各级领导的高度评价。以下是本工作室第一周期工作总结。

一、制订方案，明确方向

　　作为自治县的首个校长工作室，县教育局领导高度重视校长工作室的创建工作，成立了以潘党恩局长为组长、卢德成副局长为副组长、各股室负责人为成员的领导小组。在人事监察股股长的统一安排下，于2014年4月发文，由各校报一名校长或副校长的材料供主持人挑选。5月初共有11个单位报送资料到工作室。通过主持人推荐、局班子讨论，确定吸收涡水中心学校房比六校长等5人为工作室成员。考虑本工作室成员综合素质偏低，并且也没有开展工作室的经验，于是在教育局的帮助下，邀请香港教育局高级教育主任杨景辉先生、省德育中心主任李季教授、省教育研究院沈林教授为工作室的专家顾问，以解决工作室在开展工作时遇到的各种困难，并根据《清远市中小学名校长工作室建设与管理办法（试行）》、《清远市中小学校长工作室考核细则》《清远市中小学校长工作室工作手册》等文件，借鉴省内外名校长工作室的做法，结合自身实际，制定了《盘金生校长工作室实施方案》和《盘金生校长工作室三年发展规划》，建立工作室的相关工作、学习制度。工作室全体成员也制定了三年发展规划和学习计划，确保工作和学习有条不紊地进行。

此后，校长工作室主持人盘金生校长召集了工作室全体成员召开工作会。盘金生校长在会上指出，要把工作室的工作目标和工作室成员的个人成长目标结合起来，争取用三年的时间让工作室成员自身专业得到发展，自我管理水平得以提升，使各学校初步形成新的办学理念，初步彰显办学特色；同时，发挥校长工作室的作用，扩大工作室的影响力。对工作室的重点工作，盘金生校长提出了明确的思路：一是加强学习，提升工作室成员教育管理能力和理论水平；二是努力实践，各校通过学习，更新工作室成员学校的办学理念，在实践中初步形成自己的办学特色；三是加大投入，加强学校信息化建设，做好教育信息化，推动学校办学现代化行动的研究工作。要求各个成员根据自身情况和所在学校实际，明确各校的奋斗方向，积极开展探索与研究，努力创建清远市的特色名校。

二、搭建平台，促进交流

虽然工作室成员均来自本县，但是由于各校工作繁忙，将各成员集中一次并不是很容易。为了便于工作室成员之间及时学习与交流、互通信息、共享资源，工作室在连南县教育局的网页上开设了校长工作室专栏，对外宣传工作室动态；申请了工作室专用网络云盘，供各成员共享资源、及时上传相关资料及工作情况；开通博客，建立了QQ群、微信群等，便于成员即时交流、传送文件。借助现代化信息平台，工作室成员经常性开展即时沟通与讨论，共享资料、分享经验，展示工作室和成员的研究动态，加强互动交流。博客与专栏保持每月更新，充分发挥引领示范作用。

三、不断学习，全面提高

根据市教育局要把校长工作室打造成"研究的平台、成长的阶梯、辐射的中心"的要求，盘金生校长工作室充分利用这一平台，组织成员认真学习学校管理、教育教学管理的相关理论与先进实践经验。

1. 加强理论学习，转变校长工作理念

当前工作室成员普遍存在理论水平不高，管理技能缺乏等问题，对学校管理缺乏科学性与高效性。为此，工作室为各成员订购了近40本教育教学理论用书，一些热心人士也给各成员赠送书籍。工作室要求各成员每月看完一本，并定期组织成员集中召开研讨会，分享学习心得体会，分享各自学校的新举措。"学然后知不足"，越学习越会感到自己的渺小与无知。通过如饥似渴地学习，一年来，各成员不仅开阔了视野，理论水平也有了较大提升。

2. 主动外出学习，开拓校长工作视野

如果仅仅局限于县内的学习与交流，则与"闭门造车"无异。为了开拓工作室的学习途径，开阔工作室成员的视野，提升其管理技能，工作室积极争取上级外派学习的机会，借助各种平台，主动联系优秀学校，组织成员前往参观学习。

（1）个人方面。马良忠于2014年10—12月到华东师范大学中学校长培训中心参加了第四期广州市卓越中学校长培训班的培训学习；盘春风参加了广东省校长任职资格培训；2016年，盘金生校长到珠海第一中学进行了为期两周的跟岗学习，还参加了第五期京苏粤优秀中青年校长高级研修班的培训。

（2）工作室方面。2015年1月，工作室组织成员到顺德凤城中学和梁开中学参观学习；同年4月，工作室组织成员到广州市番禺区广二师番禺附属中学学习，与广东省首批名校长工作室成员胡展航校长零距离交流，受益匪浅；同年5月，工作室组织成员学校课题组成员到乳源瑶族自治县民族实验中学交流学习，了解兄弟县传承瑶族传统文化艺术的做法，学习如何进行课题研究，广东教育研究院的沈林教授也参加了该项活动，对如何开展教育科研，打造民族特色学校提出了许多宝贵意见。2016年11月，工作室组织成员到苏州市振华中学进行跟岗学习。

（3）成员学校方面。盘金生校长调任到民族初级中学后，共组织了近400人外出听课；还先后组织学校中层干部、学科教师去顺德、南海、广州、番禺、中山、东莞、深圳、惠州、韶关、肇庆等地的先进学校开展学习交流活动，并选派骨干教师近百人到广州、顺德、北京、苏州等地的一些优秀学校进行跟岗学习。其他成员学校也多次与县外先进学校联合开展教学研讨活动及组织教师到"珠三角"地区学校进行听课交流。

每次外出学习回来，参加学习者要分享学习的过程与心得体会，并将学习中获取的资料放到工作室的云盘中共享，以供其他成员学习。

3. 邀请专家指导，解决校长工作困惑

2014年上半年，民族小学先后邀请了广州康有为纪念小学、顺德大良实验小学、顺德大良凤翔小学、顺德大良顺峰小学开展语文、数学、英语、美术、音乐、体育等科目的同课异构活动。活动邀请乡镇学校教师和名教师工作室的成员共同参加教学交流活动，学习发达地区的教育理念和先进的教学方法，先后共有400多人参加，达到了资源共享的目的。2015年4—5月，连南民族初级中学先后邀请广州第十七中学和顺德凤城中学来学校开展同课异构活动；2014年6月，邀请李季教授开展了《校长的理想与学校特色品牌建设》的讲座，邀请海珠区教育研究中心费伦猛主任开展了《如何开展小课题研究》的讲座；同年7月，邀请香港教育学院新校长班导师王国江校长开展了《香港学校管理的常识》的讲座。2016年6月，邀请深圳福田区教育科学研究院的薛强教授到校开展了《呵护心灵成长》《建造学校文化，优化育人环境》的专题讲座；同年8月，邀请全国名班主任郑学志来校开展了《如何转化后进生》和《如何开展自主教育》的专题讲座。2017年3月3日，邀请全国名班主任、全国劳模郭玉良开展了《引领学生心灵成长》的专题讲座，以及邀请全国名班主任肖盛怀开展了《让文化为生命着色》的专题讲座。每次讲座均是面向全县校长和教师，每场讲座都有近200人参加。香港教育局高级教育主任杨景辉、省教研院沈林、冯善亮多次前来指导学校教研工作；华南师范大学的李盛兵院长、华南农业大学的李自若教授等专家针对学校文化的发展也前来做了指导。

4. 组织实地考察，为学校管理献计策

工作室通过"校长工作室"这一平台，采取多样化的学习途径，通过专家引领、实践考察、学术交流、管艺切磋、互动提高的方式，使工作室成员的政治素养、理论水平及管理能力都得到提高，使成员校的办学水平和特色建设得到进一步提升，呈现良好的发展势头，在县域范围内产生了一定的示范作用。

四、深研课题，促进发展

校长要提高，学校要发展，理念要更新，办学要特色，这些都离不开教育科研。目前，工作室成员校互相帮助，积极开展各级各类课题研究，在交流中获得助力，在实践中得到成长，各级各类课题也很有收获。

工作室申报的省教育科学研究重点项目《传承瑶族传统文化艺术，促进农村学校艺术教育发展的研究》及市级课题《运用瑶族传统文化艺术打造民族特色学校的策略研究》研究已获立项；马良忠的《客家舞狮文化在农村中学的传承与发展研究》、盘春风的《连南瑶族长鼓舞纳入乡土课程的研究》、唐继锋的《利用葫芦丝提高学习瑶族歌曲兴趣的实践与探究》、盘带全的《农村小学构建和谐师生关系的实践研究》等市级课题和盘金生组织申报的广东省学校德育创新重点项目《运用瑶族传统文化艺术对中学生德育渗透的策略研究》也已立项；房比六主持的课题《瑶区中学生感恩教育的策略研究》已于2015年1月顺利结题。

各成员调动了各校参与课题研究积极性，进一步提高了各校的科研水平。校内的科研氛围渐浓：2016年民族初级中学有1个省级课题6个市级课题顺利结题；2017年有6个市级课题即将结题。在研究与实践中，成员的理论水平得到提升。盘金生、马良忠等写的近10篇论文在国家、省级刊物上发表或获奖。在2015年10月举办的广东省第十三届中小学校长论坛上，盘金生的论文荣获一等奖，马良忠、唐继锋、盘带全、盘春风等4人的论文也各荣获三等奖。

五、理念引领，特色立校

工作室在抓好教学质量的同时，努力提升学校内涵，打造特色学校。近年来，各校都开展了丰富多彩的校园文化艺术活动，既继承了中华民族的优秀文化，又传承了瑶族传统文化。民族初级中学、民族小学、南岗中心学校、涡水中心学校等学校，开设了瑶族文化校本课程，让瑶歌、长鼓舞、刺绣、瑶族体育项目进入课堂，丰富了第二课堂和大课间活动；还聘请瑶族"歌王""鼓王""牛角王"为顾问，聘请其他民间艺人为校外辅导员，致力于瑶族传统文化艺术的传承。现在，民族小学每年举办一届瑶族原生态歌舞比赛，民族初级中学则在每年举办的校园文化艺术节中加入长鼓舞大赛和瑶歌大赛。两校的艺术活动均邀请成员学校和全县艺术教师参加，得到高度评价。各成员学校每年也都举办丰富多彩、有民族特色、有自己特色的校园文化艺术节。为了提高学校艺术学科教师对民族传统艺术技能的掌握，以便在日常教学中融入民族传统文化艺术教育，2015年6月，民族初级中学邀请校外辅导员来校向艺术学科教师传授瑶族长鼓舞和瑶歌，各工作室成员学校也选派了教师参加。5天共有100多人参加了培训，教师们都初步掌握了瑶歌与长鼓舞的基本技能。此外，民族小学还邀请青海省音乐家协会副主席张启光作曲编写民族小学校歌，弥补了窗口学校三十多年没有校歌的空白。

工作室各成员学校通过民族传统文化教育，促进了特色学校的发展，有效带动了学校向优质化水平发展，逐步形成各校独具特色的校园文化，学校的办学水平也得以大幅度提升，连南县也于2016年成为全国农村学校艺术教育实验县。

六、规范办学、质量立校

在抓好特色教育的同时，各成员学校认真走好办学规范化之路，确保教学质量稳步提高。在过去的三年中，成员学校的教学成绩均在同类学校的前列，特别是南岗中心学校，近年的中考成绩都排在县前列。连南民族初级中学借助"清远市莫艳辉初中语文教师工作室""广东省谢柳林名班主任工作室"和"清远市盘金生校长工作室"三个工作室平台，带动学校教研教学、德育管理的发展，使教学质量稳步提升：在2015年清远市教学常规督查中得了全市总分第一名；在2016年中考中获连阳四县最高分，并超过第二名50分。师生在各类比赛中都获得历史上最好的成绩。连南民族初级中学参加清远市汉字书写大赛获一等奖，获省三等奖；参加清远市经典诵读，获一等奖；参加清远市中学生足球赛得了第三名。清远市谢柳林班主任工作室升级为广东省班主任工作室。2015年，谢柳林被评为南粤优秀教师，莫艳辉被评为中学语文特级教师。工作室的盘金生当选为广东省教育学会第十届理事会理事、清远市第七届党代表、连南县文学协会副主席、连南县硬笔书法协会副主席，成为广东省首批骨干校长培养对象；盘春风成为第三批骨干校长培养对象、广东省南粤优秀教师；马良忠调任寨岗镇副镇长；房比六调任大坪中心学校校长。2014年12月，盘金生在调任连南民族初级中学校长后，副校长李堆七任民族小学校长，黄芷君任淳溪小学校长，工作室助理陈耿辉任民族小学副校长。2016年8月，民族初级中学体卫艺处主任唐罗贵任马安中心学校校长。三年来，工作室成员所在学校办学质量提高很快，成绩明显，得到上级的肯定与社会的好评。

七、反思不足，砥砺前行

三年来，成员学校的办学品质逐渐提升，办学内涵日趋丰富，办学思路愈加清晰，师资队伍水平也在不断提高。校长成员们感觉自己越来越自信了，不管与其他校长交流，还是外出做讲座，都感觉比原来水平有所提升，尤其是对于自己学校的管理和发展思路清晰多了。

工作室取得的成绩是显著的，成员取得的进步是明显的，但在工作中也发现了很多不足之处：

第一，一些成员的办学目标和学习目标不明确，出现计划与行动脱节的现象，对提高师资水平和教学质量不够重视；一些成员的工作浮于表面，缺乏民主管理意识和创新意识，方法不够多，个人进步慢。

第二，一些成员没安排好学习、工作、生活时间，造成工作室很多工作没能按时完成。

第三，工作室建设缺乏专家的引领和成功经验的借鉴，缺乏系统管理；成员的工作和管理凭感觉、靠经验，无前瞻意识。工作室成立后，各项建设工作基本都是"摸着石头过河"，很少与其他校长工作室沟通交流。

第四，学校校园文化落后、残旧、不上档次，未能很好地凸显瑶族文化。

第五，成员外出学习培训机会少，成员间交流的时间不多、不深入。

下一阶段，工作室将继续以"突出主体性，促进自主发展；突出合作性，促进共同发展；突出研究性，实现成果引领"为指导方针，坚持"学习创新促发展，模范辐射创特色"的工作理念。以实践中的问题为研究对象，以"校长工作室"活动为载体，以专业引领为抓手，通过"理论提升""专家引领""实践探索""交流研讨""课题研究""个人自学""总结反思"等内容多样、形式丰富的培养方法培养学员们在办学过程中的特色意识和品牌意识，努力打造学习型、研究型、实践型的清远市优秀校长工作室。

"千帆竞发齐凯旋，百花齐放满园香。"我们坚信，盘金生校长工作室全体成员在主持人盘金生校长的带领下，通过坚持勤奋学习、钻研业务，坚持合作攻关、勇于实践，一定会实现工作室的工作目标，为连南县教育做出积极贡献！

（2017 年 3 月 1 日）

4

第四章

经验推广

为振兴瑶区教育而努力奋斗

——盘金生名校长工作室揭牌仪式讲话稿

尊敬的李季教授、沈林教授，各位领导、老师们：

大家上午好！

感谢上级领导的信任和栽培，感谢同事和朋友的帮助和爱护，感谢家人的理解和支持，让我在瑶区教育中取得了一点成绩，成为清远市名校长工作室的主持人。在今天的校长工作室揭牌仪式上，我们有幸邀请到了省德育中心的李季教授、省教研室的沈林教授莅临我校指导工作，并做专题讲座。让我们以热烈的掌声对各位专家、领导、同行莅临我校，表示诚挚的欢迎和衷心的感谢！

在县教育局的直接领导和关心帮助下，根据校长自愿、主持人推荐，通过教育局审核，本工作室吸收马良忠、房比六、唐继锋、盘带全、盘春风为成员，制定了工作室的实施方案和发展规划；建立QQ群、博客，完善了工作室的布置。特别让我感到荣幸的是香港教育局的杨景辉先生、广州市的李季教授、沈林教授欣然答应担当本工作室的专家顾问，这是对工作室及各成员学校发展最大的福音。在此，我谨代表工作室全体成员向你们致以崇高的敬意和衷心的感谢！

三年的时间，不长也不短，我会与我的兄弟姐妹们珍惜各种学习机会，努力学习，发愤工作，勤奋钻研，再创佳绩；我会加大辐射力度，使学校、教师、自己都有更大的提高，为自治县"特色立县，生态崛起"奉献智慧与力量。为做好工作室的各项工作，推进自治县人才建设和教育发展，本工作室成员要做好以下各项工作。

一、要做一个会学习的人

前几年听李季教授讲座时，李季教授曾妙改毛泽东同志的"好好学习，天天向上"为"老师好好学习，学生天天向上"和"校长好好学习，老师天天向上"。这让我深受启发。面对问题学生束手无策的教师一定是教育智慧上出了问题，教育的智慧来自学习；面对牢骚满腹、出工不出力的教师而黔驴技穷的校长一定是管理智慧上出了问题，管理的智慧也来自学习。前年我调任民族小学校长，经常对同事们说我那花198元买的用了四年多的诺基亚手机。有的同事说我勤俭节约，但我也相信有的同事会在背后说我是一个老古董，一点都跟不上潮流。这两年有了QQ群和博客，开通了微信，特别是加了李教授和沈教授的微信后，我才真正发现"机中自有颜如玉和黄金屋"，回到家也开始被老婆骂，说我是"低头一族"。国内一位很著名的大师说过："趋势就像一匹马，如果你在马后面追，你永远也追不上。你只有骑在马上面，才能和马一样快，这就叫作马上成功！"柯达破产、索尼倒闭、诺基亚被微软收购，这都是缺乏学习和转变造成的。医生最怕听到的字眼是"谋财害命"，而教师最怕听到的字眼是"误人子弟"。校长虽然是临时工，但假如不带头学习的话，也会很快被淘汰，也应该被淘汰。在此我要求每个成员每天都要有一小时的学习时间，有一小时的反思练笔时间；每月看一本专著，写一个小结。要求每个成员珍惜每一次外出学习的机会，不要钱花了，自己没提高，学校没改变。要求每个校长会学，就是会挤不同的时间学，会向不同的人学，会用不同的方式学，坚持三年，即使不能成为口若悬河的专家，但也可以成为充满自信的名校长。

二、要做一个好教师

苏霍姆林斯基说："一个好校长首先应当是一个好组织者、好教育者和好教师。"校长是临时工，有些人说当了几年或十几年校长就不会教书了，我认为这是不合格的校长，或者说是不负责任的校长。校长永远是教师，教师就是教书育人的，教书是我们得以生存的技能，育人是我们的职责所在。好教师首先是一个好人，一个有爱心、有激情、有追求、有丰富教育经验和教育智慧的人。老子说："上善若水，水居下而善利万物。"连好教师都不是，就没有资格当校长。我们经常说教师的教学方法简单粗暴，我们更应该问问自己对教师的管理有没有简单粗暴。校长要与教师同甘共苦，就要把更多时间放在学校。有些校长把学校、教师、学生、家长当成债主，恨不得迟一点到校，早一点离校，做甩手掌柜，能躲就躲，能闪就闪。培训学习自己争着去，学到的理论用不到实际中，也没有监督指导，还得继续穿新鞋走旧路。扪心自问，学校、教师、学生、家长并不欠校长什么，倒是校长欠他们不少。江苏名校长凌宗伟从做教导主任起，三十年如一日，除开会和生病外，坚持每天五点半到学校，与学生做晨操，晚上等住宿生就寝后才回家。洋思中学蔡林森校长的人生哲学是："吃苦就是幸福。"在此，我要求工作室的成员要兼课，上公开课，参加教研活动，指导教师上课，承担课题研究；要敢于面对教师、学生和家长，想方设法解决困难与问题，多听取各种人的意见，及时总结，督促自己完成各项任务，争取每天比教师来得早，回得晚。

三、要做一个善研究的人

昌乐二中的赵丰平校长说："校长要研究教育，因为他关系更多人的命运。"首先，校长要坚持原则，明辨是非，将心比心。我们通常说德育为首，安全第一，教学质量是第一生命线。当减负的春风吹来时，一些校长和教师心里乐开了花；当听到不准多留作业，每学期不准安排超过一次的考试时，心里更是"锦上添花"。作为校长，我们应该想一下，我们的学生连书都不会抄，连最简单的算数都不会，不用做作业、不用考试能行吗？经常考三四十分还要减负吗？学生对将来还有信心吗？他们还会认为自己是一个合格的人吗？那些老是拿高分低能说事将城市与农村教育一刀切的专家也是高分低能的吗？他们有没有去调查高分低能和低分高能的比例哪个大？不做作业、少考试的学生品德会好吗？他们不好好学习，就有更多时间去好好学坏，有更多时间去做不安全的事情。假如让自己的孩子去最放松的学校读书，自己能放心吗？很明显，那些专家把自己的孩子送到最严格的学校，却让别人的孩子去减负，这是司马昭之心。但一些校长和教师却为自己的懒惰找到了借口。放松一个班，会害了一个班的学生；放松一个年级，会害了一个年级的学生；放松一个学校，会害了一代学生。"子不教，父之过；教不严，师之惰。"江苏省溧阳市后六中学的办学理念是："教育是良心工作，办好一方教育，服务一方百姓，成就一代孩子。"教师是一个讲究良心的职业，教学的工作是讲究良心的工作，不能拿待遇不公或任何借口去蒙昧自己的良心。做教育求的是无愧我心。就像凌宗伟校长说的："无论是谁，只要少一点功利主义意识，多一点实实在在的精神，是会将人做好、将事办好、将书教好的。"其次，校长要带头参与科研。不搞科研就意味着退步。发达国家投入很多经费搞科研，但他们是一本万利。发展中国家主要以破坏生态来促进经济。假如拿我们公办学校去与私立学校竞争，很多公办学校就会像柯达与索尼一样被淘汰。玩物丧志，空谈误国。假如我们不把乐趣建立在教育科研和人才培养上，我们将会越来越早地厌倦这份工作。慢进也是一种退步，退步的教师想培养进步的学生是奢想。再次，我们要多研究用什么办法去解决越来越多的教育问题，例如学生厌学，教师厌学；教师厌教厌工作，学生敌视教师；等等。困难最怕办法，一物降一物，一把钥匙开一把锁，始终会有一个办法能解决问题。谩骂不是办法，惩罚也不合法。拿铁锤砸锁，方法简单，有力气就行了。但锁头开了，锁也毁了；即使砸不开，但也一无是处。所以衷心希望校长和教师多几把开锁的钥匙。如今，教育局帮我们引进了启发潜能教育、生本教育、271高效课堂，我们是否融会贯通？是否能找到合适的办法？治国以民为本，治校以师为本，治学以生为本，我们的教育教学是否能做到以生为本？

希望工作室成员拟定好个人发展规划和学校发展规划，利用三年时间进一步提高教学质量，提升学校内涵，让自己与学校共同进步，为自治县早日创建全国农村学校艺术教育实验县、实现教育现代化而努力奋斗！

刚才言语较激烈，肯定有许多不对的地方，请大家批评指正。希望各兄弟学校领导、教师多登录我们的网站，大家一起交流，共同进步。我相信，有上级领导的鼎力支持，有各位专家的引领关爱，有各位同行的真诚相助，工作室一定能圆满完成各项任务，连南教育的明天会更好！

祝各位身体健康！家庭幸福！事业蒸蒸日上！

（2014 年 6 月 8 日）

促进民族团结，共建和谐校园

连南民族初级中学始建于1953年8月，属"市一级学校"。学校占地面积近6万平方米，现有60个教学班，有在校学生2678人。其中，少数民族学生1947人，汉族学生731人，教职工230人。教师中有高级教师12人，中级教师156人，省特级教师1人。学校有省名班主任工作室、省名教师工作室、市名校长工作室，师资力量雄厚，是一所半寄宿制的民族初级中学。

党的十九大报告强调："深化民族团结进步教育，铸劳中华民族共同体意识，加强各民族交往交流交融，促进各民族像石榴籽一样紧紧抱在一起，共同团结奋斗，共同繁荣发展。"长期以来，中共连南瑶族自治县委、县人民政府认真贯彻执行党的民族政策，牢牢把握"共同团结奋斗，共同繁荣发展"的民族工作主题，积极开展民族团结进步创建工作，使全县形成各民族群众和睦共处、同舟共济、和谐发展的良好局面。借此契机，为规范民族团结进步教育活动进校园活动，我校成立以校长为组长，以副校长为副组长的民族团结进步创建工作领导小组，制订了民族团结进步教育活动工作方案，将民族教育列入学校教学课程，明确了活动主题、实施步骤、教学教案、工作职责和工作要求五个方面的内容，确保各项工作按部就班、扎实推进。

一、把民族团结教育纳入学校日常教学活动

我校在开展民族团结教育活动中，加强对学生民族常识、民族文化、民族体育等的教育，教学内容包括：五十六个民族的地域分布、风俗习惯、语言文字、著名人物以及在文化艺术、科技等方面的特色与成就；本民族的分布区域、人口数量、语言文字及主要文化特点和风俗习惯；提升学生对"促进民族团结，维护国家统一，反对民族分裂"重要性的认识；等等。教师认真备课，

精心准备教学内容；教务处对日常教学进行督导，确保了教学时间和教学质量，真正做到了让民族常识教育走进课堂。

二、开展形式多样的校园活动，将民族教育落到实处

1. 党委、政府关心重视，机关部门与学校开展"手拉手"帮扶活动

县民族宗教局支援我校基础设施提升改造资金10万元，向学校捐赠了一批有关民族政策、民族法律法规、民族知识方面的宣传书籍，并组织学生参观了少数民族政策法规、民族成就图片展。县民族宗教局关心下一代工作委员会每年到学校开展爱国主义专题讲座，激发学生的民族豪情。县文化广电新闻出版局到学校演出，与学生一起莺歌曼舞，使民族歌舞传遍整个校园。中国瑶族博物馆为学生免费开放。学校定期组织学生参观中国瑶族博物馆，使学生了解瑶族历史、瑶族文化、非遗精品等，让学生感受到"民族团结一家亲"的良好氛围。

2. 以活动促发展，弘扬瑶族传统文化，提高师生民族意识

学校坚持开展"六个一"活动，即每年举办一届民族校园文化艺术节（设有民族非遗项目，如瑶族刺绣、原生态长鼓舞大赛、唱瑶歌大赛，十大歌手比赛等）；每年举行一届少数民族体育运动会（设有民族体育项目，如高脚竞速、板鞋、珍珠球、蹴球等）；每年举办一场民族经典诵读（我校在代表县参加市中小学生中华经典诵读的总结赛中，荣获一等奖）；每年观看一场民族爱国影片（本学期我校组织学生观看了《厉害了，我的国》，并撰写了观后感）；每年举行一次民族团结征文比赛；每年开展一次民族知识讲座活动。学校坚持开好"五会"，即每周一次的教职工会议，每周一次的班主任会议，每周一次的主题班会，每学期一次的家长会，每学期一次的班主任经验交流会。要求班主任每月进行一次"民族团结""多民族融合发展"等主题宣讲教育，举办"人人都讲民族团结的情，人人都说民族团结的话，人人都做民族团结的事"的主题班会。学校坚持抓好"三读"，即早读民族团结爱国诗篇，午读《弟子规》，晚读四书五经文言名篇。开展学校"宿舍趣味运动"活动，增进民族学生彼此之间的了解和信任。开展"传承瑶族文化，重走瑶族古道"徒步实践活动；开展"寻根问祖，缅怀先烈"主题系列活动；走进油岭古寨，开展"美丽油岭，美丽自我"环保活动；依托县"创文""创绿"等为载体，

扎实开展坚持社会主义核心价值体系的爱国主义教育活动；深入开展理想信念教育、民族团结教育、感恩教育、诚信教育等主题教育活动；广泛开展爱学习、爱劳动、爱祖国的"三爱"教育和节粮、节水、节电的"三节"主题教育活动；联合县武警中队、县看守所开展纪律、法制、国防教育暨"家"的建设实践活动；开展"瑶族民间传统文化艺术"探访活动；开展"中华传统美德教育"之孝心主题书信活动及"暑假读一本民族团结书籍"的活动；等等。丰富多彩的活动载体，营造了民族团结的良好氛围，增强了广大师生的民族自尊心、自信心和自豪感，拉近了瑶、汉师生的兄弟情距离，构建起民族团结、宗教和谐的民族大家庭。

3. 关爱瑶族孤儿贫困学生、促进瑶族孤贫学生健康成长

校团委积极开展"三关爱"活动，利用瑶族传统节日慰问学校瑶族孤儿，组织学校教师、学生干部等到深山瑶寨对孤贫学生家庭进行探访，为瑶族孤贫学生送去学校的关爱与关怀；联系社会爱心团体，对学校瑶族孤贫学生进行救助。通过校团委的不懈努力，学校每年援助瑶族孤贫学生达100多人，发放助学金累计15万元以上。学校还及时发放国家给予少数民族寄宿生的生活补助，为每生每学年1000元。

三、积极开展校本课程教育，突出民族特色教育

我校把民族团结宣传教育贯穿课堂教学中，推行民族团结文本教学内涵。一是抓综合实践课。学校开设了长鼓舞及瑶歌的校本课程，聘请校外非遗传人、特长教师任教，确保每班每个星期都有一节长鼓舞课、瑶歌课、瑶绣课及民族传统体育课，进一步增强学生对瑶族艺术文化和传统体育的兴趣和爱好。二是开辟第二课堂活动。学校开设了声乐、乐器、原生态长鼓舞、绘画、书法、手工刺绣等兴趣小组课程。三是以道德讲堂为载体，让学生聆听民族团结的故事，诵读《弟子规》。弘扬民族团结先进事迹，激励学生自觉把"民族团结一家亲"的理念记于心，践于行。

四、与德育相结合，加强民族团结教育

在党的民族政策的正确指引下，我校民族团结教育得到长足发展。近年来，省、市、县各级政府共投入资金4000多万元，用来扩建校园、修建教学楼

及民族体育馆和运动场，添置各类设施设备，完善校园文化建设。学校新建了特色鲜明的民族文化墙和校训石，悬挂民族书画作品及连南非遗文化图片，从校园的一草一木到教学楼，无不洋溢着少数民族的文化气息。此外，我校还充分利用校园广播渲染民族氛围；通过升旗仪式、师生专题演讲和主题班会，激发学生的民族自信心和自豪感；利用民族团结主题宣传栏宣传民族知识，使全校形成了一股"民族团结"的浓郁教育氛围。

近年来，我校先后申报了广东省德育创新项目重点课题《运用瑶族传统文化艺术对中学生德育渗透的策略研究》、广东省教育科学研究重点项目《传承瑶族传统文化艺术，促进农村学校艺术教育发展的研究》、清远市教育科学研究课题《运用瑶族传统文化艺术打造民族特色学校的策略研究》。目前，我校共有省、市课题30个，其中关于民族方面的课题共有16个。

五、民族团结进步教育活动硕果累累

在各级政府的关心支持下、在全校师生的共同努力下，我校民族团结进步教育活动硕果累累：学校获得"广东省民族团结进步创建活动示范单位""广东省安全文明校园""广东省体育特色学校""广东省书香校园""广东省标准化学校""广东省现代教育技术实验学校""广东省中小学校本培训示范学校""省特级档案综合管理单位"等光荣称号；少数民族学生唐烯凡被评为"广东省优秀共青团员""广东省优秀学生干部"，沈秋丽被选为"广东省学联十一大学生代表"。作为广东省民族团结进步创建活动示范单位，在今后的工作中，我校将一如既往地把民族团结教育工作推向深入，扎实推进民族团结主题教育，为民族团结奠定基础，为民族教育做出更大的贡献。

（2018 年 4 月）

打造团队精神，创办特色学校

——连南民族小学办学情况汇报

连南民族小学是1982年创办的一所全寄宿制小学。学校以全县农村瑶族儿童为主要服务对象，探索发展民族教育的途径与方法，加快培养自治县少数民族人才。为满足广大瑶族群众送子女到民族小学就读的强烈需求，县委、县政府于2005年做出扩建民族小学的决定。2007年8月完成教学区、运动区的扩建，并投入使用。现学校占地面积有35960平方米，开设四至六年级30个教学班，在校生1300多人，接受瑶区超过三分之一的学生到民族小学享受优质教育。

一、打造团队精神，共同办好全寄宿制学校

为了让学生进得来，留得住，学得好，民族小学非常重视学生的生活管理和习惯养成。一直以来，学校坚持教师24小时轮流值周制度。

1. 师生齐参与的值周管理模式

考虑寄宿学生年纪小，在校时间长，要让学生学习好，首先要让他们生活好。学校把寄宿生生活管理作为首要工作来抓，在培养教师管理和服务意识的同时，把全体教师分成九大值周组，由学校领导担任值周组组长，协调值周工作。学生生活管理由各值周组轮流全权负责管理。

同时建立学生卫生、纪律、文明、两操监督岗、总值日生等学生自我服务、自我管理体系。让有组织能力、有责任心的学生协助并成为值周教师得力的小助手。培养学生主人翁责任感，促进师生的和谐发展。领导、教师管理和学生自我管理相结合，同心协力参与学生寄宿生活管理，确保宿舍卫生清洁，内务摆放整齐有序，达到"九个一条线"，使学生寄宿生活有序，促进学生良

好习惯的养成。

2. 值周分块包干管理，责任到人，协调有序

为了把学生生活管理工作做细、做实，学校从学生生活细节入手，着力抓好学生养成教育，帮助学生养成良好的行为习惯，确保学生过好每一天。我们制定值周组工作统一指令，统一规范值周组工作要求。发挥教师管理团队和学生服务团队的作用，把整个校园分成6块值班管理区域，确保中午、傍晚、晚上等课余时间，处处有人管理，并安排至少3位教师带领学生服务管理队伍进行流动检查，护送学生看病，等等。做到24小时定点值班，相互协作，在合作中培养师生的团队精神。班主任每天早上、中午上课前都要到宿舍协助学生管理。周末全体教师回校组织学生开展各种有意义的活动。教师们既当老师，又做父母，无微不至地关心、照顾学生的生活和学习，充实学生的课余生活，让学生处处感受到家的温暖。

3. 坚持每周一布置、每天一小结、每周一总结的工作方法，关注学生的生活细节

各值周组根据学校的工作安排，结合学生出现的学习、卫生、纪律、思想变化等养成教育问题，坚持星期一升旗仪式后进行国旗下讲话，有针对性地提出一周工作要求及目标；每天课间操对学生生活情况进行小结，并颁发宿舍、班级卫生流动红旗；在星期五课间操时间集中师生对一周工作进行总结，提出相应的要求；值周组工作交接时，要求将需持续加强教育或整改的工作记在值周日记中，让下一值周组继续跟进，使各值周组目标一致，工作流畅、有延续性，共同抓好学生的生活与学习工作。

二、走特色发展之路，提高办学内涵

学校以"传承瑶族传统艺术，办好民族寄宿制学校"为目标，多年来，在上级领导的重视和支持下，在凸显学校民族艺术特色方面做了许多工作。

学校在抓好常规教学的同时，创造条件开设瑶族传统艺术校本课程，将瑶族传统的艺术——刺绣、唱瑶歌、跳长鼓舞和花鼓舞、民族体育纳入学校艺术教育教学计划，进行统一规划安排，全面落实，开齐开足艺术类课程；将瑶族歌舞、刺绣列为参加比赛和考核项目，要求每一位学生至少掌握唱瑶歌、跳长鼓舞、刺绣等其中一门瑶族传统技艺。在艺术教育过程中还进行了明确的分工，健全了各种活动制度，规范了艺术教育活动的正常开展。

学校鼓励艺术教师把瑶族传统艺术教育渗透美术、音乐等学科的教学中。通过对瑶族传统艺术的学习，继承和发扬传统优秀的民族文化，激发学生的民族自尊心，培养学生对民族文化、民间艺术的兴趣、情感和审美能力，增强民族自豪感。同时，丰富了学生的学习资源，锻炼了学生的动手能力，促进学生全面发展，使学生在现代文化的氛围中逐渐汲取民间文化的精髓。

2009年，学校科研课题《排瑶刺绣教学研究》获清远市二等奖，使学校成为连南县学校开设传统艺术校本课程的先行者，成为"同心同根——香港学生国民教育薪火相传"系列活动学生的定点交流学校。近年来，美国，新加坡，中国香港、澳门等400多位来自60多个国家和地区的留学生以及广州市的五十多所学校的师生或团体到校参加了交流活动。

一直以来，学校积极开展长鼓舞、花鼓舞、瑶族音乐、瑶族刺绣、民族体育等一系列的传统艺术活动，通过多种途径给学生提供锻炼学习的机会。设立科技创新组，开展一系列比赛活动，如"中华颂、经典颂""光辉的旗帜""瑶族特色自创画""刺绣"等竞赛。通过不同的途径、不同的角度，展示学生自信、乐观的精神风貌。

此外，学校还开展丰富多彩的第二课堂活动，开设传统艺术兴趣小组，如长鼓舞、花鼓舞、排瑶刺绣、瑶族歌谣、瑶族艺术体操与民族体育等。传统艺术兴趣小组活动有计划、有时间、有措施、有师资、有制度、有成效，学生对各类艺术活动参与率达90%。

为了给学生提供一个展示艺术才华的舞台，学校每学年举行一次全校性的艺术节。在艺术节展演期间，舞蹈、书画、刺绣等各类比赛更是精彩纷呈。传统艺术兴趣小组的开展为我校培养了大批的特长生。在教师的精心指导下，学生的技能得到了锻炼，情感得到了陶冶，特长得到了展示，不仅拓展了学生的发展空间，也促进了学生各学科的学习。

三、以人为本，打造高效课堂

我校以"以人为本"为基本理念，进行教学改革，致力于打造高效课堂。

1. 加强校本培训，更新观念，为实施课堂教学改革打好基础

为切实贯彻落实"以人为本"的教育理念，实现高效课堂，我校认真组织教师学习，更新观念，实施课堂教学改革。学校通过派教师参加"生本教育"理念学习，邀请河北邯郸"生本教育"指导团队及郭思乐教授到我校指导课堂教学，与专家教师共同探讨教学思路；举行"生本教育"经验交流会，分享"生本教育"中的经验和做法，让教师们深入了解"生本教育"理念，借鉴"生本教育"理念，进行课堂教学改革，促进教学内涵的发展。派教师到民族初级中学参加香港杨景辉先生"如何做一名幸福的教师"的讲座，帮助教师在实施"启发潜能教育"的教育中，从环境布置等低层次活动，向如何在教育中落实"尊重、信任、关怀"学生、培养学生乐观向上的"以人文本"的更高层次活动转变，并领导教师积极学习昌乐二中"271"高效课堂理念，改变教师的教育思想和教育理念，提高全校教师的教科研业务水平和教师的教学水平。

2. 以"以人文本"为理念、以"高效课堂"为中心，开展教研活动

在教学的过程中，要求教师彻底摆脱"以教师为中心，以灌输为手段"的教法，倡导"以人文本"的理念及"不唯模式唯高效"的教学改革。即在教学中，教师要处处注重以人为本，不但要关注学生的学习成绩，更要关注学生的学习过程，注重学生学习兴趣、良好学习习惯的培养；而在课堂教学中，要求教师根据自身和学生实际以及不同的教学内容，采取最合适的教学模式——"最适合自己的教学模式就是最好的模式，学生最感兴趣的课堂就是最成功的课堂"。灌输"不唯模式唯高效"的理念，即让教师在课堂中追求的永远是使学生有效地学习，获得有效的发展。各教研组在教导处的领导下，积极开展教学研究。学校要求所有的公开课都要渗入"以人为本"的理念和构建高效课堂理念。

在全体教职工的共同努力下，学校不断健全内部管理制度，提升学校办学水平。近年来，学校先后获得广东省中小学校本培训示范学校、广东省安全文明校园、广东省体育特色学校、广东省知识产权试点学校、广东省特级综合档案管理先进单位、全国特色学校等集体荣誉；获得"全国特色教育先进工作者""全国特色教育优秀教师""广东省山村优秀教师""宋庆龄奖学金""广东省十佳少先队员"等二十多项省级以上个人荣誉；先后接待了全国人大民族委员会主任马启智、省人大民族委员会主任欧广源等国家、省、市、县领导100多人次；共吸引来自美国阿肯色州州立大学、香港李保椿联合世界书院、暨南大学等来自美国、新加坡、中国香港和内地的60多所学校、团体及80多个国家的师生代表及各界代表到我校交流，使瑶族传统艺术的传承走向世界。学校现已成为连南县展示民族教育的窗口学校。

我们相信，通过全体教职工坚持不懈地努力，通过开创促进教师专业成长、提升学校管理水平、提高教学质量的办学模式，民族小学将会成为学习的圣地，温馨的家园，艺术的殿堂，人才的摇篮，欢乐的山谷。

（2014 年 6 月 3 日）

践行"善美"理念，打造和谐校园

——创建清远市学校文化示范校的实践与探索

2017年，我校提出了"善美"的核心理念，并以此来引导和规范学校的办学行为和教育行为，期望通过努力，师生当有大山之德、瑶石之美，正心向上、齐心向美，促进学校科学、内涵的发展。

一、"善·美"理念的内涵

"善"，有"完好""仁慈""高明""擅长"等意。不管取意于哪种，"善"都是治学的必备品格。老子《道德经》有言："上善若水，水善利万物而不争。"意思是说，最善良的境界应该像水一样，滋润万物而不求回报，这与"教育润物无声，大教无痕"的境界一致。教育的根本目的是立德树人，而"善"的追求莫过于此。

"美"，首先即指素质优良，全面和谐发展。此外，"美"亦有"善事""好事""美好"之意。《论语·颜渊》有曰："君子成人之美。"意思是说，品德高尚的人会成全别人的好事。在今天，"美"通常有"艺术美"和"现实美"两种表现形态。将"美"作为核心文化的落脚点，除了取意为"内涵美""言行美"之外，还有臻于"完美"之意。

二、以"善美"为核心理念

以"善美"为核心理念，基于以下几点：

（一）遵循教育规律，体现教育的规律性和科学性

教育既是一门艺术，也是一门科学。学校的一切教育活动必须要遵循教

育的客观规律，尊重师生的身心健康，即做任何事情都要有"善"的方式或态度，既智慧、高明而又润物无声地实现立德树人的目的。

（二）以善立德，以美立人，践行立德树人的根本任务

党的十八大提出，把立德树人作为教育根本任务，培养德、智、体、美全面发展的社会主义建设者和接班人。"立德"，即指立善德、仁德；"树人"，即指培养全面发展、尽善尽美的人。我校以"善美"为核心文化，体现了高度的育人使命和社会责任感。

（三）承善传美，将地域文化和民族文化发扬光大

百里瑶山，千年故地。连南瑶族自治县的常住人口以瑶族人民为主，这里民风纯善，人们德厚如山；同时，这里的人们又充满了对生活的热爱和对美的向往，他们对亮丽色彩的喜爱和对生活的细致追求无不体现了"美"的内涵。学校以"善美"为核心文化，把民族团结教育纳入学校日常教学活动中。2017年学校被授予"广东省民族团结进步创建活动示范单位"，体现了学校对地域文化的热爱之情和将民族文化发扬光大的志向和决心。

（四）继承传统，筑基文脉，促进学校内涵的发展

"善美"文化是学校的文化传统，这已经在师生之间达成一定共识。学校依托该核心理念给每栋教学楼都起了楼名："善学楼""善美楼""善思楼""善俭楼"……以此为核心理念，将已经形成积淀的文化，系统性地梳理、整合，有利于促进学校文化脉络的巩固与发展，对学校的品牌化、内涵化发展具有极其重要的意义。

三、构建"善美"的思想体系

（一）构建学校的精神文化体系

我校在"善美"理念的引导下，通过广泛实践及不断提炼，确定了"至善如山，大美若瑶"的校训。"至善如山"——山，显示了崇高、伟大和宁静。中国传统文化讲"仁者乐山"，我校以"至善如山"为校训，就是教育师生要做新时代的仁者、厚德者，有山一样敦厚、质朴、刚毅的品质。当师生们从百里瑶山走向外面的世界时，他们承载的是高山之德，彰显的是仁厚之风，他们虚怀若谷，大气包容，处处彰显山的浑厚和敦品。"大美若瑶"——"瑶"字的解释有两种：一种为美玉，比喻美好、珍贵、光明洁白；另一种是瑶族的简称。以"大美若瑶"为校训，就是希望师生能像美玉一样美好、高洁；同时也可以理解为对民族文化的肯定，彰显民族自信和自豪之情。以"至善如山，大美若瑶"作为校训，意在激励学生像大山一样敦厚纯善，像瑶石一样温润美丽。学校还确定了"明德至山，尚文臻美"的校风；"循循善诱，孜孜不倦"的教风；"乐学善思，雅言美行"的学风；"正心向善，齐心向美"的学校精神……所有这些被师生认同的精神支柱，对全校师生起着导向和激励作用，为和谐校园的打造奠定了坚实的基础。

（二）构建学校的制度文化体系

在"善美"理念的指引下，我校确定管理理念为"方圆有度，严爱相济"。"方圆有度"——学校管理要如水一般宽容、灵活，做到方圆有度。"方"，即规则和制度；"圆"，即宽容和亲和。一方面，学校实行制度管理（比如评比制度、考勤制度、各种考核制度、评优评先制度等），要凡事以人为本，有章可循。另一方面，科学管理中要力求兼顾主要问题，各种要素要配合协调，张弛有度。既要有严格规范的管理，又要有亲和温馨的人文关怀。"严爱相济"——学校管理既要有山的刚性原则，扎实稳健、职责明确、过程规范、监督有力，强化责任和落实，凡事做到有章可循、量化有依、考核有规，又要有水的情怀，宽容敦厚，以人为本，营造"善美"的和谐氛围。

"方圆有度，严爱相济"是我校的管理原则，也是"善美"文化在管理工作中的具体体现。

（三）构建学校的行为文化体系

我校遵循核心文化"善美"理念的指导，结合全体师生的成长需要，把学校行为文化定位为："'善美'相伴，多元发展"。

1.典礼仪式文化

（1）学校典礼蕴"善美"。

我校一个学期会举行两个典礼仪式，一个是开学典礼，一个是散学典礼。典礼仪式结合学校阶段性目标确定主题和主要内容，将学校理念和学校实际紧密结合。比如开学典礼，设计活动主题为"心拥善美，快乐相伴"，通过总结上学期的工作，表彰先进，激励后进，营造良好的开学氛围，为新学期创造良好的开端，传播学校的核心文化"善美"及相关文化理念。

（2）学校仪式通"善美"。

学校仪式指的是升旗仪式和新生纪律教育仪式。升旗仪式的整队、全体立正、升国旗、奏唱国歌、全体师生行注目礼、国旗下讲话等环节，使师生体会"心系天下，爱我中华"；新生纪律教育仪式上，通过集合、整队、向左向右、齐步走、整理宿舍内务、会操比赛等，学生"历经磨砺，自强行健"。

2. 学校系列主题活动

（1）学校公共活动——学校文化的对外传播。

主要指的是"学校开放日活动"和"学生成果展活动"。召开座谈会，可以让家长参观学生的晨读、跑操、课堂教学、学生的优秀作品展等，向家长、社会展示学校的"善美"文化、学校精神、三风一训、学生在校的基本情况等，拉近家长、社会与学校的情感关系，让家长了解学校的基本情况，掌握莘莘学子在校园内的精彩表现。

（2）学校内涵提升活动——"善美"文化的校内落地。

① 善美文化宣传贯彻活动。对悬挂条幅标语、更新宣传橱窗内容、张贴各类海报等行为进行规范管理，形成独具一格的文化宣传管理模式。不断完善校园网站建设和维护工作；不断丰富社团活动、第二课堂、团队建设、主题活动等学校文化。

② 系列"载体性""善美"文化建设活动。学校以"善美"文化为指导，推进校园文化建设，加大对领导文化、教师文化、学生文化的构建，以及对广场文化、教室文化、寝室文化等方面的"载体性"文化建设，让学校特色文化得以落地，让学校文化的品质得到提升。

③ 多元化"善美"主题类问题活动。在不同月份策划和组织不同主题的活动，组织文化艺术节、校运会、民族运动会、校园十大歌手大赛、瑶歌大赛、长鼓舞大赛等系列活动，让学生的业余生活更加丰富多彩。

3. 教师行为活动——"善美"教师团队建设主题活动

（1）教师培训活动——多元培训，智慧成长。

（2）教师读书活动——博观约取，丰盈智慧。

（3）教师学习活动——交流学习，共同提高。

4. 学生行为活动——"善美"学子学风建设主题活动

（1）主题班会活动——主题突出，弘扬"善美"。

（2）征文比赛活动——用心用情，书写"善美"。

（3）学习交流活动——合作探究，追求"善美"。

5. 主题德育活动——修炼品德，铸就善美

（1）开展"善美在心，感恩社会"进社区活动，引导学生学会感恩、学会回报。

（2）开展"善美文化正言行"征文比赛活动，让学生以校训为要求、为方向，撰写主题征文，书写对未来、对理想的憧憬和希望。

（3）组织开展以"与诚信牵手，做善美之人"的主题德育活动，引领学生养成诚实守信的良好习惯。

（4）组织开展以"向善向美，同心行远"为主题的德育活动，让学生通过观看善行人物介绍、视频，逐渐认识"善小当为"的重要性，并力求在学习生活中日日向善。

（5）开展"文明礼仪"主题活动，包括举办文明礼仪专题教育讲座，召开"文明礼仪，善美正行"主题班会，开展"文明礼仪"主题演讲比赛、"善美润礼仪"诗歌朗诵比赛。

（四）构建学校的课程文化体系

在教育教学方面，我校始终积极探寻一条充满快乐、自主学习、自主实践、自主管理、主动分享的师生发展的幸福共同体——"善美"课堂。

1. "善美"课堂的特征——独立、自主、合作、智慧

（1）"独立"：使学生有独立的精神，自由的思想；鼓励学生大胆质疑、积极思考、主动探究，做独立的、有主见、有判断力的人。

（2）"自主"：就是教师成为课堂的主导，学生成为课堂的主人，给予学生自主学习的权利，让学生学会自主管理、自主提高。

（3）"合作"：建立合作型组织，鼓励小组与小组之间、组内学生之间、家长与学生之间进行合作，在互帮互助中进步，实现共同成长，实现协同并进。

（4）"智慧"：引导学生去感悟、去思考、去质疑、去合作，然后得到知识。这时候的知识就升华成了智慧。

2. "善美"课堂的教学模式——学生先学，教师后教

（1）"学生先学"：可以培养学生"独立""自主"的能力，彰显课堂文化中的"独立""自主"特征。

（2）"教师后教"：在学生先学的基础上，教师再教。"教"主要聚集在问与讲解（包括当堂训练、展示、评价）两个方面，教师会更加有的放矢，教学会更有效果。

（五）构建学校的环境文化体系

我校围绕核心文化"善美"理念，不断完善校园环境建设。近年来，省、市、县各级政府共投入资金4000多万元扩建校园，修建教学楼、民族体育馆、运动场及特色鲜明的民族文化墙和校训石，添置各类设施设备，悬挂民族书画作品及连南非遗文化图片……使整个校园洋溢着"善美"的文化气息。

纵观我校校园，坐落在纵横山岭间，四面环山，人杰地灵，民风善美。美哉！乐哉！

立德树人，廉洁从教，为培养德才
兼备的人才夯实基础

根据上级关于推进全面从严治党，推进"两学一做"学习教育常态化、制度化的要求，按照《中共清远市委办公室转发〈市纪委关于2017年全市开展纪律教育学习月活动的意见〉的通知》要求，2017年纪律教育学习月以"讲政治、强党性、严纪律、守规矩"为主题，以习近平总书记对广东省提出的"四个坚持、三个支撑、两个走在前列"为统领，进行了党性宗旨教育、党规党纪教育、警示和示范教育、党内政治文化教育，为永葆共产党人政治本色，为全面完成各项工作目标任务，提供坚实的理论保证。通过深入学习，对本人的政治、纪律、工作、学习、生活等帮助很大。

下面谈几点心得体会。

一、教育需要讲政治

政治是政府、政党治理国家的行为。党提出"全心全意为人民服务"的宗旨，并围绕这个宗旨去制定治国方略。党的教育方针也是围绕"全心全意为人民服务"为宗旨，提倡教育公平，促进教育均衡，全面实施教育现代化，办人民满意的教育，为中华民族的伟大复兴培养各类优秀人才。目前，一些教育行政部门、校长、教师、家长对教育重视不足，对国家的教育目标认识不到位，缺乏忧患意识和艰苦奋斗精神，只顾个人利益，斤斤计较，认识不到教育的重要性和教师职业的光辉，妄自菲薄，得过且过，误人子弟。有的教师妄加评论上级的教育方针政策，就是不反思自己的教育价值是否对得起这份工资和人民的嘱托。由于一些领导、教师认识不到位，执行国家教育方针和学校的办学宗旨不到位，致使教学质量提高很慢，从而不能满足家长的要求，导致每年至少有100个家长送子女到外地读书，就连一些干部及教师都将子女往外送。因此，教育行政部门和学校必须组织教师学习相关的国家政策法规，强化教师的育人意识，明确教师职责，使教师全心全意为学生服务。在此基础上，我校提出了"善美教育"的办学理念，提出了"帮教师成功，助学生成才，让家长满意"的办学宗旨。

二、教育需要讲党性

有些教师认为，我做不做好工作，不关上级和党的事情，有时甚至对学校布置的工作也不服从，反而做家教或做其他生意很努力，唯独对教育不热心，工作马虎应付，误人子弟。我们的工作是党赋予我们的，我们的工资是党和国家给的，更是普通百姓的所纳税款，我们没有理由不好好工作，得对得起党和国家，对得起百姓。学校布置工作也是代表党和国家执行上级的政策法规，应该无条件服从，不能讨价还价。每个教师都要加强学习马列主义、毛泽东思想、"三个代表"社会主义核心价值观，认真落实"两学一做"，从思想和行动上与党保持一致，为社会主义教育事业努力奋斗。

三、教育需要讲廉洁

廉洁是为人之根本，廉洁从教是教师堪称人师的人格前提，是社会对教师素质要求的重要表现，也是教师育人的品德基础。教师廉洁从教有助于良好社会风气的构成和发展。教师只有热爱学生，才会依法执教，才会无微不至地关怀学生的健康成长，才会爱岗敬业、乐于奉献、竭尽全力地去教育学生，才会自觉自愿地约束自己，规范自己的言行，更好地做到为人师表、廉洁从教。我国现代教育家陶行知先生，一生执教，持俭守节，捧着一颗心来，不带半根草去；清远市最美教师黄芷君，带病为山区教育做出巨大贡献；省道德模范盘四妹，扎根山区三十多年，默默奉献。他们从不讲任何价钱，是连南教育的楷模。教师要在整个教育教学生涯中坚守高尚情操，发扬奉献精神，自觉抵制社会不良风气的影响，不利用职务之便谋取私利。

四、教育需要终身学习

"学高为师，身正为范。"教师要活到老，学到老。连南地区教育相对比较落后，留守儿童多，家长素质较低，很多教师总感觉力不从心，这是因为没去学习所致。教师只有完善自身素质，才能让学生从高尚的人格魅力中吸取有益的营养。我们教师要求学生努力学习，自己却对学习深恶痛绝，这样是不可能把学生教育好的。只有教师好好学习，学生才能天天向上；只有领导好好学习，教师才能天天向上。所以凡是要求学生做到的，自己必须要先做到，教师要用自己的实际行动去感动学生、带动学生，共创良好的学习氛围。

教育工作者要时时刻刻注重加强自身的职业道德修养，不断学习，不断进步，表里如一，言行一致，坚守高尚的道德情操，真正体现真、善、美的形象，用高尚完美的人民教师形象去影响学生，熏陶学生，促进学校各项工作的有序进行，进而促进社会道德水平的提高，促进社会主义精神文明建设。作为一名教师，担负着教育下一代的重任。教师要率先垂范廉洁奉公的优良品行。一要教育青少年学生认识腐败之丑恶和危害性；二要教育学生做一位清廉纯洁之士，为构建和谐社会奠定人才基础；三要以教师的廉洁形象来教育、影响、感化社会中的成员，使腐败分子可耻，使反腐倡廉有榜样。每个教育工作者应时时刻刻提醒自己，以"廉洁奉献"的红烛精神教书育人，发奋修养身心，提高自己的学识水平，关心学生的可持续发展，真心爱生如子，献身教育，做一名拥有爱心的廉洁从教的好教师，用博爱为学生撑起广阔的蓝天，为培养善良美丽而又德才兼备的各类人才夯实基础，为自治县的繁荣发展做出更大的贡献。

5

第五章

结题报告

广东省教育科研"十二五"规划重点项目

《传承瑶族传统文化艺术，促进农村学校艺术教育发展的研究》结题报告

习近平总书记说："优秀传统文化是一个国家、一个民族传承和发展的根本，如果丢了，就割断了精神命脉。"2017年1月25日，中共中央办公厅、国务院办公厅印发《关于实施中华优秀传统文化传承发展工程的意见》（以下简称《意见》）。《意见》中提出：文化是民族的血脉，是人民的精神家园。文化自信是更根本、更深层、更持久的力量。中华文化独一无二的理念、智慧、气度、神韵，增添了中国人民和中华民族内心深处的自信心和自豪感。中华优秀传统文化传承发展是建设社会主义文化强国，增强国家文化软实力，实现中华民族伟大复兴中国梦的重要保障。国家要求开展少数民族特色文化保护工作，加强少数民族语言文字和经典文献的保护和传播，做好少数民族经典文献和汉族经典文献互译出版工作，实施中华民族音乐传承出版工程、中国民间文学大系出版工程，推动民族传统体育项目的整理研究和保护传承。清远市盘金生校长工作室从地处瑶族自治县的客观实际出发，以民族初级中学、民族小学、南岗中心学校等几个瑶族学校为实验学校，开展"传承瑶族传统文化艺术，促进农村学校艺术教育发展"的研究。课题研究组以瑶族传统艺术为土壤，立足地方，立足学校，把着力点放在瑶族传统文化传承的行动研究上。通过挖掘和整理瑶族传统文化艺术，形成系统的、可在中小学使用的校本教材，将瑶族传统文化艺术带进课堂，使学生认识瑶族传统文化艺术，帮助学生了解传统文化艺术背后所蕴含的民族精神，进而继承民族传统文化精髓；通过提炼在农村学校开展瑶族艺术教育的途径和模式，对一些瑶族艺术进行创新，赋予瑶族传统文化新的生命力，打造具有瑶

族特色的文化校园；通过开展传承瑶族传统文化艺术的课程和活动，为学生提供生动有趣、丰富多彩的瑶族传统文化艺术内容和信息，让学生"走进艺术，感受艺术"，使学生在乡土艺术活动中参与、体验，形成对瑶族传统文化艺术的认同、热爱和对多元文化的尊重。课题研究组在积极保护、传承和发展瑶族传统文化艺术的同时，也达到促进少数民族地区农村学校艺术教育发展的目的。

一、课题的研究背景

1. 问题的提出

在漫长的人类社会发展过程中，世界各民族在生产生活实践中创造了丰富多彩的民族文化。随着世界范围内各民族文化的传承和发展，各民族文化在相互激荡、相互交流与相互融合的同时，也受到了外来思潮和外来文化的强烈冲击。"民族的灭绝首先是它的文化的灭绝。一个民族失去了自己的文化，就失去了精神和灵魂。" 2001年11月2日，联合国教科文组织通过了《世界文化多样性宣言》。宣言指出："任何一个民族的文化都要受到保护，尤其是对少数民族群体、土著人的文化要给予足够的尊重与特殊的保护。" 2003年10月17日，联合国教科文组织又通过了《保护非物质文化遗产公约》，呼吁世界各国抢救与保护非物质文化。2005年4月26日，国务院印发了《关于加强我国非物质文化遗产保护工程意见》。无论是对非物质文化遗产的保护，还是对民族文化的抢救，归根结底都是对各民族文化根系的生死捍卫。然而，最根本的拯救就是让民族文化的血脉代代相传。因此，学校教育如何传承和发展民族传统文化便是摆在我们面前的重要研究课题。

中华人民共和国成立至今，从中央到地方政府都做了大量的民族传统文化的保护工作。党的十八大报告中明确提出要"建设优秀传统文化传承体系，弘扬中华优秀传统文化"，教育部也曾多次要求各地做好民族教育研究课题申报工作。广东省省委原书记胡春华同志2014年到清远市调研时指示："要采取有针对性的措施，积极挖掘和保护瑶族、壮族传统文化，特别是要加强民族文化教育和研究，更好地传承和弘扬我省少数民族的优秀文化。"杨明宏教授在参与全国教育科学"十一五"规划课题研究中指出："文化是教育发展之源，教育是文化传承之流，文化通过教育的传播，得以选择、传承和创造，而教育通过吸收文化的精粹，才能获得生存与发展的养分，学校教育和民族文化传承是一个不可中断的'生态链'。"因此，作为少数民族地区的学校，有义务、有责任将传承和发扬本民族优秀传统文化的担子挑起，普及传统文化，树立民族自信心。

2. 选题的意义

党的十九大报告指出，要"推动中华优秀传统文化创造性转化、创新性发展"。弘扬中华优秀传统文化，不能止步于传承。在新的历史时期，我们要将创造性转化、创新性发展作为推动中华优秀传统文化现代转型的基本准则和必由之路，在扬弃继承、转化创新中弘扬和发展中华优秀传统文化，使其与现代教育相适应、与人们的精神文化需要相契合，推动构建中华民族共有精神家园，助力建设社会主义文化强国。我们将传承瑶族传统文化艺术，促进农村学校艺术教育发展的研究作为研究的主题，具有以下重要的现实意义。

第一，艺术教育是学校素质教育的重要组成部分，它不仅有利于全面落实我国教育方针，还有助于学生整体素质的提高，有助于学生的个性发展，有助于培养和提高中小学生的创新精神，对提高中小学生的创造能力具有很大的促进作用。

第二，连南瑶族自治县是全国最大、最古老的排瑶聚居地。经过长期的聚居生活，瑶族形成了具有浓郁瑶族特色的文化艺术。而让瑶族优秀传统文化艺术得到有效的传承，已经成为一个迫在眉睫的重要任务。

二、研究的目标与内容

1. 研究目标

（1）认真贯彻实施新课程改革的精神，在植根本土文化的学习过程中，使实验学校的青少年儿童逐渐具备基本的瑶族传统文化素养与能力，并努力增强他们对瑶族文化的感悟能力。

（2）通过对新课程资源的开发，为连南培养造就一支既有创新精神又有本土文化的教师骨干队伍。

（3）发掘适应中小学生的瑶族传统文化教育内容，探索对中小学瑶族传统文化教育行之有效的方法和途径，并以此编写校本教材，开展文化主题教育活动，提高学校传承瑶族传统文化的能力。

（4）发掘中小学瑶族传统文化教育规律，探索一种能将瑶族传统文化和学校艺术教育相结合的，在农村边远贫困地区和少数民族地区中小学教育中可行、可持续、可推广的教育传承模式。

2. 研究内容

（1）对学生的瑶族传统文化艺术现状进行调查和分析；

（2）在瑶族地区中小学校开展民间美术（瑶族刺绣）、民间音乐（瑶歌）、民间舞蹈（瑶族长鼓舞）、民间体育（瑶族传统体育竞赛）教育活动形式的研究；

（3）研究传承瑶族传统文化艺术是否能使学生的艺术素养得到提高；

（4）通过挖掘适应中小学瑶族传统文化的教育资源，实现向课程资源有效性进行转化，进而开发校本课程，促进农村学校艺术教育的发展，彰显学校特色。

三、课题研究的理论依据

1. 多元文化教育理论

1924年，美国学者卡伦首次提出"文化多元主义"概念。根据多元文化教育学者的观点，多元文化教育理论包括如下内容：

（1）权力分配不公而不是生物形态上的不同，是导致不同文化群体产生差异的主要原因；

（2）文化上的差异是力量和价值之源；

（3）教师和学生应该接受和欣赏文化的多样性；

（4）教育工作者要能够和家长、社会共同努力创设一种支持多元文化的环境；

（5）学校应该教授弱势群体学生要在社会取得平等地位所需的知识和技能。以上理论的核心是文化多元和教育平等的理论。

2. "中华民族多元一体格局"理论

1988年，费孝通先生在香港中文大学主办的"泰纳演讲"上发表了《中华民族多元一体格局》的演讲，对中华民族的形成及其结构特点做了理论概括。"中华民族多元一体格局"理论合理地解释了我国作为统一的多民族国家，在其形成和发展过程中的民族与国家、民族与民族关系的问题。"多元"是指各民族各有其起源、形成、发展的历史，文化、社会也各具特点而区别于其他民族；"一体"是指各民族的发展相互关联，相互补充，相互依存，与整体有不可分割的内在联系和共同的民族利益。这种一体性，集中表现为祖国的完全统一和整个中华民族的大团结，表现为各民族共同关心与争取祖国的完全统一与繁荣富强。所以，中华民族的"一体"，是指各兄弟民族的"多元"中包含不可分割的整体性，而不是其中某个民族同化其他民族，也不是汉化。

3. 人的全面发展理论

人的全面发展，是马克思、恩格斯一生中最为关注的问题之一。马克思主义理论把"人的全面发展"表述为"最全面的发展""自由的发展"，其理论内涵主要包括人的活动及其能力的全面发展、人的社会关系的全面发展、人的个性的全面发展。人的全面发展问题，是马克思主义学说的灵魂，是马克思主义关于人的解放理论的核心。随着社会实践的发展，人的全面发展理论也在不断丰富和发展。

四、研究的方法

本课题研究以行动研究为主，结合调查研究法、文献研究法、实践行动研究法、个案跟踪法和经验反思总结法等研究方法进行研究活动，贯穿教学实践活动的全过程。

（1）调查研究法。深入各瑶族学校，了解学校艺术课程开展情况和瑶族传统文化教育与传承活动开展情况，分析原因，为课题研究提供方向依据。

（2）文献研究法。课题研究开题前，自觉查阅、搜集、学习民族地区传统文化传承理论与先进实践经验，结合本课题的特点，以指导本课题研究的全部过程。

（3）实践行动研究法。根据学校实际，利用多种渠道开展瑶族传统文化艺术传承教育与实践活动，边实践、边研究，多探讨、多总结，及时解决课题研究过程中遇到的问题，总结出规律和策略。

（4）个案跟踪法。及时跟踪成员学校开展瑶族传统文化艺术教育活动的情况，掌握取得的成效和存在的问题，对课题研究方向、内容和方法进行调整。

（5）经验反思总结法。在研究过程中进行阶段交流、总结，并在实践过程中不断完善，探索开展瑶族传统文化艺术教育、促进农村学校艺术教育发展的策略。

五、研究的过程

本课题研究分为课题申报、行动研究和总结鉴定三个阶段。

第一阶段：课题申报阶段（2014年9月—2015年4月）

讨论、确定课题研究题目，撰写课题申报书；分工安排，收集资料，进行理论学习，开展有关瑶族传统文化艺术现状及学生对瑶族传统文化艺术认识和兴趣爱好的调查。

第二阶段：行动研究阶段（2015年5月—2018年7月）

在瑶区实验学校开展瑶族传统文化传承教育与活动，包括开展瑶族刺绣、瑶歌、瑶族长鼓舞、瑶族传统体育竞赛等。研究和编写校本教材，探索开展瑶族传统文化艺术教育、促进农村学校艺术教育的有效途径和模式，撰写理论研究报告、中期成果报告。

第三阶段：总结鉴定阶段（2018年8月—2018年11月）

总结经验成果，撰写课题研究报告，整理课题资料，召开课题结题会，汇报并推广研究成果。

六、主要做法与成效

1. 主要做法

（1）制订实施方案，明确分工职责。课题获得批准后，课题研究组召开会议，在项目申报书的基础上，结合学校的实际情况制订课题实施方案，明确课题组成员的职责。任命工作室主持人盘金生校长为课题总负责人，负责进行研究的总体规划与方法指导、活动指导，经验总结与推广；各工作室成员为课题组成员。选定民族初级中学、民族小学和南岗中心学校三个瑶区学校为实验学校，以学校负责人和艺术教师为实验教师，负责本校瑶族传统文化艺术教育活动的策划、组织、经验总结与课题成果推广。

（2）聘请专家学者，加强理论指导。本课题组的成员都是清远市盘金生校长工作室的成员和助理，他们的教学和管理经验丰富，大部分人主持过或参加过市级以上课题研究，但对艺术教育和瑶族传统文化领域的研究却涉足不多。本课题被确定为广东省教育科研"十二五"规划2014年度研究重点项目，也是清远市2014年唯一的省教育科研重点项目，得到省、市专家的大力支持和各级领导的高度重视。杨雄说："务学不如务求师。"为了使课题研究更顺利、更有成效，课题组聘请省教研院沈林老师、广州市海珠区教育发展中心费伦猛主任、市教研院邓溯明院长、李雄飞副院长、李翠华主任等为课题顾问，通过专家教授的指引，一步一步探索民族文化艺术教育和传承的途径。

在研究过程中，华南师范大学李盛兵院长、董标教授，华南农业大学的李自若博士、山东大学的郝安黎教授等先后来学校指导校园文化建设和课题研究，帮助我校提炼办学理念，设计校园文化。省教研院沈林老师、广州市海珠区教育发展中心费伦猛主任三次来校指导，参加课题开题报告，给全校教师做培训，指导课题开展。市教研院邓溯明院长、李雄飞副院长、李翠华主任等来校参加了课题开题，并多次指导课题组开展课题研究工作。县教研中心的曾海原、蔡世峰等，时刻关注课题研究的进展情况，多次来校指导课题工作。

（3）把准课题方向，进行开题论证。在得知课题获得批准后，课题组于2015年6月12日举行了第一次开题报告会。报告会邀请了省教研院沈林老师、广州市海珠区教育发展中心费伦猛主任、县教育局及兄弟学校的领导、教师等近200人参加。在开题报告会上，盘金生代表课题组成员宣读了开题报告，沈林老师对课题的可行性做了点评，潘党恩局长做了表态性发言，费伦猛主任开展了《如何做小课题》的教育科研专题讲座。课题的立项引起了当地媒体的重视，县电视台对此做了专题报道。

由于开题报告时市教研院的领导没空参加，为了确保课题研究方向准确、目标合理、内容充实，并确保课题研究出成效，2016年1月8日，市教研院又在我校举行了一次开题报告，对课题进行了再一次的论证。在听了盘金生校长的报告后，市教研院的李翠华主任肯定了本课题的立项工作，认为课题目标明确，有高度，也有深度，理论充分，内容合理，分工明确，经费使用预算合理可行。同时，她对课题的研究重点、研究内容和方法也提出了宝贵的指导意见。

（4）加强学习借鉴，深入调查研究。《礼记·学记》中说："学然后知不足，教然后知困。"为了进一步提高课题组成员的理论水平，课题组积极组织成员到各地参加交流活动和各种学习培训，学习借鉴他人先进经验。如到乳源实验学校和乳源中学开展瑶族文化传承教育教学研讨活动；到番禺区广东第二师范学院附属中学参观学习，聆听省名校长工作室培养导师胡展航的讲座；到广东省深圳市宝安区富源教育集团参加"富源杯"第十三届广东省中小学校长论坛；到苏州振华中学跟岗学习；等等。除了外出参加交流和学习外，课题组每年还组织成员深入瑶族学校、瑶族村寨，了解学校传统文化教育和活动的开展情况；拜访本地的瑶族民间艺人，虚心向民间艺人请教，掌握第一手材料；主动邀请县民族宗教和文化体育部门到学校指导校园文化建设和民族文化教育工作；定期组织成员开展学习研讨活动；每年组织成员及学校的艺术教师参加县内瑶族学校富有特色的校园文化艺术节，亲身体会瑶族传统文化艺术的博大精深，借鉴各校传统文化艺术教育的好做法。

为了提升研究理论水平，课题组还定期召开课题成员会议，让各成员轮流组织有关课题理论的知识学习，使各成员对课题的理论有一定的了解，为研究的实践打下扎实的基础。课题组经常举办经验交流会，让成员学校的艺术教师毫无保留地把该校的传承与创新方法抛出来，大家一起讨论完善，共同借鉴，共同提高，共同进步。

（5）环境熏陶渗透，营造瑶族传统文化艺术氛围。邓小平说："要创造一种环境，使拔尖人才脱颖而出。"课题组实验学校在传承瑶族传统文化的工作中，首先从环境建设开始，以瑶族元素为核心，加强校园文化建设。

民族初级中学在校园文化的建设中围绕"瑶族"传统元素进行建设与布置，运用瑶族文化元素打造校园文化，突出"民族"文化特色。三年来，共投入200多万元打造学校的民族文化特色。如在校史展室开设瑶族文化专柜，在教学楼走廊悬挂"长鼓"特色图画，在科学馆走廊、楼梯、文化墙上悬挂瑶寨风光、瑶族非遗传承人等充满瑶族风情的影像和师生的瑶绣、绘画作品，在校道修建特色宣传栏，用瑶族元素重新装修、布置校园建筑、广场，把瑶族舞曲编入上下课铃声，在校服上融入瑶族刺绣元素，等等。不仅使校园环境得到美化，更使校园处处彰显瑶族的文化气息，让人一进入校园就能感受到浓郁的、独特的瑶族文化氛围。

民族小学教学楼如同一本百科全书，楼道、走廊附有行为习惯和艺术欣赏等方面的优美词句，以满足学生成长的需要；办公楼的一楼大厅、楼梯间、刺绣室的墙上都悬挂着学生精美的瑶族刺绣作品。每个班课室内生动多样的墙板报布置不拘一格，凸显学生的艺术个性；学校还给学生提供了专用的橱窗，用来定期展出学生的作品。学生的作品有反映校园生活的习作，有别出心裁的手抄报，有巧夺天工的剪贴，有精美的贺卡……五彩缤纷、充满诗意，显示了学生鲜活的创意和高度的审美意识。这些无声的语言，滋润着孩子的心田，为学生的健康成长营造了广阔的空间，启迪、激励着学生从小树立远大志向，发奋学习。校园绿树丛荫，走进校园你就能感受到浓浓的艺术氛围。教室里、树荫下、花圃旁、运动场上的小角落里，都有学生刺绣、学唱瑶歌、跳长鼓舞的身影。校园中回荡着纯朴的瑶歌声、竖笛声，显示学生受到良好的音乐熏陶。每天的课间时间，自编瑶族艺术体操与课间操相映成趣。学校从方方面面营造了一种浓浓的校园艺术氛围，使学生徜徉其中，得到体验，得到实践，得到熏陶。

南岗中心学校立足实际，建立了文化走廊、班级文化墙。在教室、走廊、学生宿舍等地方，布置张贴有关长鼓舞的知识和长鼓的图案，在校园显眼处吊挂实物长鼓，营造长鼓舞文化氛围。目前，该校具有浓郁瑶族文化特色的新校门即将竣工，届时将成为该地区一道亮丽的风景，使学生视觉得到冲击，让长鼓舞文化成为学生熟悉的文化符号，让校园蕴含瑶族长鼓舞的文化元素，充满瑶族长鼓舞的文化气息。

（6）民间艺人加盟，打造艺术教育师资队伍。2006年5月，连南瑶族耍歌堂被国家列入首批非物质文化遗产名录，瑶族长鼓舞、瑶族婚俗也先后被列入国家级非物质文化遗产。另外，排瑶民歌、瑶族刺绣、瑶族扎染、瑶族玩坡节、瑶族银饰制作技艺、排瑶牛皮酥制作技艺、瑶族长鼓制作技艺等也被相继列入省级非物质文化遗产目录。"歌王"唐买社公是首批国家级非物质文化遗产传承人。"歌王"一家曾到世界各地表演，也上过中央电视台。"鼓王"唐桥辛二公于2018年6月被评为第五批国家级非物质文化遗产传承人。省级非物质文化遗产传承人有房恶介沙三公、房七公坚、房伟华、沈佩英、唐彬、唐古民三婆、张树妹、唐大打大不公、盘连州贵、唐大打十斤、唐罗古五等。这些民间艺人在当地具有很高的知名度，在村寨中有很高的威望，他们技艺精湛、乐于助人，热心传统艺术的传承工作。各实验学校主动聘请瑶族"歌王""鼓王""牛角王"为学校传承瑶族传统文化艺术的顾问，聘请曾到全国乃至世界各地表演和比赛的民间艺人为指导老师，让他们来学校教学生、教老师。例如，2015年7月，工作室组织全县艺术教师到民族初级中学进行为期一周的瑶歌和长鼓舞培训，为教师学习瑶歌和长鼓舞打好基础。各实验校经常邀请顾问和指导老师来学校开展瑶歌、长鼓舞、刺绣、瑶族传统体育、神话故事、风土人情等专题讲座或培训活动。

民族初级中学和南岗中心学校开设长鼓舞课程，长期聘请长鼓舞老师教师生跳长鼓舞。在每年一届的长鼓舞大赛前，学校还到县歌舞团、村寨文艺团中聘请十几个长鼓舞老师利用晚上和周末时间教学生学长鼓舞，以保证长鼓舞大赛的质量。三年来，民族初级中学聘请校外辅导员和顾问来校授课近4000个课时，支付工资和辅导费近30万元。在民间艺人的帮助下，实验教师对瑶族传统文化艺术有了全面而深刻的认识，为实验教师编写校本教材和进行德育渗透提供了很大帮助。

（7）开设校本课程，让瑶族传统文化艺术进入课堂。让瑶族优秀传统文化艺术进入课堂，是打造民族特色学校的重要手段，也是继承和发扬传统文化的有效措施之一。为了凸显学校的民族艺术特色，学校在抓好常规教学的同时，创造条件开设瑶族传统文化艺术校本课程。各实验校由校长全面指导，将刺绣、瑶歌、长鼓舞、花鼓舞、民族体育项目纳入学校艺术教育教学计划，进行统一规划安排，全面落实，开齐开足艺术类课程。在艺术教育过程中，学校还进行了明确的分工，健全了各种活动制度，规范了艺术教育活动的正常开展。学校还将瑶族歌舞、刺绣列为比赛和考核项目，要求每一位学生至少掌握唱瑶歌、跳长鼓舞、刺绣等其中一门瑶族传统技艺。

各实验校还开展丰富多彩的第二课堂活动，如长鼓舞、花鼓舞、排瑶刺绣、瑶族歌谣、瑶族艺术体操、竹竿舞、高脚、押加、板鞋、珍珠球、蹴球、陀螺等课程。传统艺术兴趣小组活动有计划、有时间、有措施、有师资、有制度、有成效，学生参与各类艺术活动比率达96%。民族初级中学和民族小学还利用周末时间组织学生学习长鼓舞、瑶歌、刺绣等瑶族传统文化艺术。学校每年还组织师生到中国瑶族博物馆、千年瑶寨、油岭古寨、三排瑶寨、万山朝王等地学习考察，到各瑶族村寨采风，走访民间艺人，领略瑶族风情，感受大自然和民间艺术的有机结合，让学生更加了解自己的家乡，激发学生热爱大自然、热爱家乡之情。

瑶族有自己的语言，但少有自己的文字记载，因此传授技艺只能靠口传心授，效率很低，致使很多瑶族文化艺术面临失传。课题组实验学校为了使学校的瑶族传统文化艺术校本课程有计划、有目的、有依据地持续开展，大力组织体艺学科经验丰富的教师深入研究瑶族文化的精髓，结合本地的实际情况，选取符合中小学生特点的，易于融入课堂、易于推广和学习的瑶族传统文化艺术素材进行整理。课题组实验学校通过一边教学探索，一边总结经验，编写了一系列的校本教材。如民族初级中学编写了《手绘瑶绣项目》《瑶族刺绣项目》《瑶族民歌项目》《瑶族传统体育项目》《连南非物质文化遗产项目成果》《瑶族民间故事集》《排瑶民歌集》等校本课程教材，民族小学编写了《排瑶刺绣》《排瑶长鼓舞》《瑶族歌谣》《民族传统体育》《瑶族神韵》等校本教材和学生读本，南岗中心学校编写了《瑶歌集》《油岭长鼓舞》《南岗长鼓》《连南瑶族长鼓舞》《大圆圈鼓》《十二姓鼓》《砍树鼓》等校本教材。

瑶族传统文化艺术校本课程的开设以及校本教材的开发和使用，与瑶族学生的生活紧密相连，从而让他们更了解瑶族传统文化特色。一方面有利于改变传统课程内容，使学生感觉有特色，满足与调动他们学习的兴趣和积极性；另一方面有利于增强他们对本民族的认识与了解，有利于民族传统文化一代代的传承，有利于增进师生的友谊，加强学生之间的民族团结。

（8）举办竞赛活动，为传承瑶族传统文化艺术搭建舞台。各实验校每年举办一届校园文化艺术节已成为常态。艺术节中除了绘画、书法、手工、摄影、舞蹈等常规项目，还有连南瑶族独特的长鼓舞比赛、瑶歌比赛、刺绣比赛等活动。学校每年一届的校运会，除了常规的田径项目，还有刺激好玩的高脚、蹴球、陀螺、板鞋、押加、珍珠球等民族体育项目。2018年9月，广东省第六届少数民族运动会（简称"民运会"）在连南县举行，民族初级中学作为主赛场之一，为民运会提供了优良的比赛场所，给参赛队员留下了良好印象。

各校每年还举办瑶族传统文化艺术主题班会大赛，让师生感受瑶族传统文化艺术的魅力。

学校除了举办各类竞赛活动外，还积极组织学生参加校外艺术活动，如组织学生参加县瑶艺节、长鼓舞大赛等活动；学生参加市级、省级、国家级的比赛，也取得了优异成绩。

学校通过把瑶族传统文化艺术融入各种活动之中，让师生进一步认识瑶族传统文化艺术，亲身感受、体验民族文化的魅力，促进传统文化的继承与传播。

（9）加大科研力度，推动瑶族传统文化艺术的传播。工作室成员学校大力支持学科组开展教育科研课题的研究，以研促教，以研促学，有效促进了学校办学质量的提高，推动了校园文化建设的提升。

民族初级中学共有2个省级和15个市级课题立项，有1个省级课题和7个市级课题结题。其中，在弘扬瑶族传统文化方面，有盘金生主持的广东省学校德育创新重点项目《运用瑶族传统文化艺术对中学生德育渗透的策略研究》和市级课题《运用瑶族传统文化艺术打造民族特色学校的策略研究》，美术组的市级课题《瑶族刺绣图案融入美术教学的研究》，音乐组的市级课题《连南瑶族民间音乐校本课程的开发与应用研究》以及体育组的市级课题《民族传统体育项目融入初中体育课堂教育教学的研究》，经过认真的研究、积极的探索，取得了丰硕的成果。三个教研组的市级课题均于2016年9月份顺利结题，省德育创新重点项目《运用瑶族传统文化艺术对中学生德育渗透的策略研究》于2017年4月顺利结题，市级课题《运用瑶族传统文化艺术打造民族特色学校的策略研究》于2018年6月顺利结题。

民族小学开展了省级艺术课题《瑶族民间艺术校本课程的开发和实施》《民族体育与小学体育教学相结合的实践研究》以及市级艺术课题《瑶族小学生美术绘本创作的策略研究》的研究，也都已经顺利结题。

南岗中心学校盘春风主持的市级课题《连南瑶族长鼓舞纳入乡土课程的研究》于2017年9月结题。

涡水中心学校房比六校长（现任太坪中心学校校长）主持的市级课题《瑶族地区中学生感恩教育的策略研究》于2016年结题。

寨岗中学马良忠校长（现任教育局副局长）主持的市级课题《客家舞狮文

化在农村中学传承和发展研究》于2017年结题。

瑶族传统文化艺术专题科研活动的开展，有力地促进了学校对瑶族传统文化艺术的继承和发扬，丰富了学校的办学内涵，为打造民族品牌学校奠定了基础。

（10）加强文化交流，将瑶族传统文化带出大山。近年来，各瑶族学校积极宣传、推广瑶族传统文化艺术。民族初级中学蹴球队于2015年11月受邀代表广东省到福建省福鼎市参加全国蹴球邀请赛，取得了好成绩。2017年6月，民族初级中学瑶歌队、长鼓舞队到顺德区大良凤城中学参加该校的艺术节演出，得到该校师生高度评价。2018年6月12日，全省民族团结进步创建活动进学校经验交流会在惠州举行，盘金生校长参会并分享经验。2018年11月3日，盘金生等4人到山东曲阜尼山参加"中华优秀传统文化教育"师资培训活动，盘金生做了题为《弘扬优秀传统文化，创建民族特色品牌学校》的报告，并被评为优秀学员。

民族小学每年都有许多外来团体前来参观、交流，近几年就有来自60多个国家和地区学校的学生到校参观、交流。2014年，在著名音乐人解承强的指导下，民族小学创办了连南《瑶族舞曲》少年无伴奏合唱团。合唱团的节目在2016年广东少儿春晚上展出。2016年4月，民族小学的排瑶刺绣工作坊参加了由教育部和青岛市人民政府共同主办的全国第五届中小学生艺术展演活动。工作坊向全国宣传连南瑶族自治县瑶族传统艺术和学校瑶族刺绣校本课程，展示了瑶族传统文化以刺绣为主题的学生作品。参展学生还展示了刺绣现场实践秀、表演了瑶族长鼓舞，向参观人员展示了排瑶传统文化艺术。工作坊以极具民族特色的瑶族刺绣受到来自青岛的学生及全国各地代表的青睐和好评，也得到教育部副部长郝平、教育厅副厅长朱超华、教育厅副巡视员陈建的高度评价。

（11）运用瑶族元素，提炼学校办学理念。文化是学校的灵魂和核心，体现了学校的精神环境和文化氛围，启迪、推动师生的智慧共长和健康发展。它犹如一面鲜艳的旗帜，高扬绵绵不息的精神之气，让学校在辉煌之路上行健致远。民族初级中学，基于地处千年故地百里瑶山、人文地理环境得天独厚，运用瑶族元素，抓好办学理念的提炼，于2017年形成了独具地域个性的"善美"文化，并以此来引导和规范学校的办学行为和教育行为。在学校以"善美"为核心理念的指引下，师生正心向善、齐心向美，促进学校科学、内涵发展。

除了民族初级中学提出以"善美"为核心的文化体系外，民族小学也提出了"绣美教育"、南岗中心学校提出了"鼓舞文化"、大坪中心学校提出"平瑶教育"的教学理念。

2. 取得的成效

（1）课题组校长成员成长迅速。通过4年的潜心研究与大胆实践，课题组成员得到迅速成长，学校管理、学科教学和教育科研能力都得到明显的提升。其中，主持人盘金生的论文《德育视角的瑶族传统文化渗透》在全国中文核心期刊《中学政治教学参考》2017年总第647期发表，论文《少数民族地区学校如何传承少数民族文化》在"富源杯"广东省第十三届中小学校长论坛征文比赛中获一等奖，论文《瑶族传统文化在中学生德育中的渗透思考和尝试》获2017年广东省中小学优秀德育科研成果论文一等奖。与传承瑶族传统文化相关的广东省德育创新重点项目《运用瑶族传统文化艺术对中学生德育渗透的策略研究》顺利结题，并获得2017年广东省中小学优秀德育科研成果评选三等奖，获2018年广东省中小学教育创新成果二等奖。盘金生以第一成员身份参加由省教研院沈林老师主持的广东省教育科学"十二五"规划项目《民族教育内涵及少数民族文化传承教育辨析——以粤蒙等省民族为例》，于2018年6月结题。盘金生当选为广东省教育学会第十届理事会理事、清远市第七届党代表、连南县文学协会副主席、连南县硬笔书法协会常务副主席，现为清远市书法家协会会员、广东散文诗协会会员、广东省首批骨干校长培养对象；盘春风成为广东省第三批骨干校长培养对象，被评为广东省南粤优秀教育工作者；马良忠先后任寨岗镇副镇长、教育局副局长；房比六调任大坪中心学校校长；李堆七调任教育局教仪站站长；唐继锋调任教育局资助办主任；陈永祥调任教育局人事股副股长；陈耿辉任民族小学副校长。通过培训交流、举办竞赛、编辑校本教材、参与子课题研究等形式，课题组成员学校艺术教师的综合素质得到大幅度提升，经得起各级各类检查，可以随时用本地特色节目表演或参赛，欢迎领导、专家来参观指导。民族小学的易丽莉老师被评为广东省首批骨干教师、南粤优秀教师。

（2）校本教材系列化。民族初级中学编写了《手绘瑶绣项目》《瑶族刺绣项目》《瑶族民歌项目》《瑶族传统体育项目》《连南非物质文化遗产项目成果》《瑶族民间故事集》《排瑶民歌集》七种校本课程教材。民族小学编写了《排瑶刺绣》《排瑶长鼓舞》《瑶族歌谣》《民族传统体育》《瑶族神韵》五种校本教材。南岗中心学校编写了《瑶歌集》《油岭长鼓舞》《南岗长鼓》《连南瑶族长鼓舞》《大圆圈鼓》《十二姓鼓》《砍树鼓》七种校本教材。

（3）艺术教育成果丰硕。通过4年的研究实践，我们逐渐摸索出传承瑶族传统文化艺术、促进农村学校艺术教育的基本途径和方法。学校通过校本课程、第二课堂、采风体验、竞赛活动、生活体验、子课题研究等方式进行艺术教育活动，使学生从厌学到爱学，使教师和家长从反对到支持，促进了优秀传统文化的继承与发扬，推动了学校艺术教育工作。2016年，民族初级中学被连南县文化广电新闻出版局、连南县非物质文化遗产保护中心确定为"连南瑶族自治县非物质文化遗产传承基地"；2017年1月成为第一批广东省民族团结进步创建活动示范单位；2018年2月成为第一批广东省艺术教育特色学校。民族初级中学学生参加清远市汉字书写大赛获一等奖，获省三等奖；参加清远市经典诵读获一等奖；参加清远市中学生足球赛获第三名。在2016—2017年清远市第二届艺术百花成人音乐舞蹈花会暨少儿花会大赛中，民族初级中学20多名学生分别获金奖、银奖和百花之星奖。

民族小学有25幅以民俗为主题的绘画作品被广东省文化厅选送到澳大利亚展出；2016年1月，《瑶族舞曲》少年无伴奏合唱团的节目在2016年广东少儿春晚上展出；2016年4月，排瑶刺绣工作坊参加了由教育部和青岛市人民政府共同主办的全国第五届中小学生艺术展演活动并获得展示奖；2016年9月，学校合唱团演唱的《我家在瑶山》在2016年连南县第八届校园文化艺术节展演中荣获小学组一等奖；2016年10月，民族小学被评为清远市2016年"十大优秀乡村少年宫"；民族小学学生在2016年清远市中小学生"童心向党"合唱比赛中荣获二等奖，学校被评为全国特色学校，被授予"全国人文社会科学普及基地"称号，被认定为"连南县非物质文化传承基地""连南县瑶族刺绣传承基地"。

南岗中心学校的《瑶族长鼓舞》获连南第三届长鼓舞大赛二等奖；2015年原生态歌舞《欢乐长鼓舞》获清远农村民间艺术作品创作三等奖，原生态歌舞《欢乐瑶山》荣获广东省第三届中小学艺术展演二等奖；2016年9月，童谣《赶歌堂》参加广东省第二届岭南童谣比赛荣获一等奖；2016年12月，童谣《瑶山童趣》参加清远优秀童谣传唱大赛荣获一等奖；2017年5月23日，原创童谣《瑶民变化大》参加清远市中小学第二届优秀童谣传唱大赛荣获一等奖；2017年12月，南岗中心学校被评为第二批全国中小学中华优秀文化艺术传承学校。

（4）学校环境彰显民族特色。4年来，民族初级中学根据本地瑶族文化特点，一共投入200多万元，将瑶族传统文化艺术、风土人情、非物质文化遗产的瑶族元素融入学校的环境建设之中。现在的校园环境焕然一新，充满了浓郁的民族文化气息。民族小学、南岗中心学校对校门进行了改造，整个校园充满民族特色，受到参观者的赞扬。2018年10月，民族初级中学、涿溪小学和大坪中心学校被评为清远市校园文化示范校。

（5）教育教学质量稳步提高。传承瑶族传统文化艺术活动的开展，提升了师生的民族自豪感，促进了各校德育工作的进步。各校校风得到明显改善，师生更有礼貌，师生间互相关心、互相帮助的风气渐浓，团结进取、乐观向上、自信阳光的精神更足，继承和发扬了瑶族人民特有的勤劳、善良、淳朴、热情、勇敢、粗狂、洒脱、贤惠、文明、团结、能歌善舞、多才多艺的优良品质与传统美德。

2015年，清远市对全市64所学校教学常规进行督查，其中民族初级中学总分排全市第一名。2015年中考，全县前23名学生来自民族初级中学；全县前50名学生民族初级中学学生占了45人；全县前100名学生民族初级中学占了85人；总平均分在全市排108名，创造了历史上最好的成绩。2016年中考更上新台阶，陈宇权同学以总分765分获得连阳四县的中考最高分，并被华师附中录取。全县总分前十名的学生中，民族初级中学的学生有9人；总分前100名学生中，民族初级中学的学生有84人；民族初级中学的总平均分排全市第101名。2017年中考总平均分排全县第一名，八个科目平均分都是全县第一名，总平均分排全市第98名。

其他学校的教学成绩也是一年一进步，生源每年都在增加。

（6）社会知名度提高。学校的特色发展，得到了县各行政部门和社会各界对学校的关注和大力支持。县民族宗教事务局、县文化广电新闻出版局相继拨款共80多万元为民族初级中学维修场地，添置长鼓、少数民族体育器材和举办各类民族文化项目竞赛等，还将学校列为广东省第六届少数民族体育运动会项目比赛场地之一。广东省民宗委拨款9万元为学校建民族团结进步广场。2015年起，广东省慈善总会到民族初级中学参加广东地区学校优秀学生俊杰奖、优秀教师园丁奖颁奖仪式，既奖励文化课成绩好的学生，也奖励艺术体育成绩好的学生。目前，广东省慈善总会的奖项已推广到民族小学、南岗中心学校、寨岗中学、淳溪小学等学校。广东省慈善总会对各校"瑶歌之星""长鼓之星""刺绣之星""体育之星""传统文化艺术教育优秀教师"进行奖励，推动了各校瑶族传统文化艺术的健康持续发展。除了广东省慈善总会，还有广东狮子会及其他热心人士也在学校进行奖教奖学。

现在，学校的办学特色逐渐彰显，办学质量不断提高，社会满意度也不断提高。民族初级中学、民族小学、南岗中心学校都成为连南瑶族自治县的窗口学校，是领导和嘉宾来连南县必去的学校，省委原书记胡春华、原教育厅厅长罗伟其等领导先后到这些学校指导。省委原书记胡春华于2014年到民族小学调研时还特别指示："要采取有针对性的措施，积极挖掘和保护瑶族、壮族传统文化，特别是要加强民族文化教育和研究，更好地传承和弘扬我省少数民族的优秀文化。"在这些学校的带领下，连南县于2016年成功创建为全国农村学校艺术教育实验县，成为广东省两个全国农村学校艺术教育实验县之一。2017年，连南县创建为广东省教育现代化先进县，是清远市第二所创建成功的县区，也是三个少数民族自治县中最早创建的县。专家们提得最多的亮点就是瑶族传统文化艺术在学校的传承与发扬。

七、存在的问题与不足

1. 理论水平有待提高

课题研究虽然取得一定的成果，但却因偏重实践研究，轻理论研究，导致在理论的提炼和经验总结上还不够成熟，还没有形成比较完善的体系。

2. 对瑶族优秀传统文化的内涵和精神内核挖掘不够

当前的研究侧重于实践研究，主要在瑶族传统文化艺术的宣传和技艺传承方面，对理论上的研究还做得不够深入，对瑶族传统文化的内涵和精神内核挖掘还须进一步加强。

3.课题常规工作不够扎实

课题实施方案不够详细科学，课题研究过程执行力度不够，材料收集不及时，教师参与主动性不够，等等。

4.部分师生对传统文化传承不够重视

一些学生对瑶族传统文化艺术的兴趣不浓，特别是民族初级中学有三分之一的学生是汉族学生，而汉族学生大多认为学习瑶族文化艺术与他们无关。一些任课教师也不太赞成学生花太多时间去做学习以外的事情，认为那样会影响学习成绩，这让实验教师有种拉牛上树、逼人上梁山的感觉。

5.课程资源整合不够

各校对校本课程教材的开发还是各自为战，而且质量还不够高，还有待整合成一套更全面、更有价值的校本教材。

6.对社会资源的挖掘和利用有待提升

实验教师与任课教师、校外辅导员、学生、家长等沟通、联系不足，学校与社会有关机构在沟通和争取支持方面还不够深入，没能将社会、家庭、学校三者有机结合，形成合力，没能将社会资源广泛引入学校，提高社会参与度，提高社会影响力。

八、后续研究的方向

1.进一步挖掘瑶族传统文化的内涵与精神内核

在继续做好和丰富当前传承瑶族优秀传统文化活动的基础上，进一步挖掘瑶族传统文化的内涵与精神内核，力求在瑶族优秀传统文化中挖掘出新时代下符合社会主义核心价值观的新力量、新内涵。

2.围绕"民族特色"，进一步加强校园文化建设

校园文化建设是一个挖掘、积累、沉淀、发展的过程，是学校素养与品味的集中体现。我们在创建"民族特色学校"中已迈出了第一步，接下来要将校园文化进一步丰富起来，更突出"育人化、特色化、民族化"。

3.进一步加强校本教材的研发

将三所实验校的校本教材进行整合，编写一套更符合实际、更有操作性、更有价值的、统一的校本教材，并在全县瑶族学校推广使用，让更多的学校、

更多的瑶族学生受益。

4. 提高社会参与度，扩大社会影响力

将社会、家庭、学校三者有机结合，充分发挥社区教育资源优势，进一步加强瑶族传统文化的传承工作，扩大社会影响力。

广东省教育科研"十二五"规划重点项目

《运用瑶族传统文化艺术对中学生德育渗透的策略研究》结题报告

一、项目研究背景

1. 课题的提出

党的十八大报告中提出"立德树人"和"加强社会公德教育、职业道德教育、家庭美德教育和个人品德教育，弘扬中华传统美德，弘扬时代新风"，教育部也要求各地做好民族教育研究课题的申报工作。广东省原省委书记胡春华同志于2014年到清远市调研时指示："要采取有针对性的措施，积极挖掘和保护瑶族、壮族传统文化，特别是要加强民族文化教育和研究，更好地传承和弘扬我省少数民族的优秀文化。"

连南县是中国最大、最古老的排瑶聚居地，具有浓郁瑶族特色的文化艺术；瑶族人有勤劳、善良、豪迈等性格特点，又有尊老爱幼、吃苦耐劳、淳朴节约等传统美德。

2. 核心概念的界定

（1）瑶族。瑶族是中国的少数民族之一。本课题中的瑶族是特指居住在连南瑶族自治县的全国唯一的排瑶。因为人们聚族而居，依山建房，其房屋排排相叠，形成山寨，所以被称为"排瑶"。

（2）传统文化艺术。传统文化艺术，是指文明演化而汇集成的一种反映民族特质和风貌的民族文化艺术是民族历史上各种思想文化、观念形态的总体表征。瑶族传统文化涉及建筑、语言、服饰、生活生产方式、婚丧习俗、社交礼仪、社会组织、节庆娱乐、民间传说、歌舞、扎染、绣花、雕刻技艺等。

（3）德育。德育是道德教育的简称。狭义的德育专指学校德育，即教育者有目的地培养受教育者品德的活动。本课题研究的是让瑶族传统文化艺术渗透到中学生德育教学中，让中学生通过学习瑶族传统文化艺术，形成勤劳、善良、豪迈等性格特点和尊老爱幼、吃苦耐劳、淳朴节约等传统美德。

3. 国内外研究现状述评

从20世纪70年代起，就有俄国、美国、法国、德国等发达国家对学校艺术教育和国民艺术素养的提升开展了深入研究，他们的研究以突出时代性为目标，在研究实际操作方面突出了创新的特点。国内许多少数民族聚居地区也开展了民族传统文化艺术的保护与传承研究，如大化瑶族自治县开展了《瑶族文化保护和传承的研究》，广西壮族自治区开展了《少数民族传统文化德育资源的开发利用的研究》，等等。连南也出版了《粤北瑶族研究》等一批书籍。然而，广东开展的少数民族传统文化艺术对中小学生德育渗透方面的研究却非常缺乏。

为弘扬瑶族文化艺术，促进瑶族文化艺术的传承和发展，连南县于2010年启动全县中小学校开设瑶族传统艺术校本课程的工作。2013年10月，连南县被教育部确定为全国农村学校艺术教育实验县。

古今中外都十分重视德育教育工作，本课题要从中总结经验，借鉴智慧，寻找适合瑶族地区德育工作的方法和途径，让每个人都自信、自立、自主和自强。

4. 选题意义及研究价值

中学阶段是人格塑造和形成的重要阶段。学习优秀中华传统文化和地方特色文化艺术，对中学生习惯的养成、情操的陶冶、人格的培养，以及弘扬民族文化，激发民族自豪感，增强民族凝聚力具有重要的意义。当前，社会上存在着是非不明、道德缺失等不良风气，享乐主义、拜金主义、极端个人主义思潮盛行。一些中学生整日浑浑噩噩、不思进取、好逸恶劳，喜欢以自我为中心。他们自私冷漠、偷盗钱物、打架斗殴，甚至少数学生还参加违法犯罪活动，特别是少数民族地区学生思想单纯，自制能力差，不少学生因犯罪而辍学。所以，开设瑶族传统文化校本课程，让学生了解和学习瑶族传统文化艺术，吸收并养成瑶族人民的优秀品质和传统美德，为实现个人梦和中国梦而不懈努力，得到别人的尊重，实现人生的最大价值，这是课题研究的价值所在。

5. 本课题主要特色

本课题主要特色：让中学生学习了解瑶族传统文化艺术的基本常识，掌握瑶族传统文化艺术的基本技能；让学生通过学习养成优良的道德品质，继承瑶族的传统美德；让学生长见识、练特长、树品德、交好友，使学生品德高、知识博、特长显、走得远，使学校成为民族品牌学校。

二、研究目标与内容

1. 研究目标

（1）让中学生了解瑶族的概况，了解瑶族建筑、语言、服饰、生活方式、生产方式、婚姻习俗、丧葬习俗、社交礼仪、社会组织、节庆娱乐、民间故事、历史传说、民谣、童话、歌舞、扎染、绣花、雕刻技艺等传统文化，并学会最基本的瑶歌、长鼓舞、刺绣、瑶族特色体育项目等；

（2）让中学生了解良好道德观的重要性，学会在学习瑶族传统文化艺术的过程中体会其所蕴含的优秀品质和传统美德，培养健康的心理素质，养成科学健康的行为习惯，树立正确的世界观、人生观、价值观，树立远大理想，激发民族自信心、自豪感，增强民族凝聚力，使自己成为自尊、自信、自立、自主、自强的一代新人；

（3）探讨出一套瑶族传统文化艺术对中学生德育渗透的途径和方法，并在少数民族地区推广和辐射。

2. 研究内容

（1）瑶族的概况及瑶族传统文化艺术的主要内容；

（2）瑶族传统文化艺术渗透在德育工作中的途径和方法；

（3）瑶族传统文化艺术学习、传承的形式与教学方法；

（4）瑶族传统文化艺术与中学生德育渗透的研究与推广。

3. 研究重点

（1）学生瑶族传统文化艺术兴趣的培养；

（2）学习瑶族传统文化艺术的方法和对中学生进行德育渗透的途径与方法；

（3）瑶族传统文化艺术对中学生德育渗透的研究与推广。

4. 研究难点

（1）用瑶族传统文化艺术培养中学生优良品质和传统美德的途径与方法；

（2）创新瑶族传统文化艺术对中学生德育渗透的方法及推广辐射。

5. 拟解决的问题

（1）研究瑶族传统文化艺术内容和读本，使课题在开展学习瑶族传统文化艺术活动中有所依据；

（2）解决开展瑶族传统文化艺术学习中的师资和教师培训问题；

（3）研究把瑶族传统文化艺术与中学生优良品质进行有机结合的策略和途径。

三、研究的理论依据

1.《中学德育大纲》（以下简称《大纲》）

《大纲》明确规定，德育工作是中学教育工作的重要组成部分，与智育、体育、美育等相互联系、彼此渗透、密切协调；针对学生健康成长和学校教育教学以及我们的课堂教学改革，提出了明确的方向和操作的可行性措施。《大纲》中明确指出，课外活动是促进学生全面发展和身心健康的一条重要途径。学校和班级应有计划地在课余时间组织学生开展丰富多彩的科技、文娱、体育等活动（包括课外兴趣小组和各种竞赛活动）。通过课外活动，丰富学生的课余生活，扩展学生的知识视野，发展学生的个性特长，培养学生的良好思想品质、意志性格和生活情趣，提高学生的审美能力。同时，《大纲》还明确校外教育是对学生进行思想品德教育，培养学生健康文明生活方式的一个重要阵地，学校要主动与少年宫、儿童少年活动中心、文化馆、博物馆、纪念馆、科技馆等校外教育单位建立联系，充分利用这些场所和教育设施，组织学生参加各种活动，并在活动中对学生进行德育教育。

2. 皮亚杰心理发展观

皮亚杰的心理理论发展涉及四个极其重要的概念，即图式、同化、顺应和平衡。其中，"同化"是指当主体面对新的刺激情境时，会利用已有图式或认知结构把刺激整合到自己原有认知结构中去；"顺应"是指当主体不能利用原有图式接受或解释新刺激时，其认知结构会随新刺激影响而改变。中国传统文化是中华民族在特殊的自然环境、经济模式、政治结构、意识形态等条件作用下形成的文化习惯和思想精神积淀。就其主要内容而言，可以概括为三个特点：崇尚伦理，自强不息；重视理智和智慧，强调追求真理和辩证的思考；有独特的审美意识和人文精神。新的道德规范只有与人潜意识中的传统美德相承接，才能鲜活，才能发展。因此，学校德育旨在寻找和发掘中国传统文化的内在价值，激活青少年潜意识中的民族传统积淀，赋予当代学校德育以民族根基。

3. 生活德育的理念

陶行知先生曾说，"没有生活作中心的教育是死教育，没有生活作中心的学校是死学校，没有生活作中心的书本是死书本"，并提出了"生活即教育，社会即学校"的思想。因此，在学校德育教学工作中，要把教育的材料、教育的方法、教育的工具、教育的环境，从学校的小范围扩大到社会的大范围。

四、研究方法

1. 文献研究法

课题研究开题前，结合本学科专业特点，自觉查阅、搜集、学习艺术学科教育理论、各艺术学科史论和艺术鉴赏等相关书籍，总结经验，得出结论，以指导本课题研究的全部过程。

2. 实践行动研究法

在本课题研究的过程中，边研究、边实践、多探讨、多实地考察、多亲身体验，学习技能、交流感悟，解决课题研究核心实际问题，总结出规律和策略。

3. 个案跟踪法

根据学生实际，多渠道开展瑶族传统文化艺术对中学生德育渗透活动，总结经验，得出结论。

4. 经验反思总结法

在研究过程中进行阶段交流、总结，在实践过程中不断完善、探索瑶族传统文化艺术教育对中学生德育渗透的途径和模式。

五、研究过程

本课题研究分为课题申报、行动研究和总结鉴定三个阶段。

第一阶段：课题申报阶段（2015年2月—4月）

讨论、确定课题研究题目，撰写课题申报书；分工安排，收集资料，进行理论学习，开展有关瑶族传统文化艺术现状及学生对瑶族传统文化艺术认识和兴趣爱好的调查。

第二阶段：行动研究阶段（2015年5月—2016年11月）

出版读本和手册，探索促进瑶族传统文化艺术对中学生德育渗透的途径和模式，撰写理论研究报告、中期成果报告。

第三阶段：总结鉴定阶段（2016年12月—2017年4月）

形成课题成果，撰写课题结题报告，召开课题结题报告会。

六、主要做法与成效

1. 主要做法

（1）制订实施方案，明确分工职责。课题获得批准后，课题组召开会议，在项目申报书的基础上，结合学校的实际情况制订课题实施方案，明确课题组成员的职责。盘金生是课题总负责人，负责研究的总体规划与方法指导、活动指导，经验总结与推广。陈永祥负责协调部门工作，收集整理资料，编制读本。陈云海负责德育活动策划、组织，收集资料。莫艳辉负责整理分析资料、编制读本。唐罗贵负责在体育、艺术工作中渗透德育指导。班国镘负责协调教学工作与德育工作，统筹校本课程。谢柳林负责收集资料、编制读本。黎晟负责收集资料，编印读本，以及负责瑶族文化艺术在美术课中的渗透工作。班朝森负责收集资料、编印读本，以及负责瑶族特色体育运动在体育课中的渗透工作。李妙翠负责收集资料、编印读本，以及负责瑶族歌舞的研究与指导工作。沈五妹负责收集资料、编印读本，以及负责瑶族刺绣的研究与指导工作。

（2）重视宣传发动，做好前期工作。学校对课题研究进行了宣传和发动，让全校师生认识到瑶族传统文化艺术对德育的重大作用，明确该课题对我校办学内涵提升的重大意义；让课题组成员对瑶族传统文化艺术对德育的渗透有了新的认识，奠定了课题研究的思想基础。经过精心筹备，课题组于2015年6月12日举行开题报告会。报告会邀请省教研院沈林老师、广州市海珠区教育发展中心费伦猛主任、县教育局及兄弟学校领导、全校教师参加开题报告会，连南电视台做了报道。在开题报告会上，盘金生代表课题组成员宣读了开题报告，沈林老师对课题的可行性做了点评，潘党恩局长做了表态性发言，费伦猛主任开展了《如何做小课题》的教育科研专题讲座。

（3）聘请专家学者，加强理论指导。本课题组的实验教师都是我校中层领导和骨干教师，教学经验和管理经验丰富，有些已主持过或参加过课题研究；但由于初次参加德育课题研究，对课题的研究经验不足，甚至对本课题研究有畏惧心理。为消除课题组成员的这种心理，使课题研究能够顺利完成，课题组聘请省德育中心李季教授、省教研院沈林老师、广州市海珠区教研中心费伦猛主任、县教育局潘党恩局长等为课题顾问。教师们有问题可以随时向专家教授请教。

为了提高课题组成员的理论水平，课题组积极选派成员参加各种培训：组织课题组成员到乳源实验学校和乳源中学参观学习；带领课题组成员拜访民间艺人；组织课题组成员参加兄弟学校富有特色的校园文化艺术节，让课题组成员亲身体会瑶族传统文化艺术的博大精深；召开课题成员会议，轮流组织有关课题理论知识学习，拉近课题与教师之间的距离，使各成员对课题的理论有一定的了解，为研究的实践打下扎实的基础。在组织教师业务学习的同时，还要求教师每月写教学反思或教育随笔，在实践中进行反思、总结。

（4）聘请民间艺人，打造师资队伍。学校聘请连南瑶族"歌王""鼓王""牛角王"为学校传承瑶族传统文化艺术顾问，聘请曾到全国乃至世界各地表演和比赛的民间艺人为指导老师，让他们来学校既教学生，也教教师。例如，2015年7月组织全县艺术教师到学校进行了为期一周的瑶歌和长鼓舞培训，为教师学习瑶歌和长鼓舞打好基础。学校还经常邀请顾问和指导老师来学校对实验教师进行瑶歌、长鼓舞、刺绣、瑶族传统体育、神话故事、风土人情等培训。各成员也经常深入瑶山，边进行访问，边学习瑶族传统文化艺术，亲身感受瑶族人民的勤劳、善良、淳朴、热情、勇敢、粗狂、洒脱、贤惠、文明、团结，以及能歌善舞、多才多艺的优良品质与传统美德。两年来，学校聘请校外辅导员和顾问来校授课近2000个课时，支付辅导费近7万元。在民间艺人的帮助下，实验教师对瑶族传统文化艺术有了全面而深刻的认识，为编辑校本教材和德育渗透工作打下基础。

（5）筹措课题经费，拓宽渗透途径。除了省拨的10万元课题经费外，学校还争取到县民族宗教事务局拨款10万元购买瑶族传统体育器材和作为艺术活动经费；县文广新局拨款3万元为学校购买长鼓。目前，学校采取课堂渗透、生活渗透、活动渗透、体验渗透、竞赛渗透等方式，要求师生随时随地发现瑶族传统文化艺术对自己人格魅力的影响。如举办瑶族传统文化艺术第二课堂；举办长鼓舞大赛和瑶歌大赛；举办校园文化艺术节；组织师生到瑶族博物馆、千年瑶寨、油岭古寨参观，到各瑶族村寨采风，走访民间艺人。2015年11月，学校受邀代表广东省到福建省福鼎市参加全国蹴球邀请赛，并取得好成绩。各种活动的举办，让学生知道学习瑶族传统文化除了能形成良好的品德习惯外，还可以到全国各地参加比赛和演出。

（6）做好专题科研，传播瑶族文化。近年，学校大力支持学科组开展教育科研课题的研究，以研促教，以研促学。学校共有2个省级课题立项，15个市级课题立项；有1个省级课题结题，7个市级课题结题。其中，在弘扬瑶族传统文化方面，有美术组的市级课题《瑶族刺绣图案融入美术教学的研究》，音乐组的市级课题《连南瑶族民间音乐校本课程的开发与应用研究》，体育组的市级课题《民族传统体育项目融入初中体育课堂教育教学的研究》等课题。经过认真的研究，积极地探索，取得了丰硕的成果。以上三个课题均于2016年9月份顺利结题，有力地促进了学校对瑶族传统文化艺术的继承和发扬，丰富了学校的办学内涵，为打造民族品牌学校奠定了基础。

（7）实施环境渗透，彰显瑶族文化。民族的传统文化是民族的根，继承和发扬民族优秀传统文化是学校的责任与义务。为了彰显瑶族文化特色，传播瑶族传统文化艺术，让学生在学习瑶族传统文化艺术的过程中体会其所蕴含的历史积淀，培养他们健康的心理素质，养成科学健康的行为习惯，树立正确的世界观、人生观、价值观，激发民族自信心、自豪感、增强民族凝聚力，使他们成为自尊、自信、自立、自主、自强的一代新人，学校从环境渗透开始做起，在校园文化的建设中围绕"瑶族"传统元素进行建设与布置，突出民族初级中学的"民族"文化特色，如在校史展室开设瑶族文化专柜，在教学楼走廊悬挂"长鼓"特色长廊，在科学馆走廊、楼梯、文化墙上悬挂瑶族文化作品，等等。

（8）编写校本教材，打造特色课程。学校开设瑶族传统文化系列的校本课程，如七年级的长鼓舞校本课程，每班每周一节，由学校聘请的瑶族民间艺人进行长鼓舞教学；在音乐课上开展瑶歌教学；开设瑶族刺绣第二课堂，竹竿舞第二课堂；开展瑶族文化主题班会；每年开展长鼓舞比赛、瑶歌比赛等竞赛活动。通过课程、活动、竞赛等多种手段，对中学生进行德育渗透。

为了使学校的瑶族传统文化校本课程有计划、有目的、有依据地持续开展，学校组织体艺学科经验丰富的教师，深入研究瑶族文化的精髓，并结合本地的实际情况，选取符合中学生特点和易于融入课堂的、易于推广和学习的瑶族传统文化艺术素材，进行整理和教学探索，编写出了《手绘瑶绣》《瑶族刺绣》《连南瑶歌》《瑶族体育与瑶族传统美德》《连南非物质文化遗产项目成果》《瑶族民间故事集》《排瑶民歌集》等校本课程教材。瑶族传统文化的校本课程开设以及校本教材的开发和使用，使瑶族学生学习的内容与他们的生活紧密相连。让他们了解瑶族传统文化特色，一方面有利于改变传统课程内容，使学生学有特色，满足与调动他们学习的兴趣和积极性；另一方面有利于增强他们对本民族的认识与了解，有利于民族传统文化代代传承。

（9）提炼办学理念，创办特色学校。近年来，学校得到省德育中心李季教授、省教研院沈林老师、广州市海珠区教研中心费伦猛主任、原县教育局潘党恩局长、华南师范大学李盛兵教授等专家学者的关心与支持，他们对学校打造具有瑶族文化艺术的特色学校的办学思路提出不少建议。学校根据现代中学生比较浮躁、道德感缺失等现象，以及原来学校提出的打造"品质民中"的办学理念经常受到来校嘉宾质疑的问题，经过深入地研究与思考，提出进行"善美教育"的办学理念。"善美教育"的理念引起了师生的共鸣，继而得到了广大师生的认可。

2. 取得的成效

（1）课题组教师迅速成长。实验教师在教学科研等方面取得较好成绩：2015年，莫艳辉被评为广东省语文特级教师和清远市名教师；谢柳林被评为2015年南粤优秀教师，2016年成功获得高级教师职称；盘金生的论文《少数民族地区学校如何传承少数民族优秀传统文化》获第十三届广东省中小学校长论坛一等奖，论文《德育视角的瑶族传统文化渗透》2017年2月在全国中文核心期刊《中学政治教学参考》上发表；班朝森等实验教师的多篇论文也在省市比赛中获奖或发表。

（2）形成初步的校本教材。学校初步编写了《手绘瑶绣》《瑶族刺绣》《连南瑶歌》《瑶族体育与瑶族传统美德》《连南非物质文化遗产项目成果》《瑶族民间故事集》《排瑶民歌集》等校本课程教材，改变瑶族以往只靠口授心传的落后传承方式。目前教材已投入使用，并取得一定效果。

（3）学校德育工作观念得到转变。学校德育工作者对德育功能与德育内容的关系有了新的认识，对德育工作中的改革、创新有了新的体会。

（4）学校的德育工作跃上了新的台阶。通过两年多的研究实践，学校探讨出德育渗透的基本途径和方法。学校通过校本课程、第二课堂、采风体验、竞赛活动、生产劳动、生活体验等方式进行德育渗透。学校也于2016年被连南县文化广电新闻出版局、连南县非物质文化遗产保护中心确定为"连南瑶族自治县非物质文化遗产传承基地"，2017年1月成为第一批广东省民族团结进步创建活动示范单位。

（5）校风有较大转变。师生更有礼貌，互相关心、互相帮助，勤劳诚实，善良淳朴，团结进取、乐观向上，自信阳光、热情大方，尊老爱幼、孝顺扶弱，违纪较少。

（6）教学质量明显提高。2015年，清远市对全市64所学校教学常规进行督查，我校总分排全市第一名；2015年中考，全县前23名在我校，全县前50名我校占了45人，前100名我校占了85人，创下了历史上最好的成绩；2015年我校代表连南县参加清远市中学生足球赛获季军，参加市中学生规范字比赛获团体亚军；2016年我校代表清远市参加省规范字大赛荣获三等奖。2016年中考更上新台阶，陈宇权同学成为连阳四县的中考状元，全县总分前十名我校占9人，总分前100名我校有84人。

（7）社会支持度和肯定度提高。县各行政部门和社会各界对学校更关注，大力支持瑶族传统文化艺术教育；县民族宗教事务局、县文化广电新闻出版局相继拨款支持学校。2015年，广东省慈善总会到我校举行广东地区优秀学生俊杰奖、优秀教师园丁奖颁奖仪式，既奖励文化课成绩好的学生，也奖励艺术体育成绩好的学生。现在，许多不在我校招生范围的学生也争着来我校读书，社会也给予我校较高的评价。

（8）学校办学特色初步彰显，起到了模范辐射作用。近年来，学校开展了丰富多彩的校园文化艺术活动，既继承中华民族的优秀文化，又传承瑶族传统文化。学校通过民族传统文化教育，促进了特色学校的发展，有效带动了学校整体向优质化水平发展，逐步形成各校独具特色的校园文化，学校的办学水平也得以大幅度提升。

我校利用资源，在对本校教师进行瑶族传统文化艺术培训，或在各类专家来校开设讲座时，也邀请兄弟学校派教师参加，实现资源共享。周边县市或"珠三角"地区的一些学校也经常来我校交流，了解我校的办学特色。

七、问题与反思

（1）理论能力仍有待提高。课题研究取得一定的成果，但在理论的提炼和德育体系的形成方面还不够成熟。

（2）课题牵涉的瑶族传统文化艺术，有瑶歌、长鼓舞、刺绣、瑶族体育项目、风土人情等，因研究范围广，研究的人员只顾自己的任务，缺少协调，因此无法深入去做细，做透；而通过瑶族传统文化艺术提炼出来的传统美德和行为习惯又基本上是善良、勇敢、热情、勤劳、诚实、乐观等，这又有一种范围广、内涵窄的矛盾。

（3）课题实施方案不够详细科学，执行力度不够，材料收集不及时，主动性不够，一些实验教师的学习及科研能力有待加强。

（4）初中生对瑶族传统文化艺术的兴趣不浓，特别是我校有三分之一是汉族学生，他们认为学习瑶族文化艺术与他们无关；一些任课教师也不太赞成学生花太多时间去做学习以外的事情，他们往往害怕由此影响学习成绩，让实验教师有种拉牛上树、逼人上梁山的感觉。

（5）实验教师与任课教师、校外辅导员、学生、家长等沟通不够，没有充分利用好各方面资源。

八、后续研究的方向

（1）进一步加强校园瑶族传统文化氛围的建设，成立传统文化阅读专栏。和县文化部门联系，收集和购买本地瑶族传统文化的书籍；咨询或外出参观学习考察，收集其他瑶族地区的优秀出版物。将收集的出版物集中，在阅览室成立"瑶族传统文化专柜"，供师生阅读、学习。

（2）继续做好校本教材的编写，在现稿的基础上进一步丰富内容；再次对内容进行整理和修改，提高校本教材的质量，使教材更具操作性，更适合教学的需要，更贴近瑶族人民的生产生活。

（3）继续争取社会的支持与配合。与县内瑶族文化传承基地、历史文化教育基地联系，与瑶族文化保存完善、瑶族文化传承工作杰出的村寨联系，如瑶族博物馆、南岗千年瑶寨、油岭古寨等，争取得到他们的支持，形成长期合作关系，定期组织学生前去参观学习。要求学生在校三年期间，最少去一次瑶族博物馆，最少去一次瑶寨调研、学习。

（4）充分利用社会群众资源。聘请"鼓王""歌王"等校外辅导员，聘请一些村寨中有文化、有威望的长辈作学校"德育辅导员"，定期来学校讲课，讲讲瑶族的故事、讲讲瑶族的历史，让学生感受瑶族文化、感受瑶族人民优秀的传统美德。

（5）做好学习与借鉴，形成有瑶族学校特色的德育体系。组织课题组成员到其他瑶族地区或少数民族地区学习考察，学习他们在传统文化和学校德育之间融合的先进做法，进一步完善课题的研究。寻找理论支撑，逐步形成瑶族学校特色的德育体系，把连南民族初级中学打造成全国少数民族特色名校，为国家和社会培养更多优秀人才。

（2017 年 4 月 8 日）

清远市教育科研课题

《运用瑶族传统文化艺术打造民族特色学校的策略研究》结题报告

一、课题提出的背景及意义

1. 课题提出的背景

连南瑶族自治县是全国最大、最古老的排瑶聚居地，经过长期的发展，形成了具有浓郁瑶族特色的文化。我县的传统文化艺术，来源于人民群众的日常劳动和生活，蕴含丰富的历史、地理、文化等人文信息，表达了民间群众的美好愿望，反映了人民群众的社会生活，是具有鲜明地方特色和悠久历史的民族奇葩。连南县要在2016年创建成全国农村学校艺术教育实验县，要在全国起辐射作用，我们这些有艺术特色基础的学校得走在前面，带头探索艺术教育的途径和模式，推动全县艺术教育的开展。所以，学校要全面传承瑶族传统文化艺术，促进学校特色教育的发展，培养更多的艺术人才，为学生指引崭新的人生道路。本着这样的理念，我们决定选择本课题，开展研究工作，并在研究过程中体验它独特的意义。

2. 课题研究的意义

本课题研究旨在以瑶族传统艺术为土壤，立足地方，立足学校，以"学生为本，发展为本"，通过传承瑶族传统文化艺术资源（主要是瑶族长鼓舞、刺绣、瑶歌等艺术资源等），设计多种多样的艺术活动，为学生提供生动有趣、丰富多彩的瑶族传统文化艺术内容和信息；通过多种形式、不同渠道的渗透，让学生"走进艺术，感受艺术"，使学生参与、体验乡土艺术活动，形成对瑶族传统文化艺术的认同、热爱和对多元文化的尊重，从而积极传承和发展瑶族传统文化艺术；通过本课题的研究，使瑶族传统文化的力量熔铸在民族的生命力、创造力和凝聚力之中。胡锦涛同志在美国耶鲁大学演讲时曾说："一个民族的文化，往往凝聚着这个民族对世界和生命的历史认知和现实感受，也往往积淀着这个民族最深层的精神追求和行为准则。"传统文化本身虽然不是新文化，但其内在的基本文化精神却可以经过批判、改造、继承、弘扬而成为新文化的生长点。课题组在课题研究和实践过程中挖掘瑶族传统文化在对学生进行人格的塑造、加强学生人文素质教育、增强社会主义主人翁意识、加强传统道德教育等方面的重要作用，用瑶族传统文化彰显学校的办学特色，使瑶族传统文化从行为模式、思想倾向、心理倾向、心理素质、自我意识等多个方面塑造学生的人格和行为。课题组根据所处的环境、学生的实际情况，精心设计传统文化校本课程方案，通过创造性劳动，逐步形成办学特色，发展学校的个性。

二、课题研究的现状

对于艺术教育的研究，从20世纪70年代就有俄国、美国、法国、德国等发达国家对学校艺术教育深入研究。他们的研究重视理论与实践结合，以突出时代性为目标，研究内容民族化，研究方案突出整体性，研究队伍突出群体性，研究实际操作突出创新特点。

我国从19世纪80年代开始，已对中小学实施艺术教育，并开展积极研究，主要表现为：很多院校艺术教师在本学科教学中，针对如何提高学生的艺术素养做了相关研究，并发表论文交流；对我国城乡学校艺术教育现状进行了调查研究；对我国艺术发展及国外艺术教育的文献进行研究；对艺术教育和素质教育关系的发展进行了研究；对学校艺术教育的地位和功能进行了理论研究；等等。他们为提高我国国民艺术素质做出了很大贡献。许多少数民族聚居地区也先后开展了民族传统文化艺术的保护与传承研究。如大化瑶族自治县开展的《瑶族文化保护和传承的研究》《桂阳县少数民族地区文化遗产保护与传承》等，为保护瑶族传统文化艺术、传承瑶族传统文化艺术提供了宝贵的经验。但在农村中小学校开展"瑶族传统文化艺术"方面的研究却是凤毛麟角。

为弘扬瑶族文化艺术，促进瑶族文化艺术的传承和发展，使学校形成鲜明的瑶族办学特色，促进学生和谐均衡发展，连南县于2010年12月启动了全县中小学校开设瑶族传统艺术校本课程的工作。近年来，县其他中小学校也根据学校所在地的特点开展了各具特色的瑶族传统文化艺术教学，但更多的只是以兴趣小组或第二课堂的形式零散地进行，并没有真正把瑶族传统文化艺术纳入课程、纳入课堂、渗透到学科教学中，没有常态化、系统化地进行艺术教学，学校也没有刻意营造艺术氛围。

三、研究的内容

1. 研究的基本内容

（1）以瑶族传统文化艺术为内涵的特色学校建设校本大纲及实施方案的规划。

（2）以瑶族传统文化艺术为内涵的特色学校建设案例。

（3）以瑶族传统文化艺术为内涵的特色学校建设的具体内容、方法、途径及其操作策略。

2. 研究的重、难点

（1）研究重点：以瑶族传统文化艺术为内涵的特色学校建设的具体内容、方法、途径。

（2）研究难点：以瑶族传统文化艺术为内涵的特色学校建设的操作策略。

四、研究的思路与方法

1. 研究思路

本课题的研究主要是为了弘扬瑶族文化艺术，促进瑶族文化艺术的传承和发展，使学校形成鲜明的瑶族办学特色，促进学生和谐均衡发展。把瑶族传统文化艺术纳入课程、纳入课堂、渗透学科教学，进行常态化、系统化的艺术教学。通过校园文化的建设，刻意营造艺术氛围，全面宣传瑶族传统文化艺术，促进学校特色教育的发展，培养更多的艺术人才，为学生创造崭新的人生道路。

2. 研究方法

（1）调查研究的方法。分析我校瑶族传统文化艺术现状，对学校已有的瑶族传统文化艺术相关研究成果与实践经验进行梳理和整合。为本课题研究提供充足准备，提出具体对策，明确研究的方向。运用文献收集整理国内外与课题相关教育理论，为课题研究提供科学的理论依据。

（2）用文献进行调查研究的方法。深刻理解学校文化的内涵以及瑶族传统文化艺术在特色学校建设中的核心作用和价值。

（3）经验总结、行动研究法。探寻瑶族传统文化艺术对特色学校建设的内容、方法、途径及操作策略。

（4）研究案例、总结经验、反思法。收集分析和归纳整理本课题研究的成功案例和有益经验，撰写研究报告、论文等，完成结题工作。

五、课题研究的策略

1. 主动聘请，高度重视，专家引领指导

本课题组的实验教师都是我校中层领导和骨干教师，教学经验和管理经验丰富，有些已主持过或参加过课题研究。但他们对学校管理、特色办学的知识缺乏，对课题的研究经验不足，甚至对本课题研究有畏惧心理。为消除课题组成员的这种心理，使课题研究能够顺利完成，课题组聘请省德育中心李季教授、省教研院沈林老师、广州市海珠区教研中心费伦猛主任等为课题顾问，根据专家教授的指引，一步一步探索如何创办特色学校。华南师范大学李盛兵院长、董标教授，华南农业大学李自若博士，山东大学郝安黎教授等先后来我校指导校园文化建设和课题研究，帮助我校提炼办学理念，设计校园文化。县教研中心的曾海源、蔡世峰等也曾多次来校指导。市教研院邓溯明院长、李雄飞副院长、李翠华主任等来校参加了课题开题，并多次指导课题组开展课题研究工作。省教研院沈林老师、广州市海珠区教育发展中心的费伦猛主任三次来校做指导，参加课题开题报告，给全校教师培训，指导课题开展。

2. 校园处处彰显瑶族文化特色，潜移默化，润物无声

连南县民族初级中学成立65年。在课题申报前，整个校园的环境、氛围都与"民族"二字不符合。学校瑶族学生占三分之二，但校园里没有瑶族风格的建筑，没有瑶族元素的装饰、布置，就是一所普普通通的初级中学。作为少数民族地区学校，民族的传统文化是民族的根。学校作为教育的最前沿，继承和发扬民族优秀传统文化是学校的责任与义务。为此，学校在打造民族特色学校的理念下，首先从环境改造入手，在校园文化的建设中围绕"瑶族"传统元素进行建设与布置，运用瑶族文化元素打造校园文化，突出民族初级中学的"民族"文化特色。三年来，学校共投入200多万元打造学校的民族特色，如在校史展室开设瑶族文化专柜，在教学楼走廊布置"长鼓舞"特色长廊，在科学馆走

廊、楼梯、文化墙上悬挂瑶寨风光、瑶族传统习俗等充满瑶族风情的图像和师生的瑶绣、绘画作品，在校道修建特色宣传栏，用瑶族元素重新装修、布置校园建筑、广场，把瑶族舞曲编入上下课铃声，在校服上融入瑶族刺绣元素，等等。不仅校园环境得到美化，更让校园处处彰显瑶族文化气息，让人一进校园就能感受到浓郁的、独特的瑶族文化。

3. 深入挖掘，整合利用瑶族传统文化艺术资源

把瑶族优秀传统文化艺术带入课堂，是打造民族特色学校的重要手段，也是继承和发扬传统文化的有效措施之一。2015年起，学校开设瑶族传统文化系列校本课程，如聘请瑶族民间艺人在七年级进行长鼓舞教学；在音乐课开展瑶歌教学，在第二课堂开设瑶族刺绣、瑶歌、长鼓舞，在体育课和第二课堂开设竹竿舞、高脚、押加、板鞋、珍珠球、蹴球等课程，在班会课组织开展瑶族文化主题班会；等等。为了使学校的瑶族传统文化校本课程有计划、有目的、有依据地持续开展，学校还组织体艺学科经验丰富的教师深入研究瑶族文化的精髓，结合本地的实际情况，选取符合中学生特点和易于融入课堂的、易于推广和学习的瑶族传统文化艺术素材，进行整理和教学探索，编写了《手绘瑶绣》《瑶族刺绣》《连南瑶歌》《瑶族体育》《连南非物质文化遗产项目成果》《瑶族民间故事集》《排瑶民歌集》等校本课程教材。

瑶族传统文化校本课程的开设以及校本教材的开发和使用，使瑶族学生学习的内容与他们的生活紧密相连。让他们了解了瑶族传统文化特色，不但有利于改变传统课程内容，使学生学有特色，满足与调动他们学习的兴趣和积极性，还有利于增强他们对本民族的认识与了解，使民族传统文化一代代地传承。

学校每年会组织师生3000人到瑶族博物馆、千年瑶寨、油岭古寨、三排瑶寨等地学习考察，到各瑶族村寨走访民间艺人，领略瑶族风情，感受大自然的美好和民间艺术的魅力，让学生更加了解自己的家乡，激发学生热爱大自然、热爱家乡之情。

4. 分层培训，以赛促建

学校为了提高学校艺术教师对瑶族传统文化艺术的教学能力，专门聘请了一些瑶族民间艺人进入学校辅导教师和学生，如聘请了连南瑶族"歌王""鼓王""牛角王"等为学校传承瑶族传统文化艺术顾问，聘请了23位曾到全国乃至世界各地表演和比赛的民间艺人为指导老师，让他们来学校教学生、教教师。例如，2015年7月学校组织全县艺术教师200人到我校进行了为期一周的瑶歌和长鼓舞培训，为教师学习瑶歌和长鼓舞打好基础。2016年9月至今，学校专门聘请民间艺人唐考传吊为长鼓舞教师，安排七年级各班每周上一节长鼓课。邀请瑶族"歌王"唐龙给各班上瑶歌课。学校还经常邀请顾问和指导老师来学校对实验教师进行瑶歌、长鼓舞、刺绣、瑶族传统体育、神话故事、风土人情等的培训。近三年来，学校聘请校外辅导员和顾问以半义务的方式来校授课近2000个课时，支付辅导费近10万元。在民间艺人的帮助下，学校艺术学科教师对瑶族传统文化艺术有了全面而深刻的认识，提高了传授、指导学生学习瑶族传统文化艺术的能力。

学校多次组织专题培训学习，如选派校长、副校长和骨干教师200多人到贵州、江苏、山东、湖北、广州、重庆、西藏、北京等省、市、自治区学习校园文化建设，组织课题组成员和学科教师到乳源实验学校和乳源中学参观学习，带领课题组成员拜访民间艺人，组织课题组参加兄弟学校富有特色的校园文化艺术节，等等；还邀请省、市、县的专家到校指导课题和学校管理工作，让课题组明确如何开展课题，如何提升办学理念。据初步统计，2016年用于师资培训的经费达60万元，2017年用于师资培训的经费达70万元。

学校每年举办一届校园文化艺术节。艺术节中除了绘画、书法、手工、摄影、舞蹈等常规项目，还有连南瑶族独特的长鼓舞比赛、瑶歌比赛、刺绣比赛等活动；学校每年一届的校运会，除了田径等常规项目，还有刺激好玩的高跷、蹴球、陀螺、板鞋等民族运动项目。学校把瑶族传统文化艺术融入各种活动之中，让师生进一步认识瑶族传统文化艺术，亲身感受、体验民族文化的魅力，促进传统文化的继承与传播。学校还积极组织学生参加校外艺术活动，如组织学生参加县瑶艺节、长鼓舞大赛等活动。学校蹴球队还于2015年11月受邀代表广东省到福建省福鼎市参加全国蹴球邀请赛，并取得好成绩。据统计，我校每年用于各类艺术活动的经费达50万元。

5. 做好专题科研，传播瑶族文化

近年，学校大力支持学科组开展教育科研课题的研究，以研促教，以研促学。2015年至今共有2个省级课题立项，15个市级课题立项；有1个省级课题结题，7个市级课题结题。其中，在弘扬瑶族传统文化方面有广东省学校德育创新项目、省德育重点课题《运用瑶族传统文化艺术对中学生德育渗透的策略研究》，美术组的市级课题《瑶族刺绣图案融入美术教学的研究》，音乐组的市级课题《连南瑶族民间音乐校本课程的开发与应用研究》，体育组的市级课题《民族传统体育项目融入初中体育课堂教育教学的研究》。经过认真的研究，积极地探索，取得了丰硕的成果。三个市级课题均于2016年9月份顺利结题，省德育重点课题于2017年4月顺利结题。瑶族传统文化的专题科研活动的开展，有力地促进了学校对瑶族传统文化艺术的继承和发扬，丰富了学校的办学内涵，为打造民族品牌学校奠定了基础。

6. 筹措课题经费，保障研究开展

学校打造民族特色学校的工作，得到了上级有关部门的关注和支持。2015年，县民族宗教事务局给学校拨款10万元，用于购买瑶族传统体育器材和开展艺术活动；2016年，县文广新局给学校拨款3万元，用于购买学生使用的瑶族长鼓；2017年县民族宗教事务局支援我校民族体育运动会1万元。学校将经费大力投入研究项目中，三年来学校一共投入的与研究项目相关的经费有50多万元。学校不但得到了上级和有关部门的支持，保障项目研究的有序开展；学校自己也做到充分利用好每一笔经费，厉行节约、严格控制、专款专用、详细备案。

7. 运用瑶族元素，提炼办学理念

理念文化是学校的灵魂和核心，体现学校的精神环境和文化氛围，启迪和推动师生的智慧共长和健康发展。它犹如一面鲜艳的旗帜，高扬绵绵不息的精神之气，让学校在辉煌之路上行健致远。连南瑶族自治县民族初级中学，地处千年故地百里瑶山，人文地理环境得天独厚。学校坐落在纵横山岭间，人杰地灵，民风善美。百年树人，学校为先，郁郁文风，于斯为盛。惠承山德、荣继民风，学校形成了独具地域个性的"善美"文化，并以此来引导和规范学校的办学行为和教育行为。学校在以"善美"为核心理念的指引下，师生正心向善、齐心向美，促进学校科学、内涵的发展。学校校训是"至善如山，大美若瑶"；校风是"明德至善，尚文臻美"；教风是"循循善诱，孜孜润美"；学风是"乐学善思，雅言美行"；学校精神是"正心向善，齐心向美"；发展愿景是"质量一流，特色突出的广东名校"；办学宗旨是"让学生全面发展，让'善美'源远流长"；办学特色是"善美润行，文教化人"；培养目标是"全面发展的善美学子"；管理理念是"方圆有度，严爱相济"；用人理念是"知人善任，才尽其美"；发展理念是"以人为本，科学管理、质量立校，内涵发展"。

六、取得的成效

作为一所身处少数民族聚集地区、以瑶族学生为主的学校，我们坚持以人为本的原则，坚持"办特色学校，做善美教育，育全面人才"的原则，以传承和弘扬少数民族的优秀文化为己任，根据地域特点和学校办学实际，把传承民族文化作为学校的发展特色。在"以课题教学为主渠道，以课题开展为抓手，以特色教育活动为载体，以校园文化为依托"的创建特色学校的工作思路下，通过对运用瑶族传统文化艺术打造民族特色学校的策略开展研究，在创建特色学校过程中取得明显成效。

1. 课题组教师迅速成长

通过三年的潜心研究与大胆实践，课题组的成员得到迅速成长，其学校管理工作、学科教学工作和教育科研的能力都得到明显的提升。其中，主持人盘金生的论文《德育视角的瑶族传统文化渗透》在全国中文核心期刊《中学政治教学参考》2017年总第647期发表，论文《少数民族地区学校如何传承少数民族文化》在"富源杯"广东省第十三届中小学校长论坛征文比赛中获一等奖，《瑶族传统文化在中学生德育中的渗透思考和尝试》获2017年广东省中小学优秀德育科研成果论文一等奖。与传承瑶族传统文化相关的广东省重点德育课题《运用瑶族传统文化艺术对中学生德育渗透的策略研究》顺利结题，并获得2017年广东省中小学优秀德育科研成果评选三等奖。以瑶族传统文化为背景的市级课题也顺利结题。黎晟主持的市级课题《瑶族刺绣图案融入美术教学的研究》，李妙翠主持的市级课题《连南瑶族民间音乐校本课程的开发与应用研究》，班朝森主持的市级课题《民族传统体育项目融入初中体育课堂教育教学的研究》，均于2016年9月顺利结题。学校重要的阶段性研究成果统计表，见表5-1。

表5-1　重要的阶段性研究成果统计表

成果名称	作者姓名	成果形式	发表刊物名称、刊号或获奖情况
《少数民族地区学校如何传承少数民族传统文化》	盘金生	论文	在《师道·教研》2014年第12期发表
《德育视角的瑶族传统文化渗透》	盘金生	论文	在国家级核心刊物《中学政治教学参考》2017年第2期发表

成果名称	作者姓名	成果形式	发表刊物名称、刊号或获奖情况
《浅谈提高少数民族学生汉语写作能力的途径》	盘金生	论文	在《语文天地》于2017年4月发表
《少数民族地区学校如何传承少数民族优秀传统文化》	盘金生	论文	在2015年获第十三届广东省中小学校长论坛一等奖
《核心素养的本土实践——善美教育》	盘金生	论文	在省级刊物《师道》2017年总第282期发表
《体育与健康自主学习课堂教学的体会》	班朝森	论文	省三等奖
《扎实开展课题研究，促进瑶族音乐的传承与发展》	李妙翠	论文	获市二等奖（2015年12月）
《浅谈初级中学如何进行瑶歌教学》	李妙翠	论文	在《连南教育》2015年第三期发表
《浅谈平面构成与瑶族刺绣图案中"线"的教学应用》	黎晟	论文	在《连南教育》2016年第一期发表
瑶族刺绣在中学生德育中的渗透——如何传承瑶族刺绣	沈五妹	论文	在《连南教育》2016年第二期发表
《运用瑶族传统文化艺术对中学生德育渗透的策略研究》	盘金生等人	课题	广东省教育科学"十二五"规划项目，广东省德育重点课题
《瑶族刺绣图案融入美术教学的研究》	黎晟等人	课题	清远市教育科研课题
《连南瑶族民间音乐校本课程的开发与应用研究》	李妙翠等人	课题	清远市教育科研课题
《民族传统体育项目融入初中体育课堂教育教学的研究》	班朝森等人	课题	清远市教育科研课题
《瑶族传统文化在中学生德育中的渗透思考和尝试》	盘金生	论文	获2017年省中小学优秀德育科研成果论文一等奖
《运用瑶族传统文化艺术对中学生德育渗透的策略研究》	盘金生等人	课题成果	获2017年广东省中小学优秀德育科研成果评选三等奖
《少数民族地区寄宿制学校建设思考》	盘金生	论文	在《广东教学》第2700期发表
连南瑶族自治县非物质文化遗产传承基地	学校	荣誉	由2016年5月连南县文化广电新闻出版局、连南县非物质文化遗产保护中心确定
第一批广东省民族团结进步创建活动示范单位	学校	荣誉	2017年1月
第一批广东省艺术教育特色学校	学校	荣誉	2018年2月（已公示）

2. 学校环境越来越有民族特色

三年来，学校一共投入200多万元，根据本地瑶族文化特点，将瑶族传统文化，风土人情的瑶族元素融入学校环境的建设中，现在的校园环境焕然一新，充满了浓郁的民族文化气息。

3. 编写出瑶族特色的校本教材

课题组成员结合自己主持或参与的市级课题的研究内容，编写了《手绘瑶绣项目》《瑶族刺绣项目》《瑶族民歌项目》《瑶族传统体育项目》《连南非物质文化遗产项目成果》《瑶族民间故事集》《排瑶民歌集》等一系列传承瑶族传统文化艺术的校本课程教材，改变了瑶族以往只靠口授心传的落后传承方式。目前教材已投入使用，并取得一定效果。

4. 学校的艺术工作跃上新的台阶

通过三年的研究实践，我们逐渐摸索出打造民族特色学校的基本途径和方法。学校通过校本课程、第二课堂、采风体验、竞赛活动、生活体验等方式进行特色教育活动，促进了优秀传统文化的继承与发扬，带动了学校艺术工作的提升。2016年，学校被连南县文化广电新闻出版局、连南县非物质文化遗产保护中心确定为"连南瑶族自治县非物质文化遗产传承基地"，2017年1月成为第一批广东省民族团结进步创建活动示范单位。2018年2月，根据广东省教育厅的公示，学校成功被列入第一批广东省艺术教育特色学校拟认定名单之中。

5. 校风有较大转变

通过民族文化的传播与民间传统文化艺术活动的开展，提升了师生的民族自豪感，使师生更有礼貌；促进了学校德育工作的进步，使学校校风得到改善，互相关心、互相帮助的风气渐浓，团结进取、乐观向上、自信阳光的精神更足。

6. 教学质量明显提高

2015年清远市对全市64所学校教学常规进行督查，我校总分排全市第一名。2015年中考，全县前23名在我校，全县前50名我校占了45人，全县前100名我校占了85人，总平均分在全市排108名，创造了历史上最好的成绩。2015年我校代表连南县参加清远市中学生足球赛获季军，参加市中学生规范字比赛获团体亚军。2016年我校代表清远市参加省规范字大赛荣获三等奖。2016年中考更上新台阶，陈宇权同学以765分成为连阳四县的中考状元，并被华师附中录取。全县总分前十名我校占9人，总分前100名我校占84人，总平均分排全市第101名。2017年中考总平均分排全县第一名，八个科目平均分都是全县第一名，总平均分排全市第98名。

7. 社会支持度和肯定度提高

县各行政部门和社会各界对学校更关注，大力支持瑶族传统文化艺术教育，县民族宗教事务局、县文化广电新闻出版局相继拨款支持我校。2015年广东省慈善总会到我校召开广东地区优秀学生俊杰奖、优秀教师园丁奖颁奖仪式，既奖励文化课成绩好的学生，也奖励艺术体育成绩好的学生。广东省慈善总会连续三年对我校"瑶歌之星""长鼓之星""刺绣之星""体育之星""传统文化艺术教育优秀教师"进行奖励，推动我校瑶族传统文化艺术的健康持续发展。广东狮子会在我校设立"诚信奖"，奖励对传统文化做出贡献的教师。现在，许多不在我校招生范围的学生也争着来我校读书，社会也给予较高的评价。

8. 学校办学特色初步彰显

通过课题研究的不断深入，学校的办学思路日渐明确。学校通过民族传统文化教育，促进了特色学校的发展，有效带动了学校整体向优质化水平发展，逐步形成各校独具特色的校园文化，学校的办学水平也得以大幅度提升。学校在以"善美"为核心理念的指引下，以"让学生全面发展，让善美源远流长"为办学宗旨，以"善美润行，文教化人"为办学特色，以"全面发展的善美学子"为培养目标，让师生正心向善、齐心向美，促进学校科学发展，全力打造"质量一流、特色突出的广东名校"。2018年2月，我校成功进入第一批广东省艺术教育特色学校拟认定名单之中，受到评估专家的一致好评（希望我校申报成为国家艺术特色学校）。

七、存在的问题与不足

1. 理论能力仍有待提高

课题研究虽然取得一定的成果，但却因偏重实践研究，轻理论研究，导致在理论的提炼和经验总结上还不够成熟，还没有形成比较完善的体系。

2. 对瑶族优秀传统文化的内涵和精神内核挖掘不够

当前的研究侧重实践研究，主要在瑶族传统文化艺术的宣传和技艺传承方面，对理论的研究还做得不够深入，对瑶族传统文化的内涵和精神内核挖掘还须进一步加强。

3. 课题常规工作不够扎实

课题实施方案不够详细科学，课题研究过程执行力度不够，材料收集不及时，教师参与主动性不够，等等。

4. 部分师生对传统文化传承不够重视

一些学生对瑶族传统文化艺术的兴趣不浓，特别是我校有三分之一的学生是汉族学生，而汉族学生大多认为学习瑶族文化艺术与他们无关。一些任课教师也不太赞成学生花太多时间去做学习以外的事情，他们往往害怕影响学生成绩，这让实验老师有种拉牛上树、逼人上梁山的感觉。

5. 对社会资源的挖掘和利用有待提升

实验教师与任课教师、校外辅导员、学生、家长等沟通、联系不足，学校与社会有关机构在沟通和争取支持方面还不够深入，没能将社会、家庭、学校三者有机结合，形成合力，没能将社会资源广泛引入学校。

八、后续研究的方向

1. 进一步挖掘瑶族传统文化的内涵与精神内核

在继续做好和丰富当前传承瑶族优秀传统文化活动的基础上，进一步挖掘瑶族传统文化的内涵与精神内核，力求在瑶族优秀传统文化中挖掘出新时代下符合社会主义核心价值观的新力量、新内涵。

2. 围绕"民族特色"，进一步加强校园文化建设

校园文化建设是一个挖掘、积累、沉淀、发展的过程，是学校素养与品味的集中体现。我们在创建"民族特色学校"中已迈出了第一步，接下来要将校园文化进一步丰富起来，突出"育人化、特色化、民族化"。

3. 提高社会参与度，扩大社会影响力

将社会、家庭、学校三者有机结合，充分发挥社区教育资源优势，进一步加强瑶族传统文化的传承工作，扩大社会影响力。

（2018 年 6 月 6 日）

6

第六章

教育随笔

做不抛弃不放弃的教育

近段时间有不少学生爬围墙外出，其中有几个是在网吧待到天亮才回来。我值周时也发现有学生爬围墙外出，在此我愿做个检讨。但今天政教室在处理这些学生时却罚他们在大堂站，然后叫学生家长来校领学生回去，还想强制学生转学。我在想，我们还是不是培育瑶族英才的学校？还是不是全县优秀教师集中的地方？我们是不是已江郎才尽、黔驴技穷？

"身体发肤，受之父母。"从一方面来说，师者，父母也；而从另一方面来说，学生也是我们教师的"衣食父母"。没有学生，我们教师就没有工作的对象，就没有这份工资。在父母有困难的时候，我们能抛弃他们吗？在父母有重病的时候，我们能放弃吗？

电视剧《士兵突击》的主题思想是"不抛弃不放弃"，实际工作中，我们的许多教师在工作、生活中也是"不抛弃不放弃"的代表。李副校长的父亲有重病，他又忙工作，又忙照顾父亲。李副校长说他有种激发出生命活力、愈挫愈奋的感觉。黄副校长自己和儿子身体都不好，既要治自己的病，还要照顾儿子的病。但她依然努力工作和学习，现在又是市名教师培养对象，经常在外出差学习，她在外的焦虑与牵挂是任何人都不能体会的。黄光莹主任忍却失夫之痛，独自抚养儿子，工作还是那么优秀。陈耿辉副主任U盘在胸部戴着却还到处找，足见他非常忙。还有许多优秀的教师在默默地耕耘奉献，不舍不弃地把学生当成生命的一部分，为学生的终身幸福负责。

我在校长寄语中说："校长要研究教育，教师要热爱教育，大家一起做能让人幸福的教育。只有把学生当成自己的亲生子女，先学生之忧而忧，后学生之乐而乐，让他们学会自觉学习，学会自己发展，即使在大城市的学生面前也能充满自信，从容不迫，我们的教育就成功了。"我来民小工作，是上级安排来报恩的。我要报校恩、师恩、友恩。没有母校的哺育，没有老师的教诲，没有同学的帮助，我也不会成为校长。我要把大家当成自己的兄弟姐妹，也希望大家把学生当成自己的亲生子女，一起把我们的"衣食父母"侍奉好，把我们的"亲生子女"教育好。所有对学生的粗暴行为都是没有爱心的行为，是不仁不孝的行为。

我们教育学生方法简单粗暴的重要原因是教师们不把个人学习放在心上，总是找各种借口说没有时间。有人说，学习如吃饭，一日不吃就会饿，这是精神上的粮食。但有些教师精神上是不吃饭的，他们安于现状、贪图享受、追求物欲、误人子弟。在处理学生问题时跟着感觉走，随心所欲。有哪条校规是学生可以被罚站的？是随意要学生转学的？假如我动不动就骂就罚就开除你们，你们服吗？做问题学生的工作要学大禹治水，有疏有堵，以疏为主，以堵为辅。人们冬修水利是为了预防明春的洪涝灾害。凡事要先预防，把工作做在前面，做足做好。而我们有些教师做的是"春修水利"的工作。大家想后果会怎样？转回农村的学生又有多少能学好？你愿意把自己的子女放回农村去读书吗？教师好好学习，学生天天向上。我们要多购买教学书，特别是优秀教师创作的书。假如你有钱买化妆品、买酒而没钱买书的话，你可以拿发票回学校报销。然后你要挤出逛街的时间和打麻将的时间多学习。我们要学习优秀教师的理念和方法，不一定要做得神似，只要形似了，你在这里就是一个优秀教师。就像练书法临摹名家的字帖一样，临摹久了你就可以达到形似了，你的字自然就写好了。我要每个教师都要把自己当成丁有宽，当成魏书生，当成李镇西，从他们那里学习许多好办法。

学生是我们的未来，世界各国都在努力培育下一代。我们进行各种教学改革也是为了下一代。国家兴亡，教育有责，为了实现中华民族的伟大复兴，我们的教育决不能抛弃，也决不能放弃。

树立竞争意识，打造品牌学校

2016年5月21日—23日到广州市越秀区参加为期3天的教育管理干部培训，听了6个专题讲座，参观了5所学校，与廖小兵、刘红等校长亲密交流，收获甚丰。下面谈几点自己的看法。

一、校长多到课堂去看看

校长是一所学校的灵魂。校长要引领师生设立教学愿景，领导师生进行教学改革，实现教学愿景，促进师生的发展。校长要善于激发师生的自觉内力，打造可持续发展的学校，培养可持续发展的教师。教学领导力是校长领导力的核心，提升教学领导力是课改背景下学校内涵发展的客观要求，也是国际教育改革和发展的共同要求。曾经有些校长说："校长上课是误人子弟的。"我认为校长不上课是不务正业的。不上课的校长往往把多余的时间放在与教学无关的事情上。久不上课的校长会忘记做教师的辛苦，会以为做教师很轻松；很多决策不再站在教师的角度去思考，管理也会变得简单粗暴。当不做校长又上不了课时，就不知道自己还能做什么了。魏书生、李镇西等既上语文课又兼班主任，不见得他们会误人子弟。我们不一定要成为魏书生式的超人校长，但我们可以成为问心无愧的校长。陈建国校长说："少上课，常听课，会评课。"校长可以上常态课、精品课、研讨课、示范课，用自己的实际行动带动教师进行教学改革，提高课堂效果。苏霍姆林斯基说："听课和分析课是校长最重要的工作。"叶澜提出一节好课的标准是：有意义才能扎实，有效率才能充实，有生成性才能丰实，有常态性才能平实，有遗憾才能真实。而高效课堂要关注四个"度"和五个"一"。四个"度"，即自主的程度、合作的效度、探究的深度、生成的高度；五个"一"，即一次精彩的展示、一次巧妙的生成、一次得意的发现、一次真实的感动、一次会心的微笑。评课要把成绩、优点说够，把问题说透。校长要成为先进教育思想和观念的引路人，透过课堂这个窗口引导教师树立科学的育人观、质量观。校长要成为教学改革的实践者，立足课堂这个阵地，推动教改，提高课堂教学质量。教育局领导多次来我校听课，每次都心情沉重地离开——没想到民中的教师上课是这么随意、这么低效，有些科目教学质量比乡镇学校还差。要改变现状，一是校长要多到课堂听课、评课；二是教师要多听课、评课；三是要组成专家组下去听课、评课，由教师自己申报过关课，将过关情况列入绩效方案。

二、校长多往特色方面去想想

学校特色是一所学校在办学过程中经过历史文化沉淀，不断努力而形成的教育教学风格，是学生得到全面协调发展后而外显的整体强势素养，是凝聚在学校教职工和学生身上的一种可贵的精神品质。《国家中长期教育发展规划纲要》第一章第二条规定："树立以提高教学质量为核心的教育发展观，注重教育内涵发展，鼓励学校办出特色。"袁贵仁部长说："义务教育最重要的是均衡发展，办出学校特色是学校内涵发展的必由之路。"华侨外国语学校历经十年才打造出自己的凤凰文化，提炼出"爱、诚、笃、美"的校训，从一所被自己学校教师嫌弃的薄弱学校，变成一所令人向往的名校，这离不开秦金华校长带领团队苦心打造学校特色文化和提高管理水平。在秦校长的身上我看到了她那种不服输的韧劲，让我从心里佩服。她自己设计校服，然后让学生投票选定设计方案；学校很多文化章程理念都是师生制定的，浮雕也是由教师设计完成，真正调动了师生的积极性，凝聚力量，使师生以主人翁的身份去学习和工作。而我校在教育基本均衡发展县验收时却很难找到自己的办学亮点，大部分师生不会唱校歌，不知道学校的办学理念。学校没有统一的校服，对着装没有硬性规定；学校的办学理念有待更新；各类场室不足；校园有树没花，缺少灵气。我校百分之七十的学生是瑶族学生，民族小学为我们培养了那么多有瑶族艺术技能的学生，我们完全可以把瑶族文化这块招牌打得更响。

三、校长多跟师生去聊聊

中国人民大学附属中学校长刘彭芝说："学校应该让孩子们感觉像到了一

个幸福的乐园，是一个能够让他们高兴、喜欢、向往、留恋，能够让他们在回到'家里'后特别想念的地方。一个不知道学生在想什么，不知道学生需要什么，不能与学生进行心灵交流的校长，不是一个合格的校长。"教师是学校发展的第一资源，是学生健康成长的贵人，每个教师都很重要。现代教育目标不是强势压制就可以达到目的，需要发挥师生的主动性，需要唤醒学生的内力，让他们对学校有归属感，对校长和教师有亲切感，对自己有成就感，而不要等心冷了才去温暖。治校以师为本，治学以生为本，对教师要"亲其师，信其道"，对学生也要"亲其生，信其道"。陪伴是最好的亲近，真诚是最好的态度，公平是最好的原则，爱心是最好的执着。学校对教师好，教师没理由对学生差。校长不能总在办公室等教师来反映问题，要深入师生中，才能见到真实的东西，听到衷心的话语。

世界这么大，师生都须多走走；课堂这么精彩，校长应该多听听；发展这么快，教师要去多学学；人际有点复杂，校长抽空多聊聊。衷心希望教育局多举办各种培训，特别是教师们，要学习，你们学习的时间太少了。

用他山之石，攻民中之玉

本人从教21年，担任正副校长16年，先后在5个中小学任过职，参加过很多培训，参观过很多学校，得到过许多荣誉，一直都在努力学习和工作。但我调到民族初级中学三个月的时间，失眠如家常便饭，哪怕是酒醉后也要在一点多钟醒来，思绪如万马奔腾，难以止息。学校是规范管理的，总体上是向前进的，绝大部分教职工是努力工作的，各方面工作是正常有序开展的，在许多方面是自己去过的学校所不能比的，但我为什么还要连续失眠呢？是自己能力不够不能胜任？还是上级给自己的压力太大？是自己对这所学校定位太高？还是自己太急功近利？上级领导为什么在1000多个教师中选择自己？……辞职逃避不是自己的性格，不想方设法去解决困难，对不起上级多年的培养，也对不起一直支持和帮助自己的同事、朋友和亲人。于是，我反复研读各类书籍，以期用别的山上的石头，琢磨民中这块玉器。

一、困惑

1. 态度

一些教师应付式工作，不求有功，但求无过；认为做好做坏一个样，认为上面又不统一考试，面对新课改只强调过程，不看重成绩；经常攀比谁上班时间短，谁做工不辛苦，谁比自己多了几块钱，哪个行业比自己幸福多了，甚至还出现仇官仇富的现象。有的教师对学生和家长冷漠，方法简单，动不动就取消住宿资格，或劝其转学，甚至任其流失。对工作没感情也没激情，对学校没有归属感，恨不得早点离校回家。

2. 课堂

有些教师上课即使不用多媒体平台也把窗帘拉上，如做贼般见不得光似的。走过教室，睡觉的不少，甚至是考试也有学生在睡觉。去年清远市教学常规督导检查组反馈时就强调初级中学学生睡觉的问题。近两年，县的公开课比赛似乎很少有教师拿到一等奖，可见本校的集体备课流于形式。

3. 教学质量

从上个学期期末质检排名来看，七年级有五科平均分排全县第一，八年级有三科，九年级有两科。为什么小学优质生源来到民中每年都在退步？是民中的教师真的比不上乡镇的教师吗？这样的质量晒出去，还有人愿来民中读书吗？

4. 艺术教育

两千多人的学校没有一个第二课堂是正常开展活动的，在少年宫参加特长班的学生也少得可怜；一些计划中的比赛一拖再拖，总是以没时间、没人、没地方、没经费为借口，而不是在自身上找原因；学生在艺术节上的作品还比不上其原来在小学的作品，参加比赛的人也不多。

5. 宿舍管理

民小六年级学生来民中参观回去提意见，说下次不要组织来参观了。让人家来参观非但起不了积极作用，反而让学生认为民中的住宿管理乱，不想到这里读书！晚睡点名流于形式，夜不归宿的学生不在少数，住宿生迟到的也不少。百分之九十以上的住宿生来自民小，对宿舍的管理应该有更深的认识，小学能做好的事，为什么初中却做不好了？

6. 习惯养成

随意带食品到教学区吃，上下楼梯有不少的垃圾，卫生人员扫也扫不过来；厕所的烟味非常浓，甚至出现了吸毒现象；因谈恋爱、打工失学的学生也不少。一些学生连基本的礼貌也不懂，见到老师和回到家也不打招呼；一些学生上课东倒西歪，心不在焉，或者做其他的事情。

7. 教研教改

参加课题申报的教师太少，成员对课题组的工作欠缺主动性。主持人非常辛苦，有些课题一推再推没法结题。一些课题验收后也起不了多大作用，只是为了做课题而做课题。教师撰写的论文质量不高，没反复去修改，发表的论文较少。从减负到启发潜能教育，到生本教育和271高效课堂，一系列的教学改革犹如邯郸学步，造成一些教师甚至自己都不知道怎样教了。改来改去，师生的积极性反而更低，教学质量逐年退步，中考平均分比周边县少了近十分，于是一些学生转到别的学校去读。

8.学习培训

一些教师满足现状，近四分之一的教师学历达不到本科，总是用以前老师教自己的方法去教现在的学生，不知道现在教育形势的发展。学校给经费买书也不买，平时也不看书，教育学生出现问题时就推脱责任或者逃避。有些教师没有将学到的知识用到实际工作中，把外出学习当成是一种负担，听课回来还是老样子。

二、方向

民中是60多年的老校，这里卧虎藏龙隐凤，培养了许许多多的人才。没有问题的学校是不存在的，没有问题的人也是不存在的，要想把民中这块招牌打响，我认为要从以下几方面着手。

1.树立正确的质量观

高分低能的人是很少的，最多占百分之五，不能因为百分之五的高分低能人群而去否定百分之九十五的高分高能的人群。中国的国情与外国不同。我国人口众多，只有抓好教学质量，学生才不会把时间放在干不正当的事情上。才不至于学坏。中考、高考要看分数，参加各种招聘也要看分数。中国的基础教育连发达国家都佩服。英国等国家先后来我国学习经验，一些国家还原封不动地印刷中国的教材、教辅给自己的学生。被美国评为中国拔尖中学的中国人民大学附属中学和北京第十一中学等，他们学生的高考成绩不好就不会有人送孩子到这些学校读书了。2008年9月，我有幸参加了在佛冈县举办的"清远市初中教学管理现场经验交流会"。会上，汤桂森局长说："必须认识到教学质量是学校的生命线，必须把'狠抓教学管埋，提高教学质量'摆在突出位置，作为我们的中心工作来抓。"他强调四个观点：一是没有好的初中就没有好的高考；二是没有好的初中，就没有好的一代新人（初中是人生发展的最关键时期）；三是没有好的初中，就没有好的高中普及（学习困难、厌学是导致学生不想再读高中甚至辍学流失的主要原因）；四是没有质量的学校是没有生命力的学校。分数虽然不是衡量学生的唯一标准，但它却是衡量学生的重要标准。假如洋思中学、杜郎口中学、东庐中学等没有好的分数，就不会这么出名了。

所以要求每个教师要拿全县第一名，并且要与周边县、市一比高低。

2. 加强师资队伍建设

"学高为师，德高为范。"教师是学校教育教学工作的实施者，"有怎样的先生，就会有怎样的学生"。因此，要加强师资队伍建设，必须要做到以下几点：一是要狠抓师德师风建设，充分调动全体教师的积极性，激励广大教师"静下心来教书，潜下心来育人"。二是要加大对教师的培训力度，鼓励并奖励教师提高学历，每年给每个教师200元的购书经费。三是要加强对年轻教师的培养和培训，抓好每个教师的常态课、过关课、公开课，积极与"珠三角"地区学校联系，开展同课异构和跟岗学习活动。四是在每周的行政会议上将表现好与不好的现象提出来，并在教师例会上通报表扬和批评。五是加强教育科研，使教师养成自觉学习、终生学习的习惯。

3. 加大依法治校的力度

对过时或不适用的一些规章制度进行修订，尤其是绩效工资方案。根据广东省首批名校长工作室主持人胡展航校长说的，教师的问题由教师自己去解决。要成立绩效工资管理小组，负责修订绩效方案。教育需要唤醒、激励和鼓舞。对各类获得好成绩的师生要进行奖励，要想方设法联系热心团体和个人进行奖教奖学；制定的各项规章制度要抓好落实。

4. 实行民主管理，让师生有归属感

李镇西说："爱不等于教育，但教育不能没有爱。爱心不等于教育，只有加入民主的内涵才是完整的。"无论是班级管理还是学校管理，没有充分发扬民主就很难取得好成绩。魏书生当校长时还教两个班语文兼班主任，每年有一半时间不在学校，也能保证教学质量，原因是他能用好每个学生做助理，借助集体智慧和集体力量去做教育。所以他成功了。领导并非有三头六臂，领导的缺点可能比一般教师的缺点还要多，所以要多听取师生的意见，兼听则明。学校要努力营造家的温馨，多关心师生，为师生排忧解难。学校只有真诚地关心教职工，教职工才会真诚地关心学生；学校只有关心教职工的成长和幸福，教职工才会关心学生的成长和幸福。

5. 培养良好习惯，做时间的主人

叶圣陶说："教育是什么？简单地说，就是培养习惯。"魏书生也说："人生其实就是两件事：一是做人；二是做事。只要把这两件事给做好了，人

就做好了。"要教会学生科学规划好自己的时间，做时间的主人。在好习惯未养成之前一定要严格要求，直到形成好习惯为止。心态决定高度，习惯成就未来。做教师就是要教会学生与坏习惯做斗争，努力霸占学生向善的时间，不给学生向恶的机会。教师和家长都不能代替学生去学知识、做事和做人，所以只有让学生亲自去学、去做，这样学生得到的知识和经验才是属于他自己的。

6. 依靠家长，借助社会力量办学

现代教育靠教师单打独斗是起不到效果的，最优秀的教师是最会利用资源的教师，最优秀的学校是最会利用资源的学校。要拓宽家校合作的途径，让家长多参与到教育教学中。教师也要详细了解学生的家庭情况，并教给家长教育子女的方法。学校要充分利用好校内资源，也要充分利用好校外资源。有能力的人一般都是乐于助人的，只要学校有需要，社会上很多能人都是会大力支持的，学校也要为他们发挥更大能量和积德行善大开方便之门。

7. 打造高效课堂，推动艺术教育发展

高效课堂是教学质量的保证。只有好课堂才会有好质量，也只有好的过程才会有好的质量。英、德十年前就把洋思中学、杜郎口中学、东庐中学的课堂模式融会贯通了，而我们还在摇摆摸索。以上三个学校的课堂模式都非常值得我们学习，我们的教师不应该怕麻烦与辛苦。课堂是教师的战场，假如学生上课倒下一片的话，做教师的就一点尊严也没有了，而且是人生的悲哀。北京十一中学没有班主任，每个学生一份课程表的模式在我们这里是行不通的，因为我们没有这样的师资水平，我们的学生也没有这样的素质。相信每个学生都有一个或几个属于自己的特有的天赋，我们要充分挖掘每个学生特有的天赋。学校要为艺术教育提供好师资、时间、场地、经费等，甚至要去外面聘请专家来讲课授艺，使学校形成百家争鸣、百花齐放的艺术氛围，让每个人的天赋发挥到极致。

事在人为，苦心人无不负，只要每个师生都发挥最大能量，争做身体、学习、工作、生活的主人，确立负责任的态度，脚踏实地、一丝不苟地去工作，民中的这块宝玉定能晶莹剔透、名声远扬。

依法治校，追求卓越

2015年7月16—17日，我们在连南职校参加了为期两天的中小学校长培训，聆听了四个讲座。刘志华博士的《校长专业标准与成长》进一步帮助我们解读了《义务教育学校校长专业标准》，让我们知道了五个基本理念、六项专业职责、四方面实施建议。戴东祥校长以身说法，教给我们很多学校管理和做校长的智慧。吴开华副院长则教给我们如何在新形势下依法治校。三个专家的讲座让我耳目一新、受益匪浅，下面谈几点心得体会。

一、校长要永远学习

"有一个好的校长就会有一所好的学校。""校长是老师的老师。"当前我县的校长都是经验型的校长，都是跟着感觉走的校长，理念水平较低，包括我自己。有些校长办学经验丰富，但在理论上很难引领教师，甚至讲话的水平也让教师们蔑视。相当部分校长满足现状，不愿学习，视学习为一种负担，甚至对本次培训产生抱怨。从本次培训来看，这么充实的教育理论和实践本应给我们带来很大帮助，但有不少的校长在培训时睡觉。只有少部分人是认真做笔记的，只有个别校长是主动与专家交流的。这些专家会为连南县教育局的诚意感动，但会对我们的校长失望。"要成经师，也要成人师""学习是工作的一半"。校长不爱学习，教师也不爱学习，学生就更不爱学习了，我们的学风怎样扭转？难怪我们经常派教师外出培训派不动，也难怪连南连续几年中考排在清远市倒数第一，甚至每个科目平均分比倒数第二名少了近十分。"终身学习"是《义务教育学校校长专业标准》的五个基本理念之一，中央政治局常务委员会委员每个月都会统一组织学习，作为校长就更应该学习了。当前，我县要创建教育现代化先进县，要提升学校内涵，提高办学质量。要提高教师能力素质，首先要抓校长和学校中层的学习，这是非常必要的。今后教育局和各学校要把行政人员与教师的学习常态化，对厌学的人要想办法让其学习，否则我们的教育还会是老样子。比如每周定一天为读书日，或者每天定一个时间为读书时间；教师每天都要记工作日记，每周都要做工作小结，每月都要写专题论文。

二、校长要追求卓越

校长是学校的火车头，是学校的灵魂。当前我们很多校长埋怨自己学校有不少"老油条"教师，甚至还有些"怪兽"教师，但是否也应问问自己是"老油条"校长或"怪兽"校长吗？当前我们的教育现状是不求有功，但求无过，只要抓好安全，把常规的工作应付过去就行了，缺少创新，缺少锐意进取的士气，也缺少追求卓越的勇气。追求卓越并不是要每个校长都成为教育家，也不是让每一所学校都成为名校，它要求我们先自我超越，然后才能超越走在自己前面的人和学校。

1. 校长要规划学校发展和个人发展

目标是灯塔，只有朝着目标前进，才能到达成功的彼岸。给学校和自己制定一个近期、中期、长远发展规划，争取每个月一小变，一年一中变，三年一大变，只要坚持下去就会创造卓越。

2. 校长要营造育人文化

学校要有学校的育人文化，班级要有班级的育人文化，要让每一个来到学校的人都能得到潜移默化、润物无声的教育。当前我校的文化底蕴还不够深厚，也无品牌可言，领导来了也只不过带其参观一些功能场室，没有什么好介绍的。现在利用暑假去做一些布置，先从教学区开始，然后到功能区，再到全校的每个角落，争取五年内打造出独具特色的校园文化。

3. 校长要领导课程教学

"忘掉在学校学到的东西，所剩下的才是属于自己的。"当前的教材对我们边远山区的学生不是很科学，例如案例基本上是关于城市的，农村学生不容易了解。教师上课时怎样结合当地的实际让学生更好地掌握基础知识，学为己用，是需要每个教师都要精心准备的。另外，在课堂上教师是照本宣科还是体验式教学？美国贝瑟尔国家培训实验室做了一项"学习24小时平均保持率"的实验发现：听，能记住5%；阅读，能记住10%；视听结合，能记住20%；示范，能记住30%；讨论，能记住50%；练习，能记住75%；向他人讲或应用，能记住90%。可见前面几种"接受式"学习保持率低，课堂还需要更多体验式教学。

4. 校长要引领教师成长

"治学以生为本，治校以师为本。""有好的先生才会有好的学生。""名师出高徒。"教师的综合能力是对学生综合素质提高的推动、引导和示范，学校要培养好人才，必须有优良的师资队伍才行。校长要引领教师成长，并且要不遗余力地选派教师参加各种培训，鼓励教师利用各种形式提高自己的综合素质。

5. 校长要优化内部管理

校长不要做凡事都亲力亲为的巡山老虎，要学会松手和放权，就像魏书生说的："副校长能做的我不做，学生能做的我不做。"杰克韦尔奇说："把梯子正确地靠在墙上是管理的职能，领导的作用在于保证梯子靠在正确的墙上。"校长要多维度地简化管理程序，提高管理效率，把每个人的积极性调动起来，把每个人的潜能挖掘出来，用自己的教学功绩，证明自己"我才有用""怀才有遇"。

三、校长要传递正能量

学校是正能量场，教师是正能量使者，校长是正能量的特使。正能量与负能量本是物理学名词，但中国人给其赋予了感情色彩。"正能量"表示人正面情绪的集合，它可以使人拥有一个积极心态，如信任、豁达、愉悦、进取等。要传递好正能量，要求校长要有正确的理念、明确的目标、开阔的视野、专业的能力。学校首先是学习"笑"的地方。"笑"代表着喜乐、开朗、自信和友善。校长作为正能量的特使，无论是在什么时间和地点都要传递正能量，努力做到超凡脱俗、注重师德、学为人师、行为示范。

四、校长要依法治校

党的十八大提出"四个全面"的战略布局，即全面建成小康社会，全面深化改革，全面依法治国，全面从严治党。新常态的教育更需要依法治校、依法治教。首先，校长要树立权利意识、证据意识、程序意识，随时做好"被告"

的准备，并要有打赢官司的资本。其次，要增强干部和教师的法治观念，要知法、懂法、守法；要增强班干部和教师依法治教的意识，提高依法办事的能力，积累通过法律解决纠纷的经验。再次，要通过民主程序，制定合理可行的校规、校纪，规范校园行为，增强师生的规则意识，形成学校的法治文化。最后，要从实际出发，结合青少年特点，采取活泼有效的形式，开展法治教育，提高法治知识课程和法治教育活动的教学质量，培养遵纪守法、爱国明礼、勤奋上进的好公民。

"国运兴衰，系于教育；三尺讲台，关系未来。"作为教师，尤其是校长，要经常拷问自己，我们要成为什么样的教师？我们需要一个什么样的团队？我们应该用50种方法教一个学生，还是用一种方法教50个学生？要教5年、15年，还是25年、35年？我们该怎样建造我们心灵的圣殿？作为校长，我们要时刻给自己这样的暗示："我是重要的，我是能干的，我是美好的，我是快乐的，我是追求卓越的。"

自我激励，秀美教育

——听李季讲座《学校的理想》有感

2014年6月8日上午，在连南民族小学举办清远市盘金生校长工作室揭牌仪式暨校长培训会议时，省中小学德育研究与指导中心副主任李季教授和省教育厅教育研究院沈林教授答应做本工作室的专家顾问，并由李季教授做《学校的理想》专题讲座。李季教授指出，现代教育的目标是办好每一所学校，教好每一个学生；学校的目标是成为理想的学校；做理想的学校就是要寻找优势资源，打造特色学校，让每一片树叶都有所作为。他列举了由他为全国200多所学校设计的特色理念，并根据民族小学传承刺绣、瑶歌、长鼓舞、瑶族体育等瑶族传统文化艺术的特色，提出连南民族小学的特色教育可以走"秀美教育"之路。

我认为"秀美教育"包括"人格之美""情感之美""学习之美""工作之美""艺术之美""体格之美""生活之美"。"秀美教育"的最高境界是"无人不秀""无事不秀""无时不秀""无处不秀"。通过"秀美教育"可以让每一个教师和学生秀出美丽、秀出精彩、秀出阳光、秀出自信。

"秀美"是清秀美丽的意思，那"秀美教育"就是要每个人都可以清秀美丽，每件事都可以清秀美丽，每个时候都可以清秀美丽，每个地方都可以清秀美丽。"秀"作为动词就是表演、演出的意思，那万物可秀，万事可秀，人人都是好演员，人人都可以演好任何事，人人就都有美好前途。

要开展"秀美教育"，首先要让师生想"秀"。"秀美教育"的主体是人，学校"秀美教育"的主体是教职工和学生。要让每个师生想秀、能秀、会秀、秀好，我认为首先要解决主体性的思想问题。"牛不吃草，不能叫它低头。"秀的条件和环境很重要，但主体不想秀还是等于零。一个想秀、能秀、会秀、秀好的人必须是一个永远自我激励的人。演员从影、视、歌三栖明星再到导演和老板，假如他不能自我激励，无论拥有怎样优厚的条件也不能更进一步。瑶族学生害羞腼腆，遇见陌生人会全身不自在，口头表达能力比较差，讲话不敢目视对方，做事瞻前顾后没信心。瑶族的教师易满足，为人善良，对人热情，对工作不求有功、但求无过。在教师行业，成为行家里手的不多，尤其是现在，农村教师都在埋怨好学生往县城跑了，天天面对双差生，只要保证学生安全就行了；认为再好的教授也不能点石成金。问教育均衡去哪儿了？县城教师说，农村教师学生少，作业少，压力小，上班迟，回得早，考试四五十分也可以拿正高职称待遇的，多我们县城老师八九百。问教育公平去哪儿了？李镇西说："我们是为自己工作，为自己的幸福而工作。一个经常能被学生感动的人，必然拥有源源不断的工作动力。要让教师生活在爱中，因为来自学生的爱，能够使一个教师变得更加勤奋和富有智慧。"费尔巴哈也说："爱就是成就一个人。"要让教师明白，无论面对怎样的学生，接受怎样的待遇，我们没法决定，做教师需要爱心、良心，需要责任和奉献。没有爱就没有教育。既然我们没法决定，我们只有面对。农村教师不要埋怨县城的学生好。县城的好学生也会往市里跑，市里的好学生也会往省里跑，省里的好学生还会往首都和国外跑，难不成我们也到首都和国外去做教师？县城教师也不要埋怨农村教师工资高、压力小，我们培养的学生至少比农村学生成才的多。做教师没一点阿Q精神，受折磨的还是自己。我们要善于找到自己的优势，认识自己的不足，要比就比谁为学生付出的爱心多，谁花在学生身上的时间多，谁教育学生的办法多，谁培养的人才多，谁被学生惦记的多。无论是在怎样的环境和怎样的待遇下工作学习，要想成为一个有进步和有成就的人，必须要学会自我激励。

其次，是要师生能"秀"。好水酿好酒，好土塑好壶，好的环境造就好的人才。校长应该像一个总编导，时刻为师生提供一个"秀"的环境。教师要善于"秀"一个妙趣横生的课堂。课堂是教师的舞台，每个学生都是演员，怎样演好一节课，让每个演员投入而又陶醉，那需要教师有高超的导演水平。要让学生融入课堂中，演一个积极的角色，大胆地"秀"自己所知道的，虚心观看其他演员的表演。师生也要在课余时间"秀"自己的才艺，对自己的特长要反复锤炼，以获取从容不迫的"秀"的信心。学校要经常开展丰富多彩的第二课堂活动，举办校园文化艺术节和体育节；各学科要经常举办各类竞赛，给每个学生一个展示自己的舞台。如我校第一学期举办瑶族原生态歌舞比赛，要求每个班出一个瑶族歌曲或长鼓舞节目；第二学期举办文艺汇演，要求学生出什么节目都可以，既传承了瑶族传统艺术，又能让师生学习优秀的中华民族文化。

再次，是要师生善"秀"。一个善"秀"的教师应该是一个博学多才的人。苏霍姆林斯基说："在你科学知识的大海里，你所教给学生的学科里的那点基础知识，应当是沧海一粟。"事例是最好的教育。教师要会古今中外的引经据典，又要善于点拨撩引；既要会创造机会，安排角色，又要能发现肯定，表扬激励，让学生陶醉在自己的角色中，达到潜移默化的效果。

师生想"秀"、能"秀"、善"秀"，就能"秀"出人格之美、情感之美、学习之美、工作之美、艺术之美、体格之美、生活之美。

做一个幸福的引路人

2018年12月15日，南粤楷模、全国优秀教育工作者、全国优秀校长曹永浩曾询问我县教师是否幸福，回答的三位教师都说是"幸福"的。自问自己从教25年是否幸福，我也认为是幸福的。我从教25年来有自己的幸福，但没有曹校长的幸福这么深刻和多彩。

习近平总书记说："人民教师无上光荣，每个教师都要珍惜这份光荣，爱惜这份职业，严格要求自己，不断完善自己。做老师就要执着于教书育人。有热爱教育的定力、淡泊名利的坚守。"曹老师幸福六式的第一式是"教师为党的教育事业而教，为学生全面发展而教，也可以为自我实现而教。"本人深刻认识到"天下兴亡，匹夫有责""国运兴衰，系于教育""三尺讲台，关系未来"，并下定决心为了振兴连南教育事业而努力奋斗。做了20年的校长，从乡镇到县城，每到一处都与师生共同提高教育教学质量，促进每个学生全面发展，既看到了学校、教师、学生的进步，同时也看到了自己的进步，更看到了连南教育的进步。虽说对自己25年教学生涯无怨无悔，但还得以曹永浩校长为榜样，不断提高教学水平和管理水平，不断提高理想境界，为中华民族的伟大复兴，尽自己的微薄之力。

2016年9月9日，习近平总书记在北京八一学校慰问师生时提出，教师要做好学生的四个"引路人"，即做好学生锤炼品格的引路人，做好学生学习知识的引路人，做好学生创新思维的引路人，做好学生奉献祖国的引路人。做好学生的引路人，要求教师要有高尚师德，好学、创新、奉献，才能突破发展的瓶颈，永远不会患上教师职业倦怠症。曹老师说："德育有法，但无定法。情是德育的最高境界，爱是德育的最大智慧。"校长要对师生充满感情，师生之间互相投入感情，我们的教育不可能做不好。在现实生活中，我们有些领导、教师教育孩子的方法简单粗暴，没把孩子当成人去因材施教，而是把孩子当成产品去生产。一些教师除了上课，其他时间就没跟学生有过任何接触；有些教师还体罚学生或变相体罚学生。只有晓之以理、动之以情、导之以行，只有充满感情和激情去做教育，才能把教育做好，才能让自己和对方幸福。

教育只有将心比心、互换角色去思考，才能拥有宽广的胸怀，不把矛盾激化。理解别人，别人才能理解自己。辛弃疾说："我看青山多妩媚，料青山见我应如是。"你把别人看得美好，别人才能把你看得美好。我校现在提出"帮教师成功，助学生成才，让家长满意"的办学宗旨，很多领导和教师都身体力行，但也有不少疑问的声音。一个人的经历决定他的胸怀境界，克服每一个困难才能取得每一个小成功。我看教师多美丽，料教师看我应如是；我看教师多能干，料教师看我应如是；我看教师多可敬，料教师看我应如是。同样的道理，教师怎样看学生，学生也怎样看待教师；教师怎样看待家长，家长也怎样看待教师；家长怎样看待孩子，孩子也怎样看待家长。幸福的影响是相互的，不要把不好的情绪带给家长、同事、学生。一切事物发展都有其规律，所有的不好都有其原因，有问题要先从自己身上找原因，做一个永不埋怨的人，这样才能成为幸福的教师。

我们赤裸裸地来，离开世界也不会带走什么。人生苦短，人生的最高境界应该像曹老师说的："在工作中寻找快乐，在家庭中营造幸福，在生活中体验洒脱。"努力使自己成为被他人需要的人，被社会需要的人，被国家需要的人。把幸福建立在别人的幸福上，让自己的幸福影响不幸的人，以助人为乐，以教育人生为幸福。

做一个幸福的引路人！

做有穿透力的教育

曾经有人评论说孙楠和韩红的歌最有穿透力，他们的歌能唱进人的灵魂，能余音绕梁三日。对于教育者来说，也应该要做有穿透力的教育，也就是做像空气一样无孔不入的教育。我校虽然汇聚了全县的精英教师，但要做具有穿透力的教育还须注意以下几点。

一、理念要进一步提升

我校是广东省现代教育技术学校，是全国教育系统先进集体和全国特色教育先进集体，是连南展示民族教育的窗口学校。作为民族小学的教师，要从办名校、树品牌的高度树立教学理念。

理念一：学生的成功才是学校的成功，学生的品牌才是学校的品牌，学生的高度才是学校的高度。我们的成就感来自学生，而不是拿了多少奖金。所以我们要为了一切学生，为了学生的一切。

理念二：三流学校靠校长管人，二流学校靠制度管人，一流学校靠文化育人。文化育人就是要靠个人自觉、自发、自主、自律，就是要做到唤醒、激励、鼓舞、潜移默化。人人自觉地做，人人都能做好，不要妄自菲薄。

理念三：以爱心对待学生，以热心对待家长，以诚心对待同事，以尽心对待事业，把信心留给自己。

二、学习要进一步加强

把信心留给自己要求教师要像长流水。教师不学习，天天照本宣科淡然无味，对学生一点吸引力都没有。有句话说："教师好好学习，学生才能天天向上。"我们每个教师每年外出学习提高的机会不多，主要还得靠自学。每个教师要多与名家交流，多向优秀教师请教，要有一颗永远进取的心。教师要多读书、多写书，日积月累，你必将成为教学的高手，你的教学将像有穿透力的歌一样影响众生。

三、工作要进一步落实

做工作有三个层次：一种是做了；一种是做到；一种是做好。把每件事都做好才是真的好。要像蚂蚁啃骨头，解决一件为一件。也要有蚂蚁的团结协作精神。工作不是为了完成任务。有责任心的人，即使给他的工作不多，但他也会很忙，那是因为他力争把事情做得更好。目前，我们还有很多教师工作没有头绪，东做一点，西做一点，结果什么也没完成。对学生的教育是狂轰滥炸，不理学生的感受。骂人是泼妇的行为，教师是泼妇吗？教师只有把道理讲进学生的心里，才能让学生受用一辈子，否则学生就只记得你这个老师很能骂，但骂了他什么，他可能不记得了。所以，我们要用统筹方法去把教育的每件事做好。

四、成绩要进一步提高

我们很多教师总是认为评到中级职称就不用再努力了，凡事争取中等水平，甚至是落后也无所谓。我们是做人的工作，一个没有上进心的教师培养出来的学生会怎样，不用猜也可以知道。名师造就名生，名师成就名校。各班之间要比管理、比成绩、比纪律。我们要争取每天都有进步，就像龟兔赛跑一样，无论你多慢，只要你不停下前进的脚步，你就会不断超越前面不动的人。

要让我们的教育无孔不入，充满穿透力，让我们的激情永远燃烧，让我们的教功精益求精，渗透到每个学生的灵魂。

实验探索，打造特色，
创建全国少数民族示范名校的思考

连南瑶族自治县民族小学是1982年创办的一所全寄宿制小学，是以瑶家子弟为主要对象，探索民族教育的途径与方法，以加快培养自治县少数民族人才为办学宗旨的学校。学校现开设四至六年级，有30个教学班，有学生1300多人。在历届领导和师生30年来的共同努力下，学校已成为连南瑶族自治县展示民族教育的窗口学校，先后被评为"全国教育系统先进集体""全国特色教育先进学校"。随着各镇级学校的不断发展，其竞争力也在逐步提升，民族小学一枝独秀的地位受到挑战。主要表现为：一些家长已经不在乎送不送子女来民小，也不以考取民族小学为荣；一些学生怕吃苦，一些家长不想让子女受苦，一些学生在学校受到了一点挫折就回原校读了。随着扩大招生又不准选拔性考试政策的施行，一些学校中语文、数学、英语三科不足100分的学生都来民小读书了，造成学生基础和县城的其他两所小学有很大的差距。学生升到初中后，由于初中的教师做工作没有那么细致，受现今各种不良风气影响，学生的纪律和成绩下滑非常快，原来形成的一些好习惯也没有了，许多学生的未来堪忧。下面是我对学校后续发展的几点思考。

一、打造现代化技术实验学校

邓小平同志提出："教育要面向现代化、面向世界、面向未来。"广东省提出，要在2018年率先实现教育现代化。我校已于2009年确定为第四批广东省现代教育技术实验学校。未来的教育是打破种族、国家、文化、语言等的差异和隔阂，让全人类共处于同一片蓝天下，在国际视野和跨文化环境下，进行信息交流、合作和创新。我们要让学生走出地域局限，共享国内外最好的学校、最好的学生、最好的教师、最好的课程。要缩小山区与县城、海岛与平原、西部与东部、经济发达地区的与经济欠发达地区的差距，让学生站在同一起跑线上。

近几年来，学校增加了5套多媒体平台，6个触屏电脑，但仍有24个课室没有多媒体平台；基教网速度慢，没有普及到课室，只有少部分课程用多媒体上课；师生的现代化教育意识还不够强。以后还得普及网络到每间课室，加大信息技术教育的培训，让每节课都能进行现代化教育。

二、推进教学改革，创建高效课堂

没有改革就没有进步，没有开放就不知道自己的落后。要加强师资培训，多走出去请进来，让每个教师加强学习，多读多记多写，多参与课题研究。只有教师好好学习，学生才能天天向上。教师要结合潜能教育、生本教育，在课堂上把更多的机会留给学生，把自己当成魏书生式的教师；要结合昌乐二中271高效课堂，尝试多种课堂模式，把每个学生吸引到学习上来。

目前，还有一些教师是一本经书读到老，还是按几十年前老师教自己的那套方法教学生，工作应付，得过且过，没成绩争优秀，有过错推给别人，凡事向钱看。要调动教师的积极性，除了思想上唤醒，业务上加强培训外，物质的奖励也是需要的。在公用经费没有增加的情况下，我们要节约开支，特别是维修方面的开支和没有必要的招待费用。

三、办好寄宿制学校

寄宿制是我们的最大特点，只有让学生养成良好的行为习惯，让每个学生学会做人、学会生活、学会学习、学会发展，才能为未来奠好基。要制定出行之有效的规章制度，也要有激励机制，落实精细化管理。要把管理的任务分解到学生当中，自律律人，使每个学生都成为学习、生活的主人。

寄宿制的硬件还达不到要求，供水不足，空气能热水器经常没有热水，还有的两个学生睡一个床位。由于缺少防盗门、防盗网，有学生会爬越围墙离开宿舍；由于怕校外的人进宿舍伤害学生，住在学生宿舍的教师总是把心提到嗓子睡觉。

四、办好瑶族特色文化

现在学校开设了瑶歌、长鼓舞、刺绣等校本课程，但一些教材的编写还不够系统，对学生也没有普及好，以后要让每个学生瑶歌、长鼓舞、刺绣都要考试过关，同时收集瑶族故事和谚语等，继续传承瑶家人的优秀品质。

整个学校的管理虽然已经很规范，但在内涵发展和对学生成长的要求方面还要进一步加强。各类管理还要进一步梳理，总结经验，推而广之。

第七章

诗歌歌曲

东芒的西瓜熟了

东芒的西瓜熟了，
青山绿树成了一本画册；
蓝天白云难分难舍。
摘瓜的人，左手一个瓜，
右手一个瓜，抱着瓜笑呵呵。

东芒的西瓜熟了，
党的政策像一条清澈的河，
流过这片干涸的故土。
拖拉机载瓜一路欢歌，
美丽乡村用彩笔勾勒。

东芒的西瓜熟了，
村里的规划有了妙策。
群众对美好生活如饥似渴，
乡村发展有了自己的特色，
荒山野岭也唱起瑶歌。

东芒的西瓜熟了，
瑶族同胞热情迎客。

客人享受着西瓜的润泽，
享受着甘甜的快乐。
文友的惊叹让灵感不再干涸，
心中涌动着一首首时代的赞歌。

九寨之歌

我们的祖先曾经漂泊四方，
为了梦中的家园欢聚一堂。
云雾缭绕的山岗，
溪水欢唱的村旁，
树木葱葱，花开鸟叫；
梯田层层，稻谷飘香。
啊，九寨九寨美丽的瑶寨，
一个让人依恋的地方，
让人依恋的地方。

我们的哥贵如今闯荡四方，
为了明天的家园走出山岗。
身在异地的他乡，
魂牵故土的画廊。
十月十六耍起歌堂，
阿贵阿妹幸福时光。
啊，九寨九寨幸福的瑶寨，
一个让人向往的地方，
让人向往的地方。

九寨之恋

九寨的祖先，来自四面八方。

九寨的人们，自古勤劳善良。

神奇的九寨，传说的天堂！

春天山花烂漫，秋天稻谷飘香；

夏天河中嬉戏，冬天飞歌敲窗。

美丽的九寨源远流长！

九寨的今天，幸福洋溢心田。

九寨的人们，坚持传统风尚。

善良的莎瑶，梦中的鸳鸯！

花袋千丝万缕，牵挂意中情郎。

火把走过山岗，歌声满屋飘香。

幸福的九寨梦圆双方！

九寨九寨，梦中的天堂！

九寨九寨，美丽的地方！

远方游子，魂牵故乡；

梦回九寨，比翼翱翔。

远方游子，魂牵故乡；

梦回九寨，比翼翱翔！

我在金子山等你

从地平线的诗意行走，
我听到蕉福和小青的召唤。
它们来了又去，去了又来。
你是我的，
我是你的，
千古绝唱两相依。

秀发轻抚小溪，
杜鹃满山红遍时，
白云惊诧你的飘逸，
绿叶赞叹你的美丽；
今生今世有你在一起，
化作金子山又有何惜。

重登爱情天梯，
回想那时的日子，
过眼风物皆是无尽的相思。
初婚的甜蜜，
银婚的经历，
金婚的相依，
如今却是永恒的回忆。

我在金子山等你，
企盼与你相遇；
爬九千九级天梯，
携手遨游天际。
永生永世，
不离不弃。

姓名题诗

房宇千层基打牢，
依然奋勇成绩高。
灵光常现浇汗水，
无悔青春胆气豪。

房基牢固万丈高，
玉宇琼楼入九霄。
珍惜年少春光美，
扬名四海显英豪。

蓝天白云好天气，
扬名天下真如意。
勤学苦练须用心，
奋勇争先创佳绩。

凌云壮志冲九霄，
依然奋进成绩高。
萍水相逢情谊重，
展翅翱翔任逍遥。

房家有女不辞劳，
小鸟振翅任逍遥。

英姿飒爽逐浪高，
学海遨游胆气豪。

沉郁顿挫知书礼，
美轮美奂创佳绩。
旗开得胜真如意，
勇攀高峰不停息。

沉舟破斧胆气豪，
雅室芬芳缕缕飘。
琪花瑶草风光好，
超凡脱俗显高标。

赖以生存须靠技，
丽日晴空碧如洗。
敏如鲲鹏飞万里，
书山峰顶展旌旗。

房前百花开，
春风吹又来。
瑶台胜景待，
人生最精彩。

甘之如饴刻骨学，
向往成功敢超越。
尚义疏财天地宽，
击水中流创伟业。

瑶家的孩子爱学习

瑶家的儿女爱学习，
瑶家技艺不忘记。
唱起瑶歌传千里，
舞起长鼓添豪气。
巧手绣出瑶山美，
欢乐歌堂醉天地。

瑶家的儿女爱学习，
科学文化要牢记。
在校做个好学生，
在家做个好儿女。
从小立下鸿鹄志，
鹏程万里创佳绩。

瑶家的儿女爱学习，
弘扬瑶文最得力。
民族政策惠瑶山，
精准扶贫顺民意。
如今瑶山变美丽，
党的恩情要牢记。

连南民族小学校歌

作词：盘金生
作曲：张启元

1=F 2/4

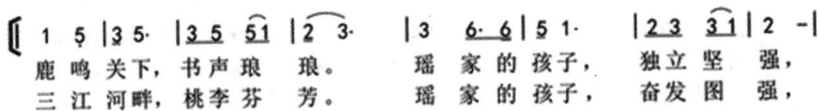

鹿鸣关下，书声琅琅。　　瑶家的孩子，　独立坚强，
三江河畔，桃李芬芳。　　瑶家的孩子，　奋发图强，

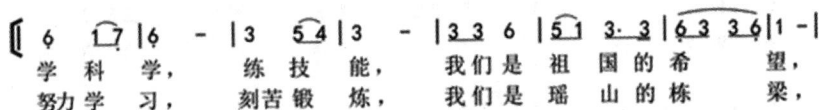

学科学，　练技能，　我们是祖国的希望，
努力学习，刻苦锻炼，我们是瑶山的栋梁，

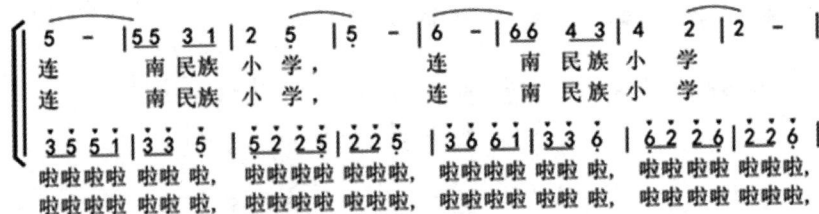

连　　南民族小学，　连　南民族小学
连　　南民族小学，　连　南民族小学
啦啦啦啦 啦啦啦，啦啦啦啦 啦啦啦，啦啦啦啦 啦啦啦，啦啦啦啦 啦啦啦，
啦啦啦啦 啦啦啦，啦啦啦啦 啦啦啦，啦啦啦啦 啦啦啦，啦啦啦啦 啦啦啦，

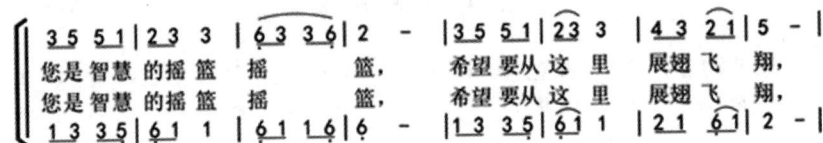

您是智慧的摇篮摇　篮，　希望要从这里　展翅飞翔，
您是智慧的摇篮摇　篮，　希望要从这里　展翅飞翔，

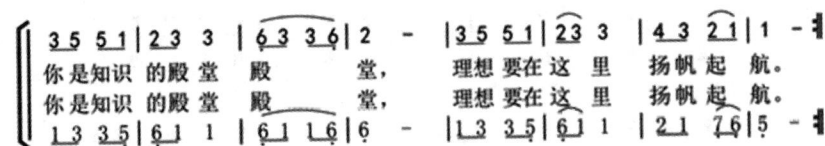

你是知识的殿堂殿　堂，　理想要在这里　扬帆起航。
你是知识的殿堂殿　堂，　理想要在这里　扬帆起航。

结束句

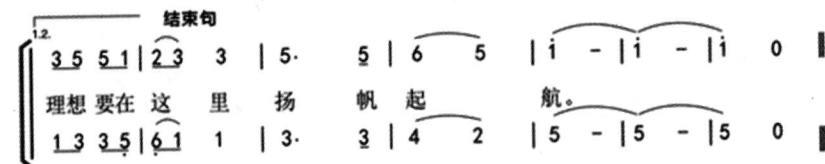

理想要在这里扬 帆起　航。

瑶寨恋歌

1=G

盘金生词
吴欢曲

南岗中心学校校歌

创 造 辉 煌

作词：盘金生
作曲：邱 琳

F 3/4
150

```
5 - 6 | 5 - - | 3. 1 2 | 1 - - | 5 5 6 | 1 1 2 |
万 山 中，  古 寨 下，   我们的  学 校
爱 祖 国，  学 感 恩，   我们的  学 校

3 - 6 | 5 - - | 5 5 6 | 5 - 3 | 2.3 2 1 | 6 - - |
像 宝 盆，  群 峰  书 写  新的 篇   章，
像 花 园，  群 生  拼 搏  努力向   上，

5 5 6 | 5 - 3 | 2. 3 2 | 1 - - | 1 0 0 | i - - | 6 - - |
长 鼓  跳 出 辉 煌。          啊!     啊!
瑶 歌  唱 出 响 亮。

3. 5 6 | 5 - - | 6 6  6 6 | 5 5 3 | 1 - 2 | 3 - - |
同 学 们   这是 我们 美丽 的 校  园
同 学 们   这是 我们 可爱 的 家  园

6 6  6 5 | 3 3  3 5 | 5 6 1 | 6 - 5 | 3. 5 2 | 1 - - | 1 0 0 : ||
勤奋 创新， 勇于 超越 努力  创 造 人生辉  煌。
勇于 拼搏， 奋发 图强 努力  创 造 人生辉  煌。

i - - | 6 - - | 3. 5 6 | 5 - - | 6 6  6 6 | 5 5 3 | 1 - 2 | 3 - - |
啊!   啊!   同学们    这是 我们 可爱 的 家 园，

6 6  6 5 | 3 3  3 5 | 5 6 1 | 6 - 5 | 3 - 5 | 6 - 5 | i - - | 0 0 ||
勇于 拼搏， 奋发 图强， 努力创 造 人 生辉   煌。
```

237

九寨恋歌

盘金生 词
唐 龙 曲

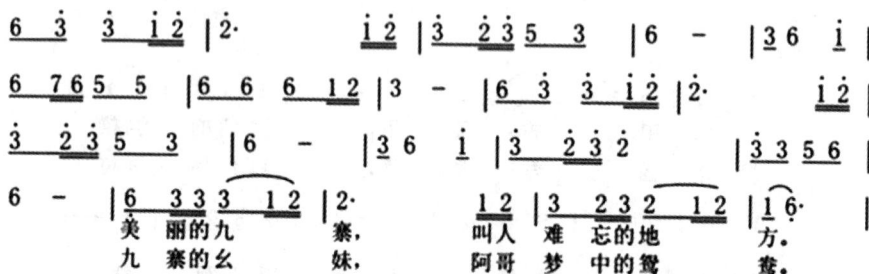
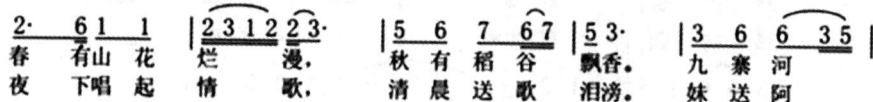
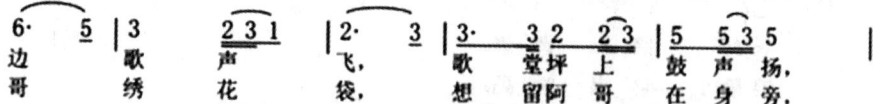
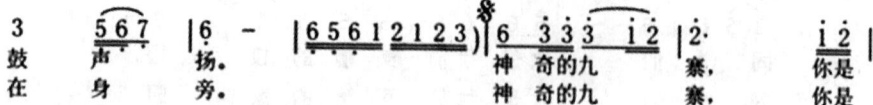
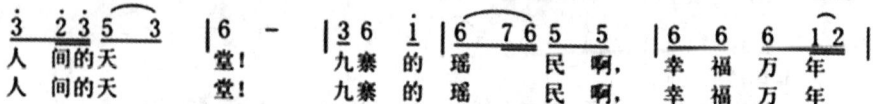
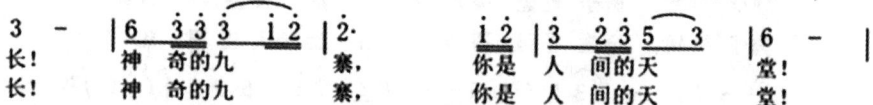
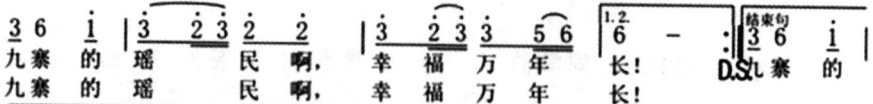
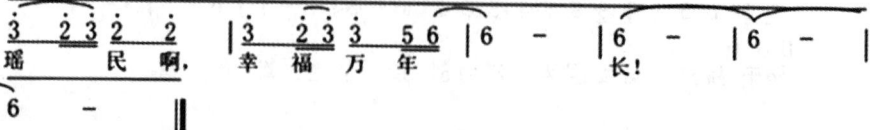

至善和大美的多彩校园文化图片展

【多彩校园】

2015年5月竹竿舞练习

2015年11月第十一届校园文化艺术节

2016年5月校园歌手大赛

少数民族运动会——板鞋比赛

瑶歌比赛

校园文化艺术节——文艺汇演

【荣誉榜】

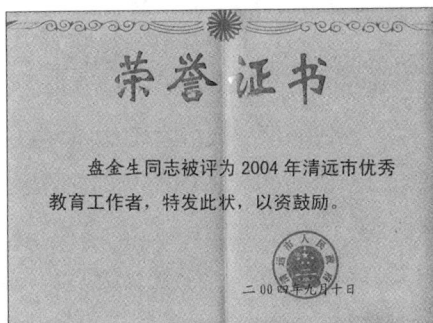

2004年清远市优秀教育工作者荣誉证书

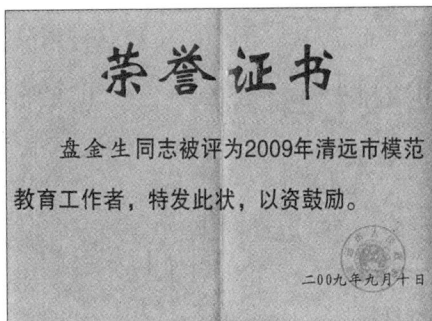

2009年清远市模范教育工作者荣誉证书

2012年7月，盘金生校长获"全国特色
教育先进工作者"荣誉（国家级）

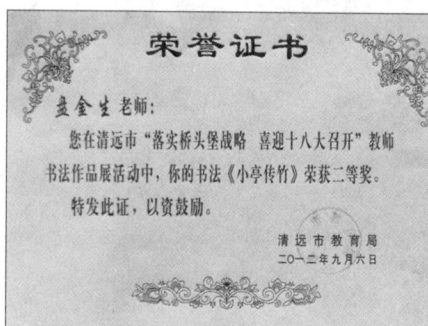

2012年9月，在清远市"落实桥头堡战略
喜迎十八大召开"教师书法作品展活动
中，盘金生老师的书法作品《小亭
传竹》获二等奖（市级）

2012年11月，盘金生校长被评为
"广东省山村优秀教师"（省级）

2013年12月，盘金生校长被聘为清远市中
小学校长工作室主持人（牌匾）（市级）

2014年1月，盘金生校长被聘为清远
市中小学校长工作室主持人（市级）

　　将《至善和大美——瑶区中学语文教学和学校管理的行与思》的书稿交给出版社后，心里忐忑不安，自己只不过把多年积累的一点经验写一下，从来没想过可以出书。经过两个多月的收集整理，终于完成书稿。

　　经历是一笔宝贵的财富。在全县的瑶区乡镇奔波19年，从步行、骑自行车、坐拖拉机、骑摩托车到开小车，7个镇71个村基本上都走过。全县教师认识一大半，也认识很多群众、村干部、镇干部，他们都非常热情，自己每到一个地方都与当地师生结下了深厚的友谊，喝了不少酒，也醉过无数次。工作26年虽然遇到不少困难，但家人都一如既往地支持我，从来不让家里的事情影响我的工作。比如只结婚请了两天假，两个小孩的出生各请了一天假。他们总是说："放心做好工作，家里的事不用你担心。"每到一所学校，工作都得到教职工的配合支持，大家都如兄弟姐妹般地互相关心照顾，同心同德、齐心协力把教育工作做好，每年都有进步。许多热心人士到我所在的学校捐资助学、奖教奖学，帮助师生渡过一个又一个难关，极大地调动了师生的积极性。有了他们的帮助，学校的教育教学质量年年攀高。正因为有家人、同事、朋友、县镇村干部和热心人士的支持帮助，我个人才取得一点成绩，在此衷心感谢帮助过我的亲人、朋友、同事、领导及各热心人士和热心团体！

　　感谢邓海锋局长在百忙之中给我的专著作序，对各位领导的知遇之恩只有更努力工作并用更好的成绩回报。回首26年的教育生涯，有困惑、迷茫，也有痛苦、失眠，但我无怨无悔。我想我将来也一样无怨无悔。

　　"至善如山，大美若瑶"，是连南瑶族自治县田家炳民族中学的校训，意在激励学生像大山一样敦厚纯善，像瑶石一样温润美丽。田家炳先生说："中国的希望在教育。"学校的名字就是以有大德、大爱、至善、大美的田家炳先生的名字命名的。有各级政府部门对教育的大力支持，有全体教职工、学生和家长的共同努力，我校的教育必然会在瑶区大放异彩。

《荀子·大略》中云："国将兴，必贵师而重傅。"梁启超说："少年智则国智，少年富则国富，少年强则国强，少年独立则国独立，少年进步则国进步，少年胜于欧洲则国胜于欧洲，少年雄于地球则国雄于地球。"当前国际的竞争是综合国力的竞争，是科技的竞争，归根结底是教育的竞争。只要每个人都像周恩来一样树立"为中华崛起而读书"的理想，并为中华崛起而努力工作，中国一定能实现民族的伟大复兴！

《至善和大美——瑶区中学语文教学和学校管理的行与思》是我从教多年来的一点实践心得，由于水平有限，时间仓促，文章中很多看法不一定正确，本书肯定存在不少问题，敬请广大读者提出宝贵意见和建议。

如果本书对瑶山教育起到一些作用，深感欣慰。对自己而言，我希望又是一个新的起点，我将更加满怀激情投入工作中，争取更好成绩，做更大贡献。

盘金生

2019年1月